코뮌의 미래

코뮌의 미래

현대 사회와 비판적 사회철학의 전망

이성백 교수 정년기념논총 간행위원회 엮음

도서출판 b

| 차례 |

위기의 시대, 오늘의 코뮨

위기의 시대다. 전 인류가 생존의 위협을 겪고 있다. 한편으로는 유럽에서 500년 만의 가뭄으로 센강, 라인강, 도나우강이 바닥을 드러내고, 다른 한편 폭우와 홍수로 한국은 기상 관측 이래 최대 호우 피해를, 파키스탄은 국토의 3분의 1이 잠기고 1천 명 이상이 사망하는 대규모 재앙을 겪었다. 북극의 빙하가 녹아 해수면이 상승해 적도 국가들은 통째로 물에 잠기기 직전이고, 기온 상승과 가뭄으로 호주와 미국 서부에서 해마다 발생하는 대형 산불 역시 인간과 동식물의 생존을 위협하고 있다. 지금 인류는 기후 위기, 코로나 팬데믹 위기, 식량 위기 등을 겪으며 거대한 자연 앞에서의 무기력을 드러내고 있다.

그동안 사회철학, 정치철학은 주로 인간 사회 내부의 모순에 관심을 기울여 왔다. 사회 내부에서 벌어지는 불평등이나 갈등과 적대, 정의로운 분배 등이 그것이었다. 그런데 현재는 자연의 위기가 인간 사회 전체의 생존 그 자체를 위협하는 상황이 초래되고 있다. 우리가 살고 있는 사회는 현재의 위기를 극복할 수 있을까?

오히려 자연과의 공생을 가능케 할 사회적 대전환이라는 과제를 실행하는 데 실패하고, 그 결과 대재앙 속에서 새로운 형태의 혐오와 증오의 동원 속에 이루어지는 네오 파시즘과 같은 야만의 시대가 반복되는 것은 아닐까?

실제로 이와 같은 불길한 예감은 현실이 되어가는 것만 같다. 전 세계 주요 국가들의 정부는 기후 위기에 대한 급격하고 실질적인 해법을 제시하지 못하고 있다. 현재 벌어지는 지정학적 경쟁과 유럽에서의 전쟁, 이로 인해 촉발되는 자원과 식량 위기로 인해 각국은 에너지 정책에서 후퇴하면서 탄소중립과 같은 긴급한 과제들의 이행이 미루어지고 있다. 반면 코로나 이후 서구권에서 급증하고 있는 아시아계에 대한 혐오 범죄, 갈수록 후퇴하는 난민 인권, 전 세계를 강타하는 권위주의적 '스트롱맨' 정치의 부활, 우익 포퓰리즘과 이주민 반대 정서, 그리고 국내의 한국 사회를 뒤흔든 혐중, 여성 혐오 백래시 등의 현상들은, 현재 우리가 겪고 있는 재앙적 상황들에 대해 적절한 사회구조 변화라는 응답이 제시되지 않을 경우 사회가 어떠한 혼란과 분열에 시달리게 되는 지를 여실히 보여준다.

우리는 이러한 현실에 만족하고 안주할 것인가? 그것은 불가능하다. 지금과 같은 위기의 시대에, 말 그대로 인류의 생존 그 자체가 위협받는 시대에 변화는 불가피하다. 우리는 이윤 축적 중심의, 성장 중심의 생산을 변화시켜 탈성장 사회를 이루고, 계급과 젠더 불평등을 야기하는 경제구조를 변화시켜 평등한 사회를 만들어 가는 가운데, 대안적인 삶의 형식이 펼쳐질 수 있는 방안을 고민해야 한다.

그것은 전통적으로 맑스주의자들이 '코뮨', 그리고 '코뮤니즘'이라는 이름으로 부른 대안적인 사회 구조와 삶의 방식을 지칭한다. 그러나 21세기를 살고 있는 오늘날 인간 사회가 전통적인 맑스주의가 그려왔던 청사진대로 변화될 수 있을 것이라는 주장은 많은 사람들에게 받아들여지기 어려울 것이라는 점 역시 사실이다. 그렇다면 우리는 어떤 언어로, 어떤 이론적 전망을 통해 오늘날 필요한 '코뮨'을 사유할 것인가?

여기 실린 10명의 논자들의 글은 이와 같은 위기의 시대에 '코뮨'의 미래라는 물음을 제기한다. 우리는 현재를 어떠한 방향으로 변화시켜야 하는가? 어떤 정치적 전망들이 필요한가? 어떠한 변화 과정 속에 우리는 기후 재앙과 사회 불평등에서 벗어날 수 있을 것인가? 서로 복잡하게 얽혀 있는 이러한 질문들에 대해 명쾌한 하나의 답을 찾는 것은 불가능하다. 오로지 다양한 사람들의 서로 다른 목소리들이 중첩적으로 짜임 관계를 이루는 집단지성의 실천 속에서 이러한 물음에 대한 답변이 제시될 수 있을 것이다. 이 책은 그러한 집단지성의 실천에 기여하기 위해 동참하기로 결심한 여러 논자들의 목소리를 담았다.

이 책은 서울시립대 철학과에서 25년간 재직하신 이성백 교수님의 정년퇴임을 기념하여 제작되었다. 그동안 철학계는 물론 진보평론(현 뉴래디컬리뷰), 맑스 코뮤날레, 교수노동조합 등 여러 진보적 사회 실천과 연관된 지식인 운동에 동참했던 이성백 교수님과 뜻을 함께하거나 직접 사사 받은 후배, 제자 세대들이 각자의 글을 통해 현시대 필요한 사회철학, 비판적 사회이론의 전망을 담았다. 거친 들판에서 앞장서 가는 사람은 앞으로 나가기 위해 길을 만들게 된다. 그 뒤에 온 사람들은 앞서 간 사람이 개척한 길을 따라 비교적 편안하게 앞으로 나아갈 수가 있다. 오늘날 사회철학, 사회이론을 연구하는 후세대 연구자들의 입장에서 보면, 앞선 세대들의 고전분투가 현재 활동하는 우리에게 큰 도움과 귀감이 되었다는 것을 깨닫게 된다. 이성백 교수님의 정년퇴임을 축하드리고, 이 자리를 빌려 엄혹한 시대에 진보적 사회철학의 길을 걸어오신 이성백 교수님을 비롯한 선배 세대 학자들에게 감사의 인사를 전하고 싶다. 아울러 책의 출판을 맡아주신 도서출판 b 대표님과 관계자님들께도 감사 인사를 드리고 싶다.

2022년 8월, 저자 일동

능동적 힘과 정치*

이미라

1. 능동적 힘과 정치의 친화성 문제

니체Nietzsche. F.(1844~1900)의 능동적activa, active 힘은 시작하는 힘이다. '능동적'의 핵심은 '새로운 시작'에 있다. 이 점을 니체는 여러 저서에서 강조한다. 『권력에의 의지』에서 니체는 스스로 "'능동적'이란 무엇인가?"라고 묻고 "그것은 권력을 지향하는 것"[1]이라고 답하는데, 이때 '권력'은 제도적인 정치 권력이 아니라

• • •

* 이 글은 『철학탐구』 제67집(2022. 8)에 실린 필자의 글 「능동적 힘과 정치」를 다소 수정·보완한 것이다.
1. F. 니체, 『권력에의 의지』, 강수남 옮김, 청하, 2003, 390쪽. 번역은 인용자가 수정함. 국역본에는 "권력을 움키는 것"으로 되어 있다. 독일어 원문에는 "Was ist 〈aktiv〉? nach Macht ausgreifend."이라고 되어 있다. greifen 동사가 원래 '어떤 것을 잡으려고 손을 뻗다'는 뜻을 가지고 있고, 또한 nach(~을 향하여)와 함께 쓰였다는 점을 고려해서, 어떤 것을 지향하는 것으로 번역하였다. 참고로, 앞서 인용한 독일어 원문은 니체 저작의 여러 판본 중 하나인 알프레트 크뢰너 출판본에만 있는 것으로 알고 있고, 필자는 권력에의 의지에 관한 니체의 진술이 담겨 있는 또 다른 국역본으로서 KGW를 번역한 『유고(1888년 초~1889년 1월초)』(전집21, 백승영 옮김, 책세상, 2006)에서 해당 진술을 찾지 못했다.

새로운 것을 창조할 수 있는 힘으로 해석된다. 「도덕의 계보」에서도 니체는 "진정한 **능동성**이라는 근본 개념을" "자발적이고 공격적이며 침략적이고 새롭게 해석하며 새롭게 방향을 정하는 조형적 힘들"로 정의한다.[2] 이런 의미에서 들뢰즈 역시 능동적 힘을 "조형적 힘force plastique" 혹은 "변신의 힘"[3]이라고 부른다. 능동적 힘을 "소유한다는 것"은 새로운 형태를 "창조하는 것"[4]이다. 『차라투스트라는 이렇게 말했다』 제1부 중 '창조하는 자의 길에 대하여'라는 절에서도 니체는 "너는 새로운 힘이자 새로운 권리인가? 최초의 운동인가? 제힘으로 돌아가는 바퀴인가?"[5]라고 묻고 있는데, 이때 '새로운 힘', '최초의 운동', '스스로 돌아갈 수 있는 힘' 등은 모두 '시작하는 힘'으로서 능동적 힘을 의미한다.

니체의 대부분의 사상, 가령 영원회귀, 위버멘쉬, 힘에의 의지 등과 마찬가지로, 정치에 관해서도 니체는 분명하고 체계적인 이론을 제시하지 않는다. 심지어 다루고 있는 양의 측면에서 볼 때 정치라는 용어 아래 제시되고 있는 부분은 상대적으로 더 적은 편이다. 그러나 니체의 정치에 관한 몇몇 진술에서 정치라는 용어를 통해 그가 말하고자 한 것을 어렵지 않게 추출해 낼 수는

• • •

2. F. 니체, 「도덕의 계보」, 『선악의 저편·도덕의 계보』, 김정현 옮김, 전집14, 책세상, 2013, 423~424쪽. 강조는 니체.
3. G. 들뢰즈, 『니체와 철학』, 이경신 옮김, 민음사, 2003, 91쪽.
4. G. 들뢰즈, 『니체와 철학』, 91쪽.
5. F. 니체, 『차라투스트라는 이렇게 말했다』, 정동호 옮김, 전집13, 책세상, 2014, 103쪽.

있다. 니체는 「이 사람을 보라」에서 정치라는 개념을 '정신들의 싸움'이란 맥락 속에서 제시한다. "진리가 수천 년간의 거짓과 싸움에 돌입하면 우리는 동요되고, 꿈도 꾸어 보지 못했던 지진의 경련과 산과 골짜기의 이동 같은 동요들을 경험할 것"이고, 그러면 "정치라는 개념은 완전히 혼들 간의 싸움으로 되어버릴 것이고" 또한 "거짓에 기초하고 있었던" "옛 사회의 권력 구조는 표연히 사라져 버리게 될 것이다."[6] 이 진술에 따르면, 정치는 낡은 사회의 가치에 대항하여 새로운 가치를 정립하는, 즉 반시대성을 핵심 요소로 하는 것이다. 니체에게 정치는 국가를 통해서는 사유될 수 없는 것이다. 반시대성으로서 정치는 기존의 사회적 힘의 배치를 변화시키려는 것인데 반해 국가는 시대적 가치의 보존과 발전을 위한 조직적 구심이기 때문이다. 국가를 정치가 대결해야 할 대상으로 보는 관점은 『차라투스트라는 이렇게 말했다』에서 여지없이 드러난다. "좋은 사람 나쁜 사람을 가리지 않고 모든 백성이 독배를 들어 죽어가는 곳, 그곳을 나는 국가라고 부른다. 좋은 사람 나쁜 사람 가리지 않고 모든 백성이 자신을 상실하게 되는 곳, 그곳을 나는 국가라고 부른다. 그리고 모든 사람이 서서히 자신의 목숨을 끊어가면서 '생'은 바로 그런 것이라고 말하는 곳, 그곳을 나는 국가라고 부른다."[7]

• • •

6. F. 니체, 「이 사람을 보라」, 『바그너의 경우·우상의 황혼·안티크리스트·이 사람을 보라·디오니소스 송가·니체 대 바그너』, 백승영 옮김, 전집15, 책세상, 2002, 457쪽. 강조는 인용자.
7. F. 니체, 『차라투스트라는 이렇게 말했다』, 81쪽.

니체에게 '새로운 시작'은 시대적 가치에 반하는 것이란 점에서 '반시대성'과 친화적인 용어이고, 그래서 능동적 힘과 정치는 친화적 관계에 있는 것처럼 보인다. 그러나 '능동적 힘'이 개인적 차원에서 발휘되고 영위된다는 점에서 본다면 그것은 집단성과 관련된 정치와 비친화적인 것처럼 보이기도 한다. 실제로 니체는 능동적 힘에 의해 삶을 영위하는 자로서 주권적 개인을 제시한다. 주권적 개인은 능동적 힘을 통해 자신이 하려는 것을 하고 자신의 행동에 전적인 책임을 지는 '개인'이다. 「도덕의 계보」에 따르면 주권적 개인은 주어진 환경에 단순히 반응만 하는 것이 아니라 "자신을 기준으로" 삼는 새롭게 정립된 "가치 척도"와 함께 "약속할 수 있는 자기 자신의 독립적인 오래된 의지를 지닌 인간"[8]이다. 이 점을 이유로 능동적 힘과 정치를 비친화적인 것으로 보는 대표적인 사상가로서 아렌트와 바타이유를 꼽을 수 있을 것이다. 한나 아렌트Arendt. H.(1906~1975)는 능동적 힘 개념을 집단적·정치적 차원으로 '확장'하려는 시도는 '불가능'하다고 주장한다. 니체에게 있어 "개별적 인간들의 정치적 행위는 중요하게 고려되지 못한다"라고 하면서, 능동적 힘에 의해 지배되는 주권적 개인은 결코 정치적 동물이 되지는 못할 것이라는 게 아렌트의 주장이다.[9] 이 주장에 따르면, 능동적 힘과 그 힘에 의해 지배되는 주권적 개인은 집단이나 정치와 친화적일 수 없다. 아렌트와 달리, 프랑스

• • •

8. F. 니체, 「도덕의 계보」, 397~398쪽.
9. H. Arendt, *Vita activa oder Vom tätigen Leben*, München 1981, 175쪽. 임건태, 「주권적 개인들의 공동체를 향하여」, 2010, 134쪽에서 재인용.

의 니체주의자 조르주 바타이유Bataille. G.(1897~1962)는, 니체의 사상을 집단적·정치적 차원으로까지 밀고 나갔지만, 그러나 능동적 힘을 '버리고서' 그렇게 했다. 바타이유는 능동적 힘 개념과는 거리를 두고 자신이 변형시킨 주권성 개념을 통해 니체적 의미의 공동체를 구현하고자 했다.[10] 바타이유가 니체의 사상을 집단적·정치적 차원으로 밀고 나갔다는 점에서는 아렌트와 구별될 수 있을지라도, 그러나 능동적 힘 개념을 니체 사상의 정치적 확장에 방해가 되는 요소로 '취급'하고 있다는 점에서 그 둘은 차이가 없다.

그런데 능동적 힘 개념의 핵심인 '새로운 시작'이 반시대성을 의미하는 것이라면, 능동적 힘 그 자체가 이미 정치적 개념이란 것을 부정하기 어렵다. 또한 '새로운 시작'의 전제가 이질적인 것과의 접촉이라면, 오히려 능동적 힘은 집단적 차원에서, 다시 말해 이질적인 것들이 공존하면서 갈등과 마찰을 일으키는 집단적·정치적 활동 속에서 '더 잘' 고양될 수 있는 것처럼 보이기도 한다. 이 글은 니체의 사유 안에서 능동적 힘 개념과 정치의 친화성, 다시 말해 능동적 힘의 정치성을 공동체 문제를 경유하여 드러내 보이고자 한다. 첫째, 생리학적 관점에서 능동적 힘과 공동체의 친화성 문제를 검토하는 한편, 능동적 힘의 현실화 방법으로서 강자들의 공동체 문제를 다룰 것이다. 둘째, 능동적 힘이 공동체에서 작동하는 방식으로서 촉발 개념을 다루는 한편, 촉발에 근거해

• • •

10. 임건태, 「주권적 개인들의 공동체를 향하여」, 2010, 127쪽 참조.

서 강자들에 의한 약자들의 강자화 가능성을 검토할 것이다. 셋째, 능동적 힘의 정치로서 '위대한 정치'를 재해석하고, 끝으로, 외부성 가동 방식의 측면에서 능동적 힘의 정치성이 갖는 고유성을 살펴보는 것으로 글을 마무리할 것이다.

2. 능동적 힘과 강자들의 공동체

1) 능동적 힘의 의의

능동적 힘의 핵심 요소인 '새로운 시작'이란 무엇인가? 시간적 흐름 속에서 이전과 다른 것이면 모두 '새로운 시작'으로 볼 수 있는가? 누군가에 의해 시작되었으나, 그러나 아무도 알지 못하는 혹은 누구에게도 영향을 미치지 못하는 그러한 '새로운 시작'도 과연 니체적 의미에서 새로움으로 볼 수 있는가? 능동적 힘의 '새로운 시작'이 갖는 의미는 새로움이 대결하고 있는 것과 새로움의 현실화라는 두 측면에서 살펴볼 수 있다.

'새로운 시작'이 대결하고 있는 것은 시대적 가치, 흔히 통념이라고 말해지는 것으로서, 능동적 힘의 새로움은 반(反)시대적인 것이다. 가령 자본주의 사회의 시대적 가치가 이윤 추구라면, 이윤 추구 논리에 지배받지 않는 삶을 창안하는 것이 반시대적 '가치'다. 시대적 가치에 의해 규정되고 추구되는 목표 아래 그 어떤 기술적·제도적인 '새로운' 발명이 일어났다 하더라도, 그것은 니체적 의미에서 '새로움의 창안'이라고 말할 수 없다. 그것은 시대적·사회적 목표에 의해 규율되는 '가짜' 새로움일 뿐이다. 하이데거의 『니체』, 들뢰즈의 『니체와 철학』과 더불어 니체에 관한 가장 영향력 있고 독창적인 작품으로 꼽히는 『니체와 악순환』의 저자 클로소프스키Klossowski. P.(1905~2001)는 능동적 힘의 새로움을 특이성과 연관 지어 설명하는 반면 '가짜' 새로움은 무리성과 연관 지어 설명한다.

특이성singularité, singularity 개념을 이해하기 위한 출발점은 '모든 개체는 항상—이미 공동체'라는 명제다. 한 개체의 특이성은, 유전자나 세포에서부터 생태적 개체에 이르기까지, 복수의 이질적인 요소들의 관계, 그것들의 분포양상에 의해 규정된다. 특이성은 항상 개체화[11]와 결부되어 있는데, 들뢰즈는 『차이와 반복』에서 질베르 시몽동Simondon. G.(1924~1989)을 따라 전—개체적pre—individual 특이성의 개념을 발전시킨다. 그는 특이성을 설명하면서 이렇게 말한다. "최근에 질베르 시몽동이 언급했던 것처럼, 개체화는

• • •

11. 개체화는 단어의 의미 그대로 본다면 개체가 발생하는 과정을 뜻한다. 그러나 시몽동에게 개체화라는 말은 개체발생보다 훨씬 넓은 의미를 갖고 있는데, 이를 이해하기 위해서는 그 개념이 사용되는 맥락에 대한 이해가 필요하다. 여기서는 그 개념의 최소한의 핵심만 간단히 언급하고 넘어간다. 개체화를 이해하기 위한 전제는 '하나의 개체는 일정한 자기동일성을 가진 형태로 단번에 구성되지 않는다'는 것이다. 긴장된 힘들 간의 차이에서 개체화가 출발하고, 이 차이가 준안정적 상태를 이루는 지점에서 구조화가 일어나는데, 이때 이 구조화 역시 결정적인 것이 아니어서 개체는 항구적 변화 가능성에 노출되어 있다. 황수영, 『시몽동, 개체화 이론의 이해』, 그린비, 2017, 40~62쪽 참조.

무엇보다 먼저 어떤 준안정적인 상태, 다시 말해서 어떤 '불균등화'의 현존을 가정"하는데, "하지만 이 전–개체적 상태는 독특성들을 결여하고 있지 않다."[12] 인용문에서 '준안정적인 상태'가 긴장된 힘들 간의 차이 상태로서 특이성을 뜻하고, 이 특이성이 내포하고 있는 '독특성들'이 특이점point singuliér, singular point을 뜻한다는 점에서, 특이성을 특이점들의 분배 상태 혹은 결합 양상으로 정의할 수 있을 것이다. 특이성과 특이점 개념을 설명하기 위해 들뢰즈가 든 예들 중 하나가 삼각형이다. "삼각형은 세 개의 특이점을 가진다."[13] 삼각형은 세 개의 꼭짓점, 즉 세 개의 특이점의 분배에 대응하는 특이성이다. 이 특이성이 삼각형의 여러 성질을 만들고, 세 개의 특이점은 점 하나를 추가할 경우의 사각형이라는 특이성이나 혹은 점 하나를 뺄 경우의 선분이라는 특이성과 삼각형이라는 특이성을 구분 짓는다. 예를 하나 더 들어보자. 물이라는 특이성과 이에 대응되는 섭씨 0도와 섭씨 100도라는 두 특이점의 분배 상태 역시 마찬가지다. 얼음과 구분되는 물이라는 특이성은 섭씨 0도라는 특이점에 의해 가능한 것이고, 기체와 구분되는 물이라는 특이성은 섭씨 100도라는 특이점에 의해 가능한 것이란 점에서, 물이라는 특이성을 섭씨 0도와 섭씨 100도라는 특이점들의 분배 상태라고 규정할 수 있다. 이처럼 특이점이란 이전과는 다른 어떤 변화나 비약을 표시하는 이질적인 점이며, 특이성으로서의 대상 자체를 지배한다는 점에서 특이점은 강자의 성분이라고 말할

• • •

12. G. 들뢰즈, 『차이와 반복』, 김상환 옮김, 민음사, 2012, 524쪽.
13. G. 들뢰즈, 『들뢰즈가 만든 철학사』, 박정태 엮고 옮김, 이학사, 2010, 381쪽.

수 있다.

클로소프스키는 산업사회에서 많은 것들이 발전되고 '창조'되지만, 이는 산업사회를 지배하는 이윤 추구 법칙에 따른 '무리적 현상'일 뿐 능동적 힘의 요소인 새로움은 아니라고 말한다. 근대 경제의 "힘들이 생산의 차원에서 그들의 고유한 기술을 발전시키는 것은, 그들이 생산하는 제품의 조작에 필요한 지식과 이 제품의 소비를 위한 교환을 지배하는 법칙에 의"[14]한 것일 뿐, "무리적인 사유와 각각의 관습들을 당혹케하는 특이성이 승리하는 길을"여는 "창조하는 행위"[15]는 아니다.

반시대적인 것으로서 '새로운 시작'은 기존 질서에 위험을 유발하는 것이기 때문에, '무리적인 힘'에 눌려 아예 불발되거나 일회적인 것으로 그칠 가능성이 높다. 만일 '새로움'이 시대의 가장자리에서 '유희'만 하다가 정작 '위험 유발', 즉 '새로운 현실의 생산' 없이 사라져버렸을 경우, 이때의 '새로움'도 과연 '새로움의 창안'이라고 말해질 수 있는 것일까? 굳이 '새로움'이라고 '말'할 수는 있겠지만, 그렇게 사라져버린 새로움이 현실에서 어떤 의미를 가질 수 있을지에 대해서는 회의적일 수밖에 없다. 능동적 힘은 반시대성과 새로움의 현실화를 동시에 함축하고 있는 개념으로 이해되어야 한다. 이에 대해 클로소프스키는 다음과 같이 말한다. "창조하는 것은 곧 존재하는 것에, 따라서 또한 존재들 전체에 폭력을 행사하는 것이다. 새로운 유형의 창조는 하나의 위험 상태

• • •
14. P. 클로소프스키, 『니체와 악순환』, 조성천 옮김, 그린비, 2009, 194쪽.
15. P. 클로소프스키, 『니체와 악순환』, 192쪽.

를 유발해야 한다. 창조는 현실의 가장자리에서 유희하기를 멈춘다. 그때부터 창조자는 재-생산하는 것이 아니라 스스로 현실을 생산한다."[16]

2) 능동적 힘과 공동체의 친화성

능동적 힘은 어떻게 '스스로 현실을 생산할 수 있는가? 능동적 힘은 어떻게 현실화를 위한 힘을 확보하고 증가시켜 갈 수 있는가? 공동체, 정확히 말해서 니체의 강자들의 공동체를 경유해서 능동적 힘의 현실 생산 능력과 과정을 설명할 수 있다. 그런데 의문이 먼저 든다. 능동적 힘과 공동체가 과연 친화적일 수 있는지, 능동적 힘은 강자의 성분으로서 지배적이고 정복하는 힘인데 어떻게 지배나 정복과는 어울리지 않는 공동체가 능동적 힘의 존재 조건이자 고양의 조건일 수 있는지에 관한 것이 그것이다. 아마도 이 의문이 능동적 힘을 집단적·정치적 차원으로 확장시켜 사유하는 것을 가로막았을 것이다. 또한 이 의문이 앞서 언급한 아렌트나 바타이유가 능동적 힘을 '핑계'로 니체의 사유에서 정치는 불가능하다는 주장을 펴거나 혹은 능동적 힘과 거리를 두면서 니체적 의미의 공동체를 사유하려고 했던 하나의 이유가 되었을 것이다.

그러나 생리학적 관점에서 볼 때 강자건 약자건 모두 공동체와 친화적이며, 강자의 성분인 능동적 힘 역시 공동체와 친화적이다.

• • •
16. P. 클로소프스키, 『니체와 악순환』, 172쪽.

이 점에 대해 구체적으로 힘의 고양 측면과 감응 측면에서 살펴볼 수 있다. 먼저, 힘의 고양 측면에서 볼 때 모든 존재는 힘의 증대를 향하여 노력하는데, 그 증대의 과정에서 강자건 약자건 갖게 되는 성향이 '모이는 것'이다. 힘이란 모일 때 더 증가하는 경향이 있다. 혼자 있을 때보다 둘이 있는 경우가 힘이 훨씬 더 강하고, 둘이 있는 것보다 열이 있는 경우가 힘이 훨씬 더 강해진다. 스피노자Spinoza. B.(1632~1677)는 『윤리학』 제4부에서 모이는 것과 힘의 증가의 연관성에 대해 이렇게 말한다. "우리들의 외부에는 우리들에게 유익한 것, 즉 우리들이 욕구할만한 것이 많이 주어져 있다. 그중에서 우리들의 본성과 전적으로 합치하는 것보다 더 가치 있는 것은 생각해낼 수 없다. 왜냐하면 만일 전적으로 본성이 똑같은 두 개체가 서로 결합된다면, 그것들은 따로 떨어져 있는 것보다 두 배 더 역량이 큰 개체가 되기 때문이다. 따라서 인간에게는 인간보다 더 유익한 것은 하나도 없다."[17] 스피노자의 이 진술은 강자건 약자건 누구나 힘의 증가를 추구하고, 그 증가의 방법으로서 모이는 성향을 갖고 있음을 함축하고 있다. 요컨대 힘의 고양 측면에서 볼 때, 모이는 성향, 즉 공동체를 구성하려는 성향은 약자뿐만 아니라 강자 역시 가지고 있는 특성이다.

감응affect 측면에서 볼 때도 마찬가지인데, '모여 있을 때의 쾌감'은 강자건 약자건 누구나 모이게 한다. 감응affect은 복수의 개체들이 서로에게 변화를 야기해 가면서 함께 경험하는 기쁨이나

• • •

17. B. 스피노자, 『에티카』, 강영계 옮김, 서광사, 2001, 제4부 정리18 주석, 226쪽. 번역은 인용자가 수정함.

슬픔이다. 스피노자는 『윤리학』 제3부 '정의3'에서 감응affect을 "신체의 행위 역량을 증가시키거나 감소시키고 촉진하거나 저해하는 신체의 변용인 동시에 그러한 변용의 관념으로 이해한다."[18]고 말한다. 들뢰즈는 감응affect을 강밀도intensity와 등치시켜 이해하고, 스피노자가 감응을 신체의 변용 및 그 변용에 대한 관념을 동시에 함축하는 것으로 이해하는 것과 달리, 신체의 변용과 그에 대한 관념을 분리시켜 이해한다. 이러한 차이에도 불구하고 들뢰즈 역시 스피노자와 마찬가지로 신체의 역량이 증가하는 감응을 기쁨으로, 감소하는 감응을 슬픔으로 규정한다.[19] 이때 특히 기쁨의 감응을 쾌감이라고 부른다. 둘 이상의 존재를 전제한다는 점에서 감응은 공동의 감응이고, 쾌감은 연대의 쾌감이다. 감응이 생리학적 차원에서 이해될 수 있는 이유는 감응이 신체에 영향을 미쳐 신체적 리듬의 동조 현상을 발생시키기 때문이다. 생리학적 성격을 띠고 있다는 점에서는 힘의 고양과 감응이 공통적이지만, 그러나 어디에 초점을 두고 모이는 성향을 설명하는가에 있어서 그 둘은 다르다. '힘의 고양'은 힘의 고양을 추구하는 '본성'에 초점을 두고 설명하는 데 비해, '감응'은 '모이는 것' 자체에서 산출되는 쾌감에 초점을 두고 설명한다. 이상의 논의에서, 생리학적 차원에서 볼 때 강자건 약자건 모두 모이는 성향을 갖고 있고,

• • •

18. B. 스피노자, 『윤리학』, 131쪽. 옮긴이는 affect를 정서로 번역했으나, 필자는 감응이라는 번역어를 사용한다. 또한 인용문의 "변용"은 affection을 번역한 것인데, 필자는 이 affection을 이후 논의에서 촉발로 번역해서 사용한다.

19. Deleuze. G., "Lecture Transcripts on Spinoza's Concept of Affect", *LES COURS DE GILLES DELEUXE* http://www.webdeleuze.com/php/sommaire. html. 참조.

바로 이런 이유에서 강자의 성분을 갖고 있는 능동적 힘 역시 공동체와 친화적임을 알 수 있다.

니체 역시 생리학적 관점에서 모든 존재가 힘의 증대를 지향한다는 점을 부정하고 있지 않다. 니체 스스로『권력에의 의지』에서 "모든 생물은 힘을 향하여, 힘의 증대를 향하여 노력"[20]는 존재이며 "인간이 의욕하는 것, 생명 있는 유기체의 모든 최소 부분도 의욕하는 것, 그것은 힘의 증대"[21]라고 말하고 있기 때문이다. 문제는 힘을 증대시키는 방법으로서 '모이는 성향'이나 이와 연관된 '단결의 쾌감'이 과연 강자들에 관한 니체의 사유에 부합할 수 있는가에 있다. 무엇보다도 니체 스스로 힘의 고양을 설명하면서 흩어지려는 것을 강자에, 모이려는 것을 약자에 각각 대응시키는 한편, 기쁨의 감응인 단결의 쾌감을 약자들만이 느낄 수 있는 것으로 진술하고 있기 때문이다. 아마도 이러한 진술이 서두에서 소개한 바타이유나 아렌트처럼, 능동적 힘과 공동체 간의 비친화성을 주장하게끔 한 이유의 하나가 되었을 것이다. 그러나 과연 위와 같은 니체의 진술을 능동적 힘 혹은 강자와 공동체간의 비친화성을 주장하는 근거로 볼 수 있는가? 필자는 '비친화성'을 주장하는

• • •

20. F. 니체,『권력에의 의지』, 411쪽. 국역본의 '권력'을 '힘'으로 수정하여 인용함. 참고로 KGW 국역본『유고 1888년 초~1889년 1월 초』에서 해당 진술을 찾지 못했다.

21. F. 니체,『권력에의 의지』, 418쪽. 국역본의 '권력'을 '힘'으로 수정하여 인용함. KGW 국역본『유고 1888년 초~1889년 1월 초』는 인용한 진술을 "인간이 원하는 것. 살아 있는 유기체의 모든 최소 부분들이 원하는 것, 그것은 힘의 증대인 것이다."(191쪽)라고 번역하고 있어서, 둘의 번역이 크게 다르지 않다.

것처럼 보이는 해당 진술들에 대해, 통상적인 해석과는 다른 해석을 가하는 한편, 주어진 맥락 속에서 제한된 의미만을 갖는 것으로 해석함으로써 니체의 사유 안에서 능동적 힘이 공동체와 친화적일 수 있다는 것을 보일 것이다. 힘의 고양의 측면에서 본 '모이는 성향'과 관련하여, 니체는 「도덕의 계보」에서 "강자들은 흩어지려고 하고, 약자들은 서로 모이려"고 한다는 점을 간과해서는 안 된다고 강조한다.[22] 이 진술을 액면 그대로 본다면, 강자에게는 모이는 성향이 없고, 약자만이 모이는 성향을 갖고 있다고 말하고 있는 것처럼 보인다. 그런데 모이고 흩어지는 것을 공간상의 거리의 관점에서 볼 때만 그렇게 보일 뿐이다. 관점을 달리하여, 공간상의 거리의 관점이 아니라 강자와 약자의 성향이라는 관점에서 본다면, 이 진술을 강자 역시 모이는 성향을 가지고 있음을 긍정하는 것으로 해석할 수 있다. '성향'의 관점에서 볼 때, 모이고 흩어지는 것은 외연적 거리의 문제라기보다는 특이성의 유무 문제이기 때문이다. 거리상으로 혼자 있다고 해서 강자인 것이 아니라, 나름의 특이성을 가지고 있는 존재이기에 강자인 것이다. 특이성이란 아무리 가까이 있어도 축소될 수 없는 어떤 거리 같은 것을 담고 있다. 거리의 파토스란 그러한 특이성을 유지하는 것이지 남들과 '거리상으로' 동떨어져 사는 것을 의미하는 것이 아니다. 강자들의 흩어지려는 경향에서 이 흩어짐을 외연적인 거리를 표시하는 것, 즉 그냥 혼자 있으려고 하는 고립 성향으로 이해하면

• • •

22. F. 니체, 「도덕의 계보」, 505~506쪽.

곤란하다. 강자들이 특이성을 가지고 있는 존재란 점을 염두에 둘 때, 강자들의 흩어짐은 바로 옆에 있어도 흩어진 것이나 마찬가지이기 때문이다. 강자들은 옆에 사람들이 잔뜩 있어도 고립되어 있다. 이것이 니체가 말한 고독의 의미이다. 강자의 흩어짐을 '흩어져서 혼자가 되어버리는 것'으로 이해한다면 니체적인 분석의 탁월함 같은 것이 사라져버리고 말 것이다. 강자와 달리 약자들은 특이성이 없기 때문에 쉽게 모인다. 특이성이 없다는 점에서 보면 약자들은 흩어져 있어도 모여 있는 것이나 마찬가지다. 약자들은 특이성이 없고 비슷하기에 지리적으로 이곳저곳으로 사방에 흩어져 있어도 모여 있는 것으로 볼 수 있다. 이처럼 약자들이 모여 있는 것 역시 공간적 거리의 문제가 아니다. 요컨대 "강자들은 흩어지려고 하고, 약자들은 서로 모이려" 한다는 니체의 진술은 통상적으로 떠올리는 기하학적 의미 혹은 연장적 의미로 이해하기보다는 특이성의 관점에서, 강자, 그리고 강함을 성분으로 갖는 능동적 힘 역시 '모이는 성향을 갖고 있다는 것을 부정하고 있지 않은 것으로 해석할 수 있다.

감응의 측면에서 본 '단결의 쾌락'과 관련하여 니체는 「도덕의 계보」에서 "약자들은 바로 이러한 단결에 쾌락을 느끼면서 서로 단결한다"[23]고 진술하고 있다. 이 진술만 놓고 보면, '단결' 혹은 '단결의 쾌락'이 마치 약자들만의 특징인 것처럼 보이고, 그래서 앞서 소개된 필자의 주장, 즉 감응의 측면에서 볼 때 단결의 쾌락은

• • •

23. F. 니체, 「도덕의 계보」, 506쪽.

약자는 물론 강자에게도 단결하는 이유가 된다는 주장을 반박할 수 있는 논거처럼 보인다. 이러한 '모순적' 상황에서 벗어나기 위해서, 필자는 니체의 해당 진술을 해당 문맥 속에서 제한된 의미만을 갖는 것으로 해석할 것을 제안해 본다. 이 진술은, 니체가 금욕주의 성직자들이 제안한 고통과 싸우는 다섯 가지 방법을 논평하는 중에 나온 것이다. 특히 단결의 쾌락과 관련한 진술은 "모든 병자나 병약자는 숨 막힐듯한 불쾌감이나 허약한 감정을 떨쳐 버리려는 갈망에서 본능적으로 무리 조직을 추구한다"[24]고 논평하면서 나왔다. 그렇다면 이 진술을 약자가 느끼는 단결의 쾌락의 특징, 즉 무리 조직에서 동질성이 주는 위안으로부터 오는 쾌락을 말하려는 맥락 속에서만 제한적으로 해석할 필요가 있다. 요컨대 이 진술을 강자들의 단결의 쾌락을 배제하는 진술로까지 확대 해석할 필요는 없다.

3) 능동적 힘의 현실화: 강자들의 공동체

강자들의 공동체는 강함의 성분이 주도하는 공동체로서 이질적인 것, 즉 특이성에 의해 주도되는 공동체다. '새로운 시작'은 이질적인 것들 속에서만 가능하다는 점에서 강자들의 공동체는 능동적 힘의 핵심인 '새로운 시작'의 현실화 방법, 능동적 힘이 스스로 현실을 생산하는 방법이다. 동질적인 것은 자신과 같음을

• • •
24. F. 니체, 「도덕의 계보」, 505쪽.

확인하는 데서 오는 안정감이나 위안은 줄 수 있지만, 결코 지금과는 다른 또 다른 '나'로 혹은 또 다른 '질서'로 이행하는 한 걸음을 내딛게 하지는 못한다. 반면 이질적인 것은 불안정하고 불편한 느낌을 줄 수 있지만, 지금의 '나'로부터 혹은 지금의 '질서'로부터 이행하고 변신할 수 있는 한 걸음을 내딛게 한다. 이런 의미에서 공동체 구성의 측면에서 볼 때 능동적 힘과 강자들의 공동체는 불가분적이다. 즉 '이질적인 것'은 강함의 성분이며 특이점이며, 그래서 강자들의 공동체는 특이점들의 공동체로서 이질적인 것을 수용하고 감당하는 방식으로 구성된다. 한편 강자들의 공동체에서 이질성은 자신의 짝으로서 연대성을 필요로 하는데, 왜냐하면 능동적 힘의 '새로운 시작'은 차이를 보존하는 힘이기 때문이다. 만일 이질성의 수용 능력을 가장 강한 것이 그보다 약한 것을 흡수하고 지배하는 것으로 이해한다면 이는 능동적 힘이 아니라 반동적 힘의 관점에서 공동체를 바라보는 것이다. 반동적 힘은 차이를 보존하는 것이 아니라 차이를 무화시키고 동질화시키는 힘이기 때문이다.

요컨대 공동체 구성 방식의 측면에서 볼 때 강자들의 공동체는 이질성과 연대성에 기초하는 반면, 약자들의 공동체는 동질성과 배타성을 기초로 하여 구성된다. 사실 생리학적 관점에서 보더라도 약자들은 이질적이거나 자기와 다른 종류의 신체, 다른 감각, 다른 생각을 견딜 힘이 없기 때문에 언제나 동질적인 것, 유사한 생각이나 감각을 가진 자들끼리 모이는 성향을 보인다. 약자들의 공동체는 동질성에 기초한 공동체이기 때문에 이질적인 것이나 낯선 것에 대해 배타적이고 폐쇄적인 성격을 띨 수밖에 없다.

3. 능동적 힘의 작동 방식: 촉발

1) 촉발의 의의

강자들의 공동체에서 능동적 힘은 촉발affection을 통해 작동하면서 자신을 고양해 나간다. 촉발은, 지극히 간단하게 말한다면, 서로 간에 변화를 야기하는 것이다. 들뢰즈는 1978년 1월 24일 뱅상느 강의에서, 촉발을 어떤 주관적인 감정과 직접 연결시키지 않으면서 "신체들의 섞임 모두를 촉발이라고 부를 것이다Every mixture of bodies will be termd an affection."[25]라고 말한다. 이에 따르면 촉발은 하나의 신체가 다른 신체에 영향을 미치는 일체의 작용이다. 같은 강의에서 들뢰즈는 다음과 같은 예를 들어 촉발을 설명한다. 태양 아래에서 밀랍이 녹아내리는 것을 보고, 바로 그 옆에서 진흙이 굳어지는 것을 볼 때, 이것이 바로 밀랍의 affection이고 진흙의 affection이다. 이처럼 하나의 신체가 다른 신체에 의해 변용되는 사태, 이것이 촉발이다.

• • •

25. Deleuze. G., "Lecture Transcripts on Spinoza's Concept of Affect", *LES COURS DE GILLES DELEUXE* http://www.webdeleuze.com/php/sommaire. html. 최원, 「'정동 이론' 비판: 알튀세르의 이데올로기론과의 쟁점을 중심으로」, 2016에서 재인용.

능동적 힘의 작동 기제인 촉발은 특이점을 중심 요소로 삼으면서 이중 계기 속에서 작동한다. 이중 계기는 촉발하는 자와 촉발받는 자를 말한다. 촉발이 두 존재 이상을 전제한 용어라는 점에서 이중 계기는 당연한 것이다. 그러나 당연해 보이는 것을 군이 이중 계기라는 다소 '거창한' 용어를 사용하여 정식화한 것은 촉발이 '능력'의 의미를 내포하고 있음을 드러내고 싶어서다. 촉발은 촉발하는 자의 '촉발 능력'과 함께 촉발 받는 자의 '촉발 받는 능력'이 있어야만 작동할 수 있다. 쇠귀에 경 읽기나 벽창호라는 말이 있듯이, 한쪽 편의 촉발 능력이 아무리 뛰어나도 다른 쪽 편의 촉발 받는 능력이 없다면 촉발은 결코 발생하지 않는다. 이중의 계기가 서로 맞물려 작동될 때만이 촉발은 새로운 관계 구성이라는 결과를 낳을 수 있는 것이다. 촉발은 '한쪽'만의 변화가 아니라 '서로' 간의 변화를 야기하는 것으로서, 촉발하는 자와 촉발 받는 자 모두 촉발 이전의 삶에서 그와는 다른 삶으로 이행하는 출구를 찾는 결과를 낳는다. 특이점, 이중 계기, 새로운 관계 구성 등을 함축하고 있는 촉발을 통해 강자들의 공동체 안에서 능동적 힘은 새로운 현실을 생산하는 한편, 끊임없이 '새로운 시작'을 가능케 하는 힘을 고양해 나간다.

2) 촉발의 양상

(1) 극화의 방법

강자들의 공동체에서 촉발이 작동하는 구체적 양상을 살펴보기 위해서 먼저 극화dramatisation의 방법에 대한 이해가 필요하다. 니체는 자신 안에 있는 여러 요소들, 충동들, 힘들을 의인화해서 설명하는 경향이 있는데, 이러한 설명 방식을 들뢰즈는 극화의 방법이라고 부른다. 니체는 "허약한 인간 유형의 인간들"과 대비하여, 강한 인간 유형, 즉 "강력하고 화해하기 어려운 충동"으로 육성된 "상상할 수 없는 인간"을 제시한다. 그리고 이 후자의 인간 유형을 "카이사르"나 "프리드리히 2세" 혹은 "레오나르도 다 빈치" 같은 사람을 동원하여 설명한다.[26] 독자들은 동원된 그 사람들이 '강자'의 모델인 것처럼 오인하는 경향이 있지만, 그러나 실제 그 사람들은 한 개인 안의 여러 성분들 중 강한 성분이나 충동을 의인화한 것일 뿐이다. 강자와 약자를 말하면서 귀족과 노예를 끌어들이는 것 역시 니체의 의인화를 통한 설명 방식일 뿐, 귀족을 강자로 노예를 약자로서 고정화시키는 규정이 아님을 이해할 필요가 있다. 들뢰즈는 한 개인 안의 여러 성분들, 혹은 한 공동체 안의 여러 성분들을 특정 인물이나 신분을 끌어들여 의인화시켜 설명하는 방법을 "극화dramatisation의 방법"[27]이라고 규정한다.

들뢰즈에 따르면 이러한 극화의 방법은 사태에 대한 "질문 방식"에서 파생되어 나온 것이다. 들뢰즈는 『니체와 철학』의 영역판 저자 서문에서 니체의 질문 방식에 관하여 다음과 같이 말한다. 니체는 "'~은 무엇인가what is~?'라는 질문을 '어떤 것이 ~인가?which one'라는 것으로 바꾸'고, "어떤 명제가 주어지든 '어떤 것이 그렇게

• • •

26. F. 니체, 「선악의 저편」, 『선악의 저편·도덕의 계보』, 김정현 옮김, 전집14, 책세상, 2013, 156~157쪽.
27. G. 들뢰즈, 『니체와 철학』, 148쪽.

말할 수 있는가'라고 묻는다." 이때 "'~한 것the one that~'이란 한 개체, 한 인격person을 가리키는 것이 아니라, 하나의 사건, 즉 하나의 명제나 현상 속에서 다양한 관계들을 맺고 있는 힘들과 이러한 힘들을 결정하는 발생학적 관계를 가리"키는 말이다.[28] 그런데 니체의 질문 방식에 따른 양상이나 양태를 힘에의 의지 사상으로 설명하기가 쉽지 않기 때문에, 그에 대한 설명 방식의 하나로서 "파생"되어 나온 것이 극화의 방법이라고 들뢰즈는 설명한다.[29] 이러한 극화의 방법을 염두에 두고, 니체가 제시하는 특정 인물이나 신분을 고정적인 어떤 모델로서가 아니라 자기 안의 여러 성분들 각각을 의인화시킨 것으로 이해할 필요가 있다. 강자라고 해서 귀족의 '신분'처럼 항상 고정적으로 강자인 것이 아니라 강함과 약함의 성분을 함께 가지고 있고, 또한 어떤 한 개체나 공동체가 상황에 따라 혹은 주도하는 성분이 어느 것이냐에 따라 강자가 될 수도 있고 약자가 될 수도 있는 존재임을 이해해야 한다.

극화의 방법을 통해 알 수 있는 것은, 집합적 신체로서 강자들의 공동체는 강함의 성분만으로 이루어진 것이 아니라 강함과 약함의 성분이 섞여 있지만 강함의 성분이 '주도'하는 공동체라는 점이다. 강자들의 공동체는 강자들만으로 이루어진 집단이 아니라 강자들과 약자들이 섞여 있는 집단이며, 다만 강자들이 '주도'하는 집단이

• • •

28. G. Deleuze, "Preface to the English Translation" in *Nietzsche and Philosophy*, trans. by Hugh Tomlinson, New York; Columbia University Press, 1983, xi.
29. G. 들뢰즈, 『니체와 철학』, 143~148쪽.

다.

(2) 촉발의 작동 양상: 약자들의 강자화 가능성

촉발은 단결의 쾌락이 갖는 성질과 밀접히 관련되면서 다양한 양상으로 작동한다. 감응적affective 차원에서 단결의 쾌락은 공동체 주도 성분이 강자냐 약자냐에 따라 다른 성질을 갖는다. 니체의 힘에의 의지 개념에서 '힘'은 양과 질 모두를 가지고 있는 개념이다. 힘의 '양'에서 중요한 것은 힘의 '양' 자체가 아니라 '양의 차이'다. 그래서 물리학에서 어떤 사건을 만들어내는 것은 어떤 하나의 힘이 갖는 '크기'가 아니라 힘들 간의 차이, 즉 힘들 간의 관계인 것이다. '힘'이 갖는 또 다른 측면인 힘의 '질'은 강함과 약함을 의미한다. 강하다고 하는 것은 능동적인 성분을, 약하다고 하는 것은 반동적인 성분을 가지고 있는 것이다. 물리학에서 힘은 크기 와 방향을 갖고 있는데, 이 중 방향과 결부된 것이 힘의 질인 강약의 개념이다. 그래서 물리학에서 액티브와 리액티브는 작용 과 반작용 혹은 능동과 반동으로 각각 번역된다. 능동이란 시작할 수 있는 것이고, 반동이란 무언가 정해진 것에 대해 반작용하는 것이다. 그래서 니체에게 강자란 능동적 힘을 발휘하는 자로서, 시작할 수 있는 자, 창안할 수 있는 자, 창조할 수 있는 자다. 반면 약자란 반동적 힘에 사로잡힌 자로서 주어진 자극에 대해 관성에 따른 반응만 하는 자이다. 니체는 반동적 힘의 대표적 예로서 원한을 제시한다.[30]

약자들의 공동체는 반동적 힘에 의해 주도되는 공동체로서,

촉발의 요소인 특이점이 없기에 촉발을 통한 상호작용이 일어날 가능성이 거의 없다. 약자들의 공동체에서 발생하는 단결의 쾌락이란 것도 동질성이 주는 위안에서 오는 쾌락일 뿐이다. 약자들이 모여 동질성이 주는 위안으로부터 얻는 쾌락을 니체는 "작은 즐거움"[31]이라고 부르기도 한다.

반면 강자들의 공동체는 특이점을 중심으로 촉발이 일어난다. 강자들의 공동체에서 촉발은 두 층위, 즉 강자들 간의 관계 층위와 강자와 약자 간의 관계 층위 모두에서 작동한다. 이에 따라 이중 계기에 따른 두 유형, 즉 강자들 간의 촉발 유형과 강자와 약자 간의 촉발 유형으로 구분해서 살펴볼 수 있다. 사실 강자들 간의 촉발 유형은 당연한 것이다. 강자는 '새롭게 시작할 수 있는 힘'의 성분을 '보유'한 자이기 때문이다. 강자는 촉발'하고' 촉발'받는' 능력을 '이미' 확보한 자로서, 다른 대상에 대한 '촉발자'이자 동시에 다른 대상으로부터 '촉발 받는 자'다. 그럼에도 불구하고 굳이 '유형'화하여 살펴보려는 것은 '촉발자'로서의 강자뿐만 아니라 '촉발 받는 자'로서의 강자라는 점을 강자와 약자 간에도 촉발이 가능할 수 있다는 주장의 근거로 삼기 위해서이다. 앞에서 극화의 방법을 설명하면서 언급했듯이, 강자라고 해서 전적으로 강자의 성분만 갖고 있거나 강자의 포지션만을 일관되게 유지하고 있다고 보기 어렵다. 강자는 주도하는 성분이 강함의 성분일 뿐 약함의 성분도 함께 가지고 있으며, 기본적으로 강자의 유형에

• • •

30. F. 니체, 「도덕의 계보」, 367~371쪽 참조.
31. F. 니체, 「도덕의 계보」, 505쪽.

속한다 하더라도 강함의 분포 정도는 강자들마다 다를 수 있다. 이 점 때문에 강자들 간에도 촉발이 일어날 수 있고 촉발을 통한 힘의 고양이 가능해질 수 있는 것이다.

　강자들의 공동체에서 강자와 약자 간에 일어나는 촉발의 양상에 대해 좀 더 자세하게 살펴보도록 하자. 강자들의 공동체를 주도하는 강함의 성분인 특이점을 통해 약자 역시 촉발의 이중 계기의 하나로서 촉발 받을 수 있고, 촉발을 통해 '강자화'될 수 있다. 강자 간 촉발 유형이 강자들의 힘의 '고양'을 특징으로 갖는다면, 강자와 약자 간 촉발 유형은 약자들의 강자화라는 힘의 '변환'을 특징으로 갖는다. 물론 약함의 성분이 주도하던 상태에서 강함의 성분이 주도하는 상태로의 이행이란 점에서 '변환'도 '고양'이라고 볼 수 있을 것이다. 다만, 이글에서는 첫 번째 유형과 구별하려는 의도에서 '고양'보다는 '변환'이라는 용어를 사용한다. 강자와 약자 간 촉발 유형에서 일어나는 힘의 '변환'은 집합체 전체의 힘을 '고양'시킬 것이고, 집합체의 힘의 '고양'은 다시 강자들의 힘이 '고양'되는 조건이 되어줄 수 있다. 이런 점에서 강자와 약자 간 촉발 유형 역시 힘이 고양되는 '경로'만 복잡해 보일 뿐 기본적으로 강자 간 촉발 유형과 마찬가지로 강자들의 힘 및 공동체 전체의 힘을 '고양'시키는 것이 가능하다.

　그런데 '강자와 약자 간 촉발 유형'에 대해 다음과 같은 의문이 제기될 수 있다. 과연 약자가 강자를 계기로 촉발 받는 것이 가능한가? 즉 촉발 개념의 요소로서 이중 계기는 촉발 받을 수 있는 '능력'을 전제하고 있는데 과연 반동적 성분인 약자가 이 '능력'을 갖고 있다고 볼 수 있는가? 이 의문에 들뢰즈는 '거의' 부정적이라고 해석될 만한 답변을 제시한다. 들뢰즈는 니체의 반동적 힘의 질적 성격과 반동적 힘이 능동적 힘에 대해 갖는 기능을 다음과 같이 설명한다. 힘의 질적 성격의 측면에서 "반동적 힘들은 서로 뭉칠 때조차 능동적일 더 큰 하나의 힘을 형성하지 못"[32]하고, 그러면서도 "반동적 힘은 능동적 힘을 능동적 힘이 할 수 있는 것에서 분리시키고 분해"하면서 능동적 힘 "자체가 새로운 의미에서 반동적인 힘으로 되"게 만드는 기능을 한다.[33] 한마디로 말해서 반동적 힘은 "능동적 힘을 '분리시키면서' 승리함을 보여"[34]준다. 그런데 반동적 힘에 관한 이러한 설명에 따르더라도 '약자가 강자화될 가능성이 없다'는 결론, 다시 말해 '약자는 강자의 촉발을 받아들일 수 있는 능력을 결여하고 있다'는 결론을 내리기는 어렵다. 첫째로, 반동적 힘의 질적 성격에 대해서, 들뢰즈는 약자들이 더 많이 모이더라도 약자의 성분이 강함의 성분으로 변환되지 않는다는 것을 말하고 있는데, 이는 엄밀하게 말해서 약자들 간의 관계만 존재하는 약자들의 공동체에 국한된 설명일 뿐이다. 이 설명만으로는 강자의 촉발을 통한 약함의 성분 변화 가능성 혹은 촉발 받을 능력의 획득 가능성에 관해서 니체가 부정하고 있다고 단정하기 어렵다. 둘째로, 반동적 힘의 기능에 대해서, 들뢰즈는

• • •

32. G. 들뢰즈, 『니체와 철학』, 114쪽.
33. G. 들뢰즈, 『니체와 철학』, 114쪽.
34. G. 들뢰즈, 『니체와 철학』, 114쪽. 국역본의 '적극적'을 '능동적'으로 수정하여 인용함.

반동적 힘이 능동적 힘을 반동화하는 기능을 하고 있다고 말하는데, 이는 '능동적 힘에 대한 반동적 힘의 기능'에 국한된 것이지 '반동적 힘에 대해 능동적 힘이 미칠 가능성'에 관한 언급은 아니다. 결론적으로, 니체는 약자의 강자화 가능성, 약자가 강자의 촉발을 받을 수 있는 능력을 얻을 가능성에 관해 긍정적인 답을 하고 있지는 않지만, 그렇다고 '아니다'라는 부정적인 답을 명시하고 있지도 않다. 지극히 소극적 근거이긴 하지만, 이 점에서 필자는 약자의 강자화 가능성을 사유해볼 여지가 있다고 본다.

약자의 강자화 가능성, 다시 말해 약자의 '촉발을 받을 능력'이 '부정되지 않는다'고 하더라도, 문제는 '어떻게'에 있다. 어떻게 약자는 강자의 촉발을 '받을 수 있는 능력'을 얻을 것인가? 이는 전적으로 강자의 역할에 의해서 가능하다. 촉발하는 자로서의 강자의 역할을 단순하게 반복하려는 말이 아니다. 극화의 방법을 설명하면서 언급했듯이, 어떤 것도 전적으로 강함의 성분만을 갖고 있지 않고 또한 어떤 것도 처음부터 끝까지 강함의 성분에 의해 주도되는 일생을 살지는 않는다. 개인이건 공동체건 각 존재는 능동적 힘들과 반동적 힘들 간의 맞섬이 발생하는 장場일 뿐이다. 그렇기 때문에 현재 강자라고 불릴 수 있는 존재는 약함이 주도하는 상태를 겪었던 경험, 약함과 맞서서 강함이 주도하는 상태로 스스로를 변환 혹은 고양 시켰던 경험을 겪었을 것이다. 그러한 경험을 겪으면서 현재 강자인 존재는 어떤 조건과 환경 속에서 약자가 강자의 촉발을 받을 수 있는 능력을 기를 수 있는지에 관한 정보를 축적했을 것이다. 강자가 자기 경험을 통해 얻은 정보를 바탕으로 '여건'을 만들어 준다면, 약자의 '촉발 받을 능력'을 기를 수 있을 것이다. 자신의 능동적 힘을 발휘하지 못하도록 저지하는, 어떤 의미에서는 '적'과도 같은 약자에 맞서면서도, 동시에 자신을 통해 약자가 촉발 받을 수 있는 능력을 기를 수 있게 역할 한다는 것이 쉬운 일은 아니겠지만, 그러나 불가능한 것은 아니다.

강자의 역할을 통해서 약자의 촉발 받을 능력을 기르는 것이 불가능한 일이 아니라 하더라도, 여전히 설명되어야 할 문제는 남아 있다. 강자가 왜 그래야 하는가 하는 것이다. 약자의 '분해 공작'으로부터 강자를 보호하라고 아무리 강조해도 지나치지 않을 판에, 오히려 약자들의 '능력'을 길러주는 것이 강자의 역할이라는 주장을 어떻게 받아들여야 하는가? 한 가지 가능한 답변은 '약자를 강자화하는 것이 강자를 보호하는 방법일 수 있다'는 것이다. 약자들의 힘의 변환을 설명하면서 언급하기도 했지만, 약자들의 강자화가 강자들의 힘 역시 고양시킬 수 있기 때문이다. 니체는 『권력에의 의지』에서 "사람들은 항상 강자들을 약자들로부터 보호해야 한다"[35]고 말한다. 강자는 희소하기 때문에 약자로부터 강자를 보호해야 한다고 말하지만, 정작 니체는 '어떻게' 보호해야 하는지에 대해서 '직접적으로' 말한 것이 없다. 필자는 약자들을 강자화시킴으로써 공동체 안의 강함의 성분을 증가시켜 가는 것, 이것이 약자로부터 강자를 보호할 수 있는 방법일 수

• • •

35. F. 니체, 『권력에의 의지』, 101쪽. 필자는 KGW 국역본 『유고(1888년 초~1889년 1월 초)』에서 해당 진술을 찾지 못했다.

있다고 본다. 약자들에게 강자의 촉발을 받을 수 있는 능력을 기를 수 있는 심리적 혹은 물질적 여건을 마련해줌으로써 약자들에게 넘어섬의 실질적 기회를 마련해 주는 것, 이것이 '약자로부터 강자를 보호하라'고 수만 번 외치는 것보다 강자를 보호하는 더 실질적인 방법이지 않을까?

사실 니체가 '직접적으로는' 말한 적이 없지만, '간접적'으로나마 강자가 자신을 강화해 가는 방법으로서 약자의 개조 가능성을 언급한 적은 있다. 니체는 자신의 개체론이 원자적 개체론과 다르다는 것을 설명하면서 이렇게 말한다. 강한 "주체Subjekt는 더 약한 주체를 파괴하지 않고 자신의 기능원으로 개조할 수 있으며 어느 정도까지는 그와 함께 새로운 통일체를 형성할 수 있"는데, 이는 "'실체'가 아니라 오히려 그 자체로 강화를 추구하는 어떤 것이다."[36] 인용문에서 '주체'란 새로운 시작을 할 수 있는 존재, 강한 성분이 주도하는 힘들 혹은 의지의 복합체를 뜻한다. 약한 주체를 개조함으로써 강한 주체의 강화를 꾀할 수 있다고 본다는 점에서, 최소한 니체는 강자를 약자로부터 보호하는 방법, 나아가 강자를 더 고양시키는 방법으로서 약자의 '촉발 받을 수 있는 능력'을 획득케 할 가능성 및 이 가능성의 구현에서 강자가 갖는 역할을 부정하고 있지 않음을 알 수 있다.

• • •

36. F. 니체, 『유고(1887년 가을~1888년 3월)』, 백승영 옮김, 전집20, 책세상, 2000, 70~71쪽.

4. 능동적 힘의 정치로서 위대한 정치

이상에서 능동적 힘이 반시대성으로서의 정치와 친화적 관계에
있다는 것, 그리고 강자들의 공동체 및 촉발 개념을 경유하여
능동적 힘의 정치적 실현 과정에 대해 살펴보았다. 이상의 고찰에
서 드러났듯이 능동적 힘에 대한 이해와 관점 없이는 니체의
정치를 제대로 이해할 수 없다. 대표적으로 니체의 '위대한 정치
Große Politik'에 대해 가지고 있는 흔한 오해들은 능동적 힘의 관점의
부재에서 기인한 것이다. 문법의 환상 때문일 수도 있겠지만,
'위대한 정치'라는 말은 큰 규모의 정치, 강력한 정치라는 뉘앙스를
풍기면서 종종 비스마르크의 '큰 스케일의 정치', 나아가 독일
국가사회주의의 '위대한 정치'를 선취하고 있는 것으로 오해되어
오곤 했다.[37] '위대한 정치'라는 용어가 낳은 이러한 '오해' 덕분에
니체의 정치 개념도 파시즘적 독해로부터 자유롭지 못했었다.
그러나 '위대한 정치'는 능동적 힘의 관점에서 정립된 정치의
또 다른 표현일 뿐 '파시즘적 정치'와는 거리가 먼 용어다. 니체는
「이 사람을 보라」에서 정치를 기존의 가치와 새로운 가치 간에
벌어지는 "혼들 간의 싸움"으로 규정한 후, 바로 뒤이어 이러한
'정치'가 곧 위대한 정치라는 말을 덧붙인다. "정치라는 개념은
그러면 완전히 혼들 간의 싸움으로 되어버릴 것이고, 옛 사회의
권력 구조는 표연히 사라져버리게 될 분쇄되어 버리게 될" 텐데,

• • •
37. 진은영, 「탈민족시대의 국가 · 민족 정체성에 대한 고찰」, 2008, 264쪽 참조.

이때부터 "지상에 한 번도 벌어지지 않았던 전대미문의 전쟁이 벌어질 것"이며 "비로소 지상에 위대한 정치가 펼쳐지게 된다."[38] 이 진술에 따르면, 위대한 정치는 국가권력 중심의 통치 활동과 달리 새로운 것, 즉 반시대적인 것을 구현하는 활동이다. '위대한 정치'란 곧 능동적 힘의 관점에서 이해된 정치인 것이다. 또한 니체는 차이의 긍정이란 맥락에서 '위대한 정치'를 제시한다. 『인간적인 너무나 인간적인1』의 '위대한 정치와 그 손실'이라는 제목의 절에서 니체는 반어법적으로 이렇게 말한다. "지금까지 그 땅에 그렇게 풍요롭게 나 있었던 더 고상하고 연약한 정신적인 식물들과 농작물들이 민족의 이러한 거칠고 알록달록하게 갖가지 색으로 빛나는 꽃을 위해 희생되어야 하는 것이라면, 전체의 이 모든 번영과 찬란함" 즉 "실로 거대한 물체에 대한 다른 국가들의 공포로 그리고 국민의 상업과 교역의 번창을 위해서 외국에서 억지로 빼앗은 특혜로 나타나는 것일 뿐"인 번영과 찬란함은 "도대체 가치가 있는 것일까?[39] 이 진술에 따르면, '차이를 긍정'하는 정치가 곧 위대한 정치이며, 차이를 부정하는 것은 곧 무가치하고 문화의 손실일 뿐이기에 풍요롭고 고상한 위대한 정치를 해야 한다. '차이의 긍정'은 능동적 힘의 성질로서, 능동적 힘의 관점에서만 위대한 정치는 제대로 이해될 수 있는 것이다.

그런데 왜 그냥 '정치'가 아니라 '위대한'이라는 수식어를 붙여

• • •

38. F. 니체, 「이 사람을 보라」, 457쪽, 강조는 니체.
39. F. 니체, 『인간적인 너무나 인간적인 I 』, 김미기 옮김, 전집7, 책세상, 2001, 388쪽.

'위대한 정치'라고 말하는가? 국가권력 중심으로 규정되는 정치와 구분하고 능동적 힘의 관점에서 사유되는 자신의 정치 개념을 강조하기 위해서 '위대한'이라는 수식어를 붙였을 거라는 해석이 가능하다. 니체는 건강이나 인간에도 '위대한'이라는 수식어를 붙여 '위대한 건강'이나 '위대한 인간'이라는 용어를 사용하고 있는데, 이때의 '위대한'의 의미가 능동적 힘 개념과 관련된 것이기 때문이다. 위대한 건강에 대해 「즐거운 학문」에서 니체는 이렇게 말한다. "우리 새로운 자"는 "위대한 건강"을 필요로 하는데, 이것은 "이전의 어떤 건강보다도 더 강하고 더 능란하고 더 질기며 더 대담하고 더 유쾌한 건강"이며 "사람들이 보유하는 것만이 아니"라 "지속적으로 획득하고 계속 획득해야만 하는 것"[40]이라고 말한다. '위대한 건강'을 지닌 사람은 늘 새롭게 시작할 수 있는 능력을 가진 자로서 새로운 가치를 창조하고 낡은 가치를 소멸시킨다. '위대한 인간' 역시 마찬가지 맥락에서 제시된다. 니체는 『권력에의 의지』에서 위대한 인간을 "자기 스스로를 변모시키는 법을 배"움으로써 "생존을 변모시키는 자"[41]로 규정한다. '스스로를 변모'시킨다는 것은 끊임없이 새로운 것을 획득함으로써 '생존

• • •

40. F. 니체, 「즐거운 학문」, 『즐거운 학문 메시나에서의 전원시 유고(1881년 봄~1882년 여름)』, 안성찬·홍사현 옮김, 전집12, 책세상, 2005, 392쪽.

41. F. 니체, 『권력에의 의지』, 484쪽. KGW 국역본 『유고(1888년 초~1889년 1월 초)』에서 해당 진술을 찾지 못했지만, KGW 국역본에도 본문에서 인용한 진술과 동일한 맥락의 진술들이 다음과 같이 여럿 있다. "위대한 인간과 시대 사이에는 늘 차이점이 있는 것이다."(322쪽) "위대한 인간은 위험하고 우연이고 예외적이고 사나운 날씨이며, 서서히-세워진 것과 서서히-근거 지어진 것을 문제 삼을 수 있을 정도로 강하다."(346쪽)

의 변모', 즉 삶의 양식의 변화를 꾀한다는 것을 의미한다. '위대한 인간'에서의 '위대한'도 '새로이 시작할 수 있는 능력', 다시 말해 능동적 힘의 관점에서 이해될 수 있다. 니체에게 '위대한'이라는 용어는 공통적으로 새로운 시작, 끊임없는 이행 능력, 변모 능력을 함축하고 있는 것으로서, 능동적 힘의 정치성, 능동적 힘의 건강성, 능동적 힘의 인간성을 강조하기 위한 수식어다.

5. 외부의 정치에 대한 사유에서 니체의 고유성

니체의 능동적 힘으로서의 정치는 국가권력을 중심으로 구조화된 정치 권력이나 제도와 관련된 활동이 아니라 기존의 질서와는 다른 방식의 삶을 창안하고 새로운 현실을 생산하는 것이다. 니체의 정치에서 중요한 것은 정당이나 국가의 정책 결정 행위에 참여하고 각자의 분배의 몫을 늘려가는 것에 있는 것이 아니라 촉발을 통해 삶의 방식을 창안하고 변형하는 능력을 기르는 것에 있다. 능동적 힘의 정치는 기존 질서의 바깥, 국가권력 외부에서 정치를 사유하는 관점이다. 니체의 정치에 대한 사유는 외부의 정치라는 맥락 위에 놓여 있다.

외부를 중심으로 정치를 사유하는 방식을 크게 두 가지로 구별해 볼 수 있다. 외부로부터 내부로 밀고 들어가는 방식과 내부성에서 벗어나 외부로 나아가는 방식이 그것이다. 첫 번째 방식은 외부에 있는 자들, 일반적으로 몫 없는 자들 혹은 배제된 자들이라고 말해지는 자들이 체제 내부에 침입하여 기존 질서에 자신들의 몫을 기입하는 방식이다. 그런데 이 방식은 외부에 있는 자들이 자신들의 몫을 기입하는 순간 체제의 '내부'가 되어버린다는 점에서 근본적인 아포리아를 포함하고 있다. 외부에서 내부로의 침입에 성공하는 순간 더 이상 정치가 불가능하게 되는 아포리아! 이 방식은 외부에서 내부로 밀고 들어가는 방향 자체를 바꿀 수 없는 한 이러한 아포리아를 피하긴 쉽지 않다. 첫 번째 방식으로 정치를 사유하는 대표적인 사상가로서 프랑스의 정치철학자 자크 랑시에르Rancière, J.(1940~)를 들 수 있다. 랑시에르에 따르면, 정치는 기존의 질서에서 "아무런 자리도 갖지 못한 어떤 전제, 곧 몫 없는 이들의 몫이라는 전제를 통해 이루어지"[42]며, "몫 없는 이들의 몫의 설립에 의해 지배의 자연적 질서가 중단될 때 정치가 존재한다."[43] 이러한 랑시에르의 정치 개념에 대해 "정치를 봉기라는 예외적이고 사라지는 순간들로 환원"시키고 만다는 비판이 가해져 왔다.[44] 이러한 비판은 첫 번째 방식이 갖는 '내부화'의 아포리아와 관련되어 있다. 첫 번째 방식에 따른다면, 몫 없는 자들의 몫이 설립되는 바로 그 순간만이 정치일 것이기 때문이다.

두 번째 방식은 외부성의 정치를 포기하지 않으면서도 내부성에

• • •

42. J. 랑시에르, 『불화』, 진태원 옮김, 길, 2015, 63쪽.
43. J. 랑시에르, 『불화』, 39쪽.
44. J. 랑시에르, 「불일치를 사고하기: 정치와 미학」, 김상운 옮김, 『말과 활』, 2015, 303~321쪽, 308쪽. Jacques Rancière, "The Thinking of Dissensus: Politics and Aesthetics", Paul Bowman and Richard Stamp (eds.), *Reading Rancière*, Continuum, 2011, pp. 1~17, p. 5.

서 벗어나 외부로 나아가는 정치다. 능동적 힘의 관점에서 사유되는 니체의 정치를 두 번째 방식의 실현으로 볼 수 있다. 능동적 힘과 촉발이 작동되는 장場인 강자들의 공동체는 외부자의 '없는 몫'을 기존의 정치 질서에 새기는 활동이 아니라 삶의 방식을 창안하고 그 창안 능력을 끊임없이 고양해 가는 활동을 자신의 '본성'으로 삼고 있다. 이 점에서 강자들의 공동체는 자본주의 내부에 비자본주의적 외부를 창출해 가는 가장 '실험적'인 실천일 수 있다. 첫 번째 방식과 마찬가지로 외부를 가동시키면서도, 내부성에서 벗어나 계속해서 외부로 나아가는 방식, 바로 여기에 니체의 능동적 힘의 정치가 갖는 고유성이 있다. 그리하여 니체의 '외부의' 정치는 외부의 정치이면서도 내부화에 빠지는 첫 번째 방식의 아포리아를 다루는 하나의 방향을 제시해 줄 것이다.

맑스주의와 어버니즘, 그리고 노동자 계급 해방운동

박영균

잊힌 혁명의 공간으로서 '도시'

1848년 혁명과 1871년 파리 코뮨, 그리고 1917년 2월 혁명과 10월 혁명은 모두 도시에서 일어났다. 그 당시 파리와 페테르부르크는 강철을 녹이는 용광로처럼 모든 낡은 구질서를 녹여버리는 도가니였다. 그 당시 그곳에 살았던 사람들은 혁명의 열기 한가운데로 휩쓸려 들어갔고, 그들은 그렇게 혁명가가 되었다. 역사적으로 도시는 항상 혁명의 '터'였다. 맑스-엥겔스도, 레닌과 그람시도 모두 도시에서, 도시에 의한, 도시의 혁명을 추구했다. 하지만 맑스주의에서 혁명의 도가니이자 터였던 '도시'는 오랫동안 노동자 계급이 생산 활동을 하는 공장이나 농촌의 배경이자 배후로 밀려나 있었다.

도시가 혁명의 도가니이자 터로 다시 사유되기 시작한 것은 벤야민과 르페브르, 그리고 68혁명의 불꽃을 피웠던 기 드보르와 같은 상황주의자들이었다. 그들 이전까지만 하더라도 맑스주의에서 도시는 혁명의 배경일 뿐이거나, 심지어 자본 지배에 예속된 공간으로서 비판과 의혹의 대상일 뿐이었다. 맑스주의자들은 이기적인 개체들로 파편화하면서 공동체를 파괴하는 자본에 대항해 '더불어 사는 공동체'를 건설하고자 했다. 그렇기에 도시는 부도덕하고 불순한 공간이다. 왜냐면 도시는 녹색의 자연을 밀어버리고, 거기에 콘크리트 도로와 높이 솟구친 빌딩을 만들며 이를 가동하기 위해 막대한 에너지를 끌어다 쓰면서 각종의 제품들을 소비하는 공간이기 때문이다.

그렇다면 그들이 써서 없애버리는 막대한 에너지와 제품들은 어디에서 오는가? 바로 공장과 농촌에서 온다. 노동자들은 공장에서, 농민들은 농촌에서 사회 전체가 필요로 하는 생산물을 생산한다. 물론 노동자도, 농민도 에너지를 쓰며 각종의 물품들을 소비한다. 하지만 그들은 이런 물품들을 써서 없애버리는 것이 아니라 다시 생산을 위해 사용하기 때문에 본질상 '생산적'이다. 반면 도시인들은 오직 개인적인 필요와 욕망, 자신의 향락을 위해 생산물을 소비하기 때문에 그냥 '소비적'일 뿐이다. 따라서 노동자, 농민은 가치를 생산하는 '개미들'이라면 도시인들은 자신의 향락을 위해 마냥 소비만 하는 '베짱이들'이다.

게다가 공장에서 노동자들은 하나의 완제품을 생산하기 위해 공장 내에서의 협업을 기본으로 한다. 그렇기에 그들의 신체에는 협업과 협동이 아로새겨져 있다. 특히 대공장 노동자들일수록 더 큰 규모의 협업과 협동 체계를 가지고 있다. 그것은 생산 메커니즘 자체가 협업적이다. 물론 이 점에서 농민은, 비록 생산적이라고 할지라도 그들은 노동자들보다 못하다. 그들은 모내기나 추수처럼 특정 시기에 이루어지는 상호 협동적 노동을 제외하면 각자의 토지에서 개별적인 노동을 하기 때문이다. 하지만 그럼에도 농촌은 도시에 비해 공동체적이다. 농민들의 생산 메커니즘은 개별적이지만 농촌에서의 일상은 도시와 달리 공동체 안에 묶여 있기 때문이다.

그러나 관점을 바꾸어 질문을 던져 보자. 이렇게 도시를 소비의 공간이자 파편화된 개인들의 공간으로, 공장과 농촌을 생산의 공간이자 공동체적 공간으로 대립시켜 일면화할 수 있는 것일까? 그렇다면 도시는 어떻게 그렇게 혁명의 공간이 되었을까? 그것은 혁명적 도시의 기억, 예를 들어 도시 뒷골목 선술집에 모여 음모를 꾸미는 블랑키스트들을 떠올리는 것으로 이미 충분히 문제적이지 않은가? 게다가 농촌은 보나파르티즘이나 인민주의가 보여주듯이 반혁명의 공간이 되지 않았던가? 그렇다면 농촌 공동체는 진정 공동체적일까? 공장도 마찬가지다. 공장도 협업적이기만 한 곳이 아니라 노동자들 사이의 경쟁이 치열하게 전개되는 곳이기도 하다.

그러므로 맑스=엥겔스는 대도시에서 오히려 노동운동과 계급의식 및 사상의 발전을 본다. "대도시는 노동운동의 아궁이다. 거기에서 노동자들은 처음으로 자신의 처지에 대해 생각했고, 그것에 맞서 싸우기 시작했다. 거기에서 프롤레타리아트와 부르주아지 사이의 대립이 처음으로 출현했고, 그것에 의해 노동조합, 차티스트운동, 사회주의로 나아갔다. 대도시는 시골에서 만성적인 형태로 출현했던 사회적 몸통의 병폐가 급성으로 변했고, 그렇게 하여 참된 본질과 동시에 치료하기 위한 옳은 방법도 드러났다. 대도시가 없었고, 그것이 공적인 지성의 발전에 영향을 끼치지 않았다면 노동자들은 오랫동안 지금처럼 되지 못했을 것이다. 거기에다 대도시는 노동자와 고용주 사이의 가부장적 관계의 최후 흔적마저 파괴해 버렸다."[1]

하지만 아직까지도 노동운동과 사회주의의 결합 및 혁명을 외치면서 맑스-엥겔스의 후예임을 자처하는 많은 사람이 도시를 외면하고 있다. 그들은 두 가지 태도 중 하나를 취한다. 하나는 도시를 단순히 자본 / 임노동이라는 자본주의 생산양식과 사회 구성체의 배경으로 다루면서 그 자체를 초점화하지 않는 것이다. 그들에게 도시는 생산과 재생산이라는 내용이 채워지는 수동적인 '용기用器'이자 내용물을 담는 '텅 빈 공간'일 뿐이다. 여기서 내용은 경제적인 것들이며 형식은 도시라는 삶의 공간이다. 다른 하나는 도시를 스펙터클한 소비 욕망의 용광로이자 자본에 의해 완전히 지배되는 공간으로 다루는 태도다. 여기서 도시인들은 소비자일 뿐이다. 따라서 경제주의는 반복된다. 전자는 긍정적 의미에서 '생산' 중심으로, 후자는 부정적 의미에서 '소비' 중심으로.

하지만 이렇게 되었을 때, 노동자의 계급 해방운동은 결정적인 문제에 봉착하는데, 그것은 이론적이라기보다는 '정치적'이다. 그들은 도시를 자본의 지배 공간으로 규정함으로써 노동자들이

• • •

1. F. Engels, MEW 2, S. 349~350.

살아가는 일상의 공간을 바꿀 수 있는 전략을 사유하지 않고, 자본의 아가리에 내던져 버리기 때문이다. 그것이 낳는 사회-실천적 효과는 자본의 지배다. 그렇기에 그들은 '전략적으로 무능'하다. 물론 그들에게는 이런 무능을 감추는 이데올로기적 장치가 있다. 그것은 바로 '프롤레타리아'를 현실 운동과 무관하게 존재론적으로 계급 해방과 인류 해방의 주체라고 전제하는 것이다. 하지만 노동자도 일상의 삶을 살아가는 소비자다.

오늘날 우리가 한국에서 보고 있는 노동운동에서의 노동자들 또한 마찬가지이다. 그들은 선험적으로 주어진 '해방의 주체'가 아니다. 그들은 오히려 자본에 의해 생산되는 종속적이지만 그 종속을 그 스스로 수행하는 '주체subject'다. 대기업 노동자들과 중소기업 노동자들, 정규직 노동자들과 비정규적 노동자들, 한국인 노동자들과 이주 노동자들, 남성 노동자와 여성 노동자들의 대립과 갈등에서 전자는 항상 자본의 욕망을 따라, 자본의 논리를 따라 코드화되고 영토화된다. 따라서 진정한 해방운동을 위해서는 도시를 수동적인 배경이 아니라 혁명 그 자체를 생산하는 공간으로 초점화focusing해야 한다.

그러나 이를 위해서는 무엇보다도 먼저, 도시라는 공간이 자본의 지배 및 자본의 모순을 담고 있는 '텅 빈 공간'이 아니라 노동자들의 일상을 지배함으로써 공장과 마찬가지로 노동자들의 신체에 영향을 미치고, 계급투쟁의 효과를 물질화할 뿐만 아니라 오히려 그것에 적극적으로 개입해서 내용을 생산하는 '생산자'라는 점에 주목할 필요가 있다. 게다가 인간은 순수하게 주어진 자연적 존재로서가 아니라 오로지 특정한 사회적 형식 속에서, 예를 들어 자본주의에서는 자본가 또는 노동자로 생산될 뿐이다. 도시는 바로 이들을 생산하는 장소다. 도시는 생산의 사회적 위치에 따라 그들의 욕망과 신체, 마음을 생산한다. 따라서 도시 그 자체가 자본주의 시스템을 생산하는 공간이며 그렇기에 혁명의 전략적 대상이 되어야 한다.

도시화와 시민, 그리고 계급투쟁

도시가 단지 자본 / 임노동이라는 자본주의 생산양식을 담고 있는 용기나 형식이 아니라 자본가와 노동자라는 인간을 포함해 자본주의 그 자체를 생산하고 재생산하는 장소라면 무엇보다도 먼저 우리가 출발해야 할 것은 다음과 같은 명제다. "도시가 자본주의라는 생산 관계를 만들어낸 것은 아니다. 하지만 자본주의는 언제나 도시를 필요로 하며 도시를 통해서 자신을 계속 확대 재생산한다." 맑스가 『자본』 1권 말미 '이른바 본원적 축적'과 '근대 식민 이론'에서 보여주었듯이 자본주의는 토지로부터 생산자를 추방함으로써 임노동자를 생산한다. 한국 자본주의 발달에서도 이는 동일했다. 1970년대 1,500만 명에 육박하던 농촌 인구는 현재 200만 명대로 축소되었으며 그렇게 땅에서 유리된 그들은 도시로 갔다. 따라서 자본주의는 도시화urbanization를 필연적으로 수반한다.

2018년 현재도 세계 전체 인구 중 도시에 사는 사람(42억2천만 명)이 농촌 인구(34억1천만 명)보다 많지만 2050년이 되면 도시민은 66억8천만 명으로 증가하고, 농촌 인구는 30억9천만 명으로 줄어들어 도시민이 농촌 인구에 비해 두 배 이상 많을 것으로 예상되고 있다. 게다가 2018년 개발지역 대비 저개발지역에서의 도시와 농촌 인구수를 비교해보면 개발지역은 9억9천만 명 대 2억7천만 명인 반면 저개발지역은 32억3천만 명 대 31억4천만 명이다. 그런데 2050년이 되면 도/농 간의 인구 비율은, 개발지역의 경우 11억2천만 명 대 1억7천만 명이 됨으로써 도시 인구가 1억3천만 명 증가하는 데 그치는 반면 저개발지역의 경우에는 55억6천만 명 대 29억2천만 명으로, 도시 인구가 23억3천만 명이나 증가할 것으로 예상된다.

그렇다면 이것이 의미하는 것은 무엇일까? 그것은 두 가지다. 하나는 자본의 지구화가 진행되는 한에서 도시화는 피할 수 없는 필연적인 경향이라는 점이며 다른 하나는 도시화가 자본주의적인 생산과 재생산에 맞물려 진행된 산업화 및 경제개발의 산물이라는 점이다. 물론 그렇기에 이것은 도시화를 주도하는 것이 자본이라는 점을 보여준다. 하지만 그렇다고 도시화를 자본주의화와 동일시하면서 부정적으로만 보는 것은 문제가 있다. 왜냐면 이것은 자본에 대한 전복적 정념에 근거한 비판이 작동하는 것임에도 불구하고 그것이 낳는 효과는 정반대로 '반동적reactive'이거나 '패배주의적'이기 때문이다. 그것은 도시화에 대항해서 전원적인 농촌 공동체에 대한 향수를 불러와 반동화하거나 아니면 자본에 의해 진행되는 도시화를 속수무책으로 받아들이도록 만들 뿐이다.

물론 어떤 사람들은 이런 비판에 대해 자신들은 반동적이거나 패배주의적이지 않다고 하면서 자본주의적인 도시화에 맞서 공장과 농촌 같은 생산 현장에서 혁명의 가능성을 찾는 것뿐이라고 주장할 수도 있다. 하지만 그들이 놓치고 있는 것은, 이 세계에는 순전히 생산적이거나 공동체적이기만 한 삶의 공간도 사람도 없다는 것이다. 공장에서 매일 협업 노동을 하는 동료조차 '실업'은 죽음을 의미하기 때문에 서로 극한적인 경쟁을 벌이는 개인들로 존재한다. 게다가 그들이 자본에 자신의 노동력을 파는 것은 결국 상품을 사서 소비하기 위해서이다. 따라서 생산자들 또한 소비자이며 그들 대부분은, 높은 도시화율이 보여주듯이 도시에 살며 앞으로 더 많은 사람이 도시에 살게 될 것이다. 그렇다면 도시를 바꾸지 않고 어떻게 자본의 지배를 돌파할 수 있다는 말인가?

그런데도 여전히 많은 사람이 도시화에 대한 부정적 관점만을 가지고 있는 것은 도시의 삭막함과 개체화에 농촌의 따뜻함과 공동체성을 대비시키기 때문이다. 물론 맑스-엥겔스가 농촌에 대립해서 도시를 일방적으로 찬양하거나 긍정적으로 그리기만 한 것은 아니다. 그들은 도시에 의한 농촌의 약탈을 곳곳에서 다루었다. 예를 들어 맑스는 자본 분파들이 도시 임노동자들의 임금을 낮추기 위해 곡물법을 활용해 농촌을 약탈했을 뿐만 아니라 영국이 식민지 아일랜드의 식량을 수탈하는 기지로 만듦으로써 감자 기근과 같은 재앙을 낳았던 상황들을 다루기도 했다. 게다가 맑스-엥겔스는 기본적으로 도시와 농촌 간의 분리를 극복하고 유기적인 통합성을 확보하고자 했다. "도시와 농촌 사이의 대립을 제거하는 것은 공동의 삶을 위한 첫 번째 조건 중의 하나"다.[2]

하지만 그렇다고 해서 그들이 오늘날 신비화되고 저속화된 생태주의가 불러오는 '낭만적 몽상 또는 이미지'처럼 기술적인 코쿤^{cocoon}이 된 도시가 아니라 농촌이라는 자연 공동체 또는 전원 공동체를 골간으로 하는 공동체에서 미래적인 대안 사회의 가능성을 찾았던 것은 아니다. 오히려 그 반대였다. 그들이 보기에 "도시는 이전 역사에서 완성되어 중세로 전승된 것이 아니며" 중세를 지배한 "토지의 속박에서 풀려난 농노가 새롭게 만든 것이다." 그 당시 농촌은 전체적으로 "봉건 체제"일 뿐이며 도시의 진보성은 이런 봉건적 속박에서 벗어난 도망 농노들에게 영주에 대항할 공간을 제공했다는 점에 있었다. 물론 이때 그들이 도시에서 맞닥뜨린 지역 공동체는 길드였고, 그렇기에 장인과의 관계는 여전히 "가부장적"이었다.[3]

하지만 그럼에도 불구하고 이들 도시는 봉건적인 인신적 구속에서 벗어난 개인들로 시작해서 특정한 가치를 공유하는 시민들을 생산했다. "각 도시의 시민은 중세에 농촌 귀족에 대항해 자신을 필사적으로 보호하기 위해 단결하지 않을 수 없었다. 교역의 확장, 통신의 발명을 통해 개별 도시는 공통적인 대립물과 투쟁하는 가운데 공통적인 이해를 수행하고 있었던 다른 도시를 알게 됐다.

• • •

2. 맑스·엥겔스, 『독일 이데올로기 1권』, 이병창 옮김, 먼빛으로, 2019, 109쪽.
3. 같은 책, 110~111쪽.

개별 도시의 여러 지역 거주 시민에게 비록 아주 점진적이기는 했지만 시민 계급이 발생했다." 그런데 여기서 중요한 것은, "개별 시민의 생활 조건"이 "기존의 관계와 대립"하면서 "동시에 기존의 관계를 통해 제약된 노동 방식 때문에, 시민 모두에게 공통적이면서도 각 개별자에서는 독립된 조건으로 됐다"는 점이다. 따라서 "시민은 봉건적 속박에서 자신을 해방했던 정도만큼 이 공통 조건을 산출했다. 또 이 시민은 기존의 봉건제와의 대결 때문에 제약됐던 정도만큼, 그러한 공통 조건을 통해 산출됐다."[4]

맑스-엥겔스는 바로 이점에 주목했다. 그들에게 계급은 사회경제적으로 주어지는 것이 아니다. 그것은 자본의 모순적인 운동 속에서 생성되는 것이다. 즉, 시민들이 처한 조건이 각기 다름에도 불구하고, 봉건적 구속에 대항해 싸워야 했기 때문에 "개별 도시 사이에서 연대가 등장"하고, "이 공통의 조건은 계급적 조건으로 발전했다. 공통의 조건, 공통의 대결, 공통의 이해는 대체로 어디서나 공통의 도덕을 형성했다." 하지만 이런 연대와 공통의 이해가 그들을 봉건 영주에 대항하는 하나의 집단으로 만드는 것은 아니다. "부르주아 자체는 그런 조건과 더불어 다만 점진적으로만 발전하며, 노동 분업에 따라 다시 다양한 분파로 분열되고 마침내 기존의 모든 계급을 자체 내로 흡수한다(반면 노동 분업으로 기존의 무산자 대중과 지금까지 존재했던 유산자 계급 가운데 일부가 새로운 계급 즉 프롤레타리아 계급으로 발전시킨다)."[5]

• • •

4. 같은 책, 114쪽.
5. 같은 책, 114~115쪽.

이처럼 맑스-엥겔스는 도시화 및 시민의 발생과 계급 및 프롤레타리아 계급으로의 발전을 대립시키지 않는다. 오히려 그들은 도시–시민의 형성을 공장–노동자, 농촌–농민 등 계급투쟁의 전개 및 분화, 이들 사이의 연대와 분열이라는 관점에서 다룬다. 부르주아도 금융과 산업 분파, 각 개인들로 분열되듯이 노동자와 농민들도 도시화 속에서 특정 산업부문, 직종별·직능별, '개별자'로, 다시 공동 투쟁 속에서 '시민'으로 분열과 단결을 반복한다. 따라서 공장–노동자, 농촌–농민과 도시–시민을 계급 대 소비자 또는 생산 대 소비의 공간이라는 이분법으로 다루는 것은 맑스-엥겔스가 말하는 계급투쟁을 전혀 이해하지 못한 것이다. 그들은 노동자 계급을 농민, 시민과 달리 선험적으로 통일된 집단 또는 주체로 간주하지 않는다. 오히려 계급은 계급투쟁 속에서만 생성되는 것이다. 그렇기에 맑스-엥겔스는 다음과 같이 말하고 있다.

"개별 개인은 다른 계급에 대항해서 공동의 투쟁을 수행해야 하는 한에서만 하나의 계급을 형성한다." 따라서 그들이 공동 투쟁을 수행하지 않을 때, "개인은 경쟁 속에서 다시 적대적으로 서로 대립한다." 즉, 그들은 개별자로 서로 대립하기 때문에 분열적이다. 그런데 바로 이런 실존적 조건이 계급을 "개인을 넘어선 자립적인 존재"로 만든다. 왜냐면 각 개인이 가진 자신의 생활 조건을 자기 힘으로 어찌할 수 없다는 것을 알게 되기 때문이다. "그 결과 개인은 자기의 생활 조건이 예정된다는 것을 발견하며 계급이 그의 생활상의 지위 또한 이와 동시에 그의 개인적인 발전을 지정함을 깨닫게 되면서 드디어 계급 아래 종속한다. 계급의 자립성은 개별적 개인이 노동 분업 아래로 종속하는 것과 같은 현상이다. 이 계급의 자립성은 사유재산의 폐지와 노동 자체의 폐지를 통해서만 제거될 수 있다."[6]

그러므로 맑스-엥겔스는 노동자 계급이 계급 해방, 사유재산의 폐지와 노동 자체의 폐지로 나아가는 계급투쟁이 노동자 계급이라는 특별한 생산적 위치나 존재론적 조건에 의해 선험적으로 보장된 것이라고 보지 않는다. 노동자 계급이 공장에서 집단적인 협업적 노동을 하기 때문에 노동자들이 계급 해방의 주체가 되는 것이 아니다. 오히려 그들은 계급투쟁을 통해서 자신의 생활 조건이 계급의 집단성에 종속되어 있음을 알고, 자신의 처지를 개선하기 위해서는 자신이 속한 계급 전체를 해방해야 한다는 것을 깨닫게 되는 것이다. 따라서 맑스-엥겔스가 생각한 프롤레타리아 해방 투쟁으로의 계급적 발전은 생산 대 소비, 공장 대 도시, 노동자 대 시민이라는 대립으로 환원되지 않으며 오히려 도시-시민의 장을 포함하여 생산과 소비 양자를 가로지르면서 이루어지는 시민사회에서의 연대와 공통 투쟁이 낳은 효과라고 할 수 있다.

어버니즘과 도시혁명, 그리고 풍부한 인간

오늘날에는 맑스주의 내부에서도 노동자 계급의 해방 및 코뮤니

• • •
6. 같은 책, 115쪽.

즘 운동과 관련하여 시민사회에서의 연대와 공동 투쟁이라는 관점에서 '시민', '시민다움'을 새롭게 포착하려는 시도들이 많이 나오고 있다. 특히, 그람시의 시민사회론적 전통에서 시작하여 라클라우-무페의 급진민주주의 전략 및 발리바르의 시빌리테까지 다양한 시도들이 전개되고 있다. 그런데 이런 시도는 맑스가 'civil society'와 'bürgerlich society'를 구별했음에도 불구하고 이후 많은 사람이 시민을 부르주아적인 것과 동일시하면서 프롤레타리아 계급을 시민에 대립시키는 경향이 있었다는 점에서 의미가 있다. 또한, 덕 또는 덕성이라고 하면 사람들은 무엇보다도 먼저 '훌륭한 성품'을 생각하지만, 'virtue'는 이런 식의 도덕적 의미도 있지만 이보다는 마키아벨리적 의미에서 우리말의 '탁월함', 즉 '-을 할 수 있는 능력', 즉 역량을 의미하기 때문에 경제 또는 계급 환원주의를 넘어 오늘날 맑스주의 정치학이 출발해야 할 지점을 제시하고 있다.

물론 이들이 동일한 입장을 가진 것도 아니며 내적인 대립 및 논쟁적 차이들을 가지고 있다. 그럼에도 불구하고 이들이 다루는 시민, 시민다움의 문제는 주로 근대 민주주의에서 주권자 또는 정치적 주체로서 'citizen' 및 시민이 갖추어야 할 덕성에 주로 초점을 맞추고 있다는 점에서는 공통적이다. 물론 'citizen'이 라틴어 명사 civitas=civis+tas(시민으로서의 상태, 또는 권리나 자격)로부터 나왔기 때문에 단순히 도시에 거주한다는 의미를 넘어서 그 사회의 주체적인 권리나 자격으로서의 의미를 함축하고 있는 것은 맞다. 하지만 이렇게 되었을 때, 우리말로 도시에서의 사회적 관계라는 의미 이외에 그들이 거주하는 물리적 환경이라는 의미에서의 도시는 부차화될 수밖에 없다. 어버니즘urbanism(도시주의)에서 'urban'은 바로 이것을 보여주고 있다. 'urban'도 'city'처럼 도시를 의미한다. 하지만 'urban'은 'urbus'로, 성읍이나 성곽처럼 물리적 환경을 뜻하는 경향이 있었다.

그렇다면 도시-시민의 문제를 다루는 데에서도 'city'-'citizen' 계열과 'urban'-'urbanite' 계열을 다소 다르게 다룰 필요가 있다. 어버니즘은 바로 전자의 계열이 아니라 후자의 계열에 주목한다는 점에서 그람시적 전통과 다르다. 벤야민과 르페브르는 도시라는 공간에 주목했다. 여기서 공간은 단지 우리가 맺는 관계와 삶을 담고 있는 그릇이거나 또는 순전히 물리적이기만 환경인 것이 아니다. 그것은 우리들의 관계와 삶, 욕망을 특정한 형식과 의미 체계 속에서 생산하는 생산적 기능을 수행한다. 자본주의적 도시는 자본-임노동의 관계 또는 자본주의적 소비 욕망을 체현하고 있지만, 그것은 벤야민과 르페브르가 분석했듯이 사회적 관계를 상품 간의 관계로 신비화하거나 전도시킴으로써 그렇게 한다. 노동자들도 이런 사물화된 관계 속에서 일상적 삶을 살기 때문에 자본-임노동이라는 상품화된 관계를 생산한다.

루카치의 사물화론은 벤야민과 르페브르의 도시학에 영감을 주었다. 하지만 맑스는 이미 『자본』에서 상품, 화폐, 자본 물신성에 대해 다루면서 자본주의라는 생산을 중심으로 맺게 되는 사회적 관계가 사물의 관계로 신비화되거나 전도됨으로써 자본가뿐만 아니라 자본과 관계를 맺는 피억압 인민들 또한 자본주의 그 자체를 재생산하는 과정에 참여한다는 것을 보여주었다. 따라서 노동자 계급을 포함하여 피억압 인민들 중 누구도 자본주의라는 하나의 공리계를 벗어나 특권화된 위치를 점할 수 없다. 또한, 사물화된 관계를 통해서 생산되는 일상을 해체하거나 파괴하는 과정 없이 자본주의는 극복 불가능하다. 벤야민이 혁명의 가능성을 일상적인 시간의 정지와 메시아의 도래에서 찾는 것은 이 때문이다.

벤야민과 기 드보르가 보았듯이 도시는 환타스마고리Phantasma gori와 스펙터클하게 흐르는 소비 욕망을 창출하며 시민들을 포획한다. 하지만 벤야민과 르페브르는 여전히 도시를 사랑했고, 도시에서 희망을 찾았다. 벤야민의 고독한 산책자가 보여주듯이 그들은 도시 안에서, 도시의 균열 속에서, 도시에 대한 사유를 통해서 혁명의 희망을 찾고자 했다. 아마도 이를 가장 명확하게 표현한 사람은 르페브르일 것이다. 그는 "도시에 대한 권리"를 이야기하면서 "도시 혁명"을 주창했다. 그는 '소비관료주의'라는 자본의 논리에 지배되는 도시의 활력을 해방시킴으로써 생성과 창조의 힘으로서 혁명의 가능성을 찾고자 했다. 기술주의와 관료주의에 포획된 도시야말로 파편화되고 소외된 인간을 생산한다. 그렇기에 르페브르도 맑스처럼 총체적인 인간으로서 풍부한 인간 자신의 실현을 도시 혁명 속에서 찾고자 했다.

르페브르도 즐겨 인용하는 문구이지만 맑스는 이미 다음과 같이 이야기한 바 있다. "인간은 전면적인 방법으로, 따라서 총체적 인간으로서 자신의 전면적 본질을 자기화한다. 세계에 대한 인간의 모든 인간적 관계들, 즉 보고 듣고 냄새 맡고 맛보고 느끼고 생각하고 관조하고 지각하고 바라고 활동하고 사랑하는 것, 요컨대 그의 개별성의 모든 기관들은 그 형태상 직접적으로 공동적 기관으로서 존재하는 기관들과 마찬가지로 그 대상적 행동 혹은 대상에 대한 행동에 있어서 대상의 자기화이다.'[7] 따라서 맑스는 '풍부한reiche 인간'에 대해 말한다. "풍부한 인간이란 동시에 인간적 생활 표명의 총체성을 필요로 하는 인간이다. 그 인간은 자기 자신의 실현을 내적인 필연성으로서, 필요로서 가지고 있는 그러한 인간이다."[8]

그러나 이런 생각을 가장 직접적으로 썼던 『경제학 철학 수고』가 포이어바흐의 인간학에 물든 비과학적인 저작이라는 알튀세르의 비판처럼 맑스의 전인적全人的 인간형은 휴머니즘적 이데올로기의 산물로 해석되거나 악명 높은 총체성의 신화로 간주되었다. 물론 이것은 특정한 입장이 낳은 곡해였다. 맑스에게 총체적 인간, 풍부한 인간은 지덕체 합일과 같은 전체적인 인격의 통일을 가리키는 것이 아니기 때문이다. 그가 말하는 풍부한 인간은 "오감뿐만 아니라 이른바 정신적 감각들, 실천적 감각들(의지, 사랑 등등)"[9]을 포함하는 다면적이고 다감각적인 인간을 말한다. 맑스는 "인간적 현실성의 실증"을 말하면서 "이 실증은 인간의 본질

• • •

7. 칼 맑스, 『1844년의 경제학 철학 수고』, 최인호 옮김, 박종철출판사, 1991, 160쪽.
8. 같은 책, 164쪽.
9. 같은 책, 162쪽.

규정들과 활동들이 다종다양한 것과 꼭 마찬가지로 다종다양하다"고 말한다.[10] 그렇기 때문에 이들 서로 다른 종류의 감각들은 서로를 대신할 수 없다. "사랑을 사랑과만, 신뢰를 신뢰하고만 등등을 교환할 수" 있으며 "예술을 향유하기를 바란다면 너는 예술적인 소양을 쌓은 인간이어야 한다."[11]

그러므로 맑스가 "오감의 형성은 지금까지의 세계사 전체의 노동"이고, "산업의 역사"와 그것에 의해 생산된 "대상적 현존재"가 "인간 본질적 힘들의 펼쳐진 책"이라고 하면서도[12] 당시의 부르주아 정치경제학을 비판했던 것은 "풍부한 인간과 풍부한 인간적 요구"를 "국민경제학적인 부와 빈곤"[13]으로 대체했기 때문이며 향유, 점유의 의미를 오직 "가짐haven의 의미"로 환원[14]했기 때문이다. 마찬가지로 르페브르 또한 상품의 신비화와 물신화, 그리고 소외에 의해 은폐된 일상을 축제와 같은 전복적 행위를 통해서 도시가 생산한 것들을 자유로운 향유의 활동으로 전환시키고자 했다. 여기서 욕망은 이성적 통제나 절제의 대상이 아니다. 오히려 다면적이고 다감각적인 욕망을 통제하고 억압하면서 절제를 요구하는 것은 자본이다. 그렇기에 르페브르가 말하는 도시혁명의 문법은 정확히 맑스를 따르고 있었다.

• • •

10. 같은 책, 160쪽.
11. 같은 책, 216쪽.
12. 같은 책, 162~163쪽.
13. 같은 책, 164쪽.
14. 같은 책, 160쪽.

하지만 르페브르가 맑스–엥겔스를 단순히 반복하기만 한 것은 아니다. 그의 도시 혁명은 맑스–엥겔스가 주장한 농촌의 고립과 폐쇄성을 넘어 공통의 투쟁 속에서 연대하는 계급의 출현 및 산업화를 통해서 이룩해 놓은 다면적 감각의 대상들에 대한 회복을 넘어서 도시 그 자체가 점차 생산력이 되어가고 있다는 것을 분명히 했기 때문이다. 이미 엥겔스가 주택 문제에서 주목했고, 맑스가 자본의 물리적 구성에서 주목했던 고정자본은 부동산과 같은 공간의 상품을 통해서 자본의 부차적 순환을 만들어낸다. 산업자본이 제조 공업을 중심으로 가치를 증식하듯이 산업화에 수반되는 도시화는 공간을 가치 축적의 대상으로 생산한다. 따라서 도시의 물리적 경관 그 자체가 가치를 실현하는 대상이 될 뿐만 아니라 가치를 조정하거나 가치를 약탈하는 수단이 되어간다. 하지만 자본주의에서 공간의 생산을 정치경제학적으로 분명하게 해명한 사람은 마뉴엘 카스텔과 데이비드 하비였다.

자본의 생산과 재생산, 그리고 노동자 계급 해방운동의 어버니즘적 전망

맑스의 최대 역작인 『자본』의 관점에서 보면 카스텔과 하비의 도시 정치경제학이야말로 맑스주의 도시학의 정수를 보여주는 것처럼 보인다. 맑스는 『자본』 2권에서 생산수단을 생산하는 생산 I 부분과 소비재를 생산하는 생산 II 부문 사이에서 이루어지는 재생산표식에 대해 다루고 있다. 자본주의 생산양식에서 생산의 가장 기본적인 조건은 자본의 담지자로서 자본가와 노동력 상품의 담지자로서 노동자라는 사회적 관계이다. 따라서 자본주의적인 생산과 재생산에서 핵심은 축적된 화폐가 생산에 투하되는 가치인 자본뿐만 아니라 가치를 증식하는 특수한 상품으로서 노동력, 즉 노동자의 재생산이다. 그런데 노동력의 재생산은 단순히 의식주와 같은 노동자의 생명 유지, 즉 생존을 영위하기만 하는 문제가 아니다. 그것은 특정한 생산 활동을 위해 필요로 되는 능력, 가치, 생활 습관의 함양까지 요구하며 그에 걸맞은 환경과 생활 조건을 요구한다. 그렇기에 노동력 상품의 재생산은 순전히 개인적 책임인 것처럼 보이지만 실제로는 사회적이다.

또한, 그렇기에 자본주의가 생산의 조건을 재생산하는 과정은 경제 영역 내부에 국한될 수 없다. 팔리는 것은 노동력이지만 노동력이라는 상품은 그것이 작동하기 위해 노동, 즉 인간 유기체 전체나 인격 그 자체의 생산을 전제한다. 그렇기에 주택만이 아니라 철도·도로와 같은 교통 체계가 필요하며 상하수도와 전력, 병원과 운동장, 그리고 공원과 학교, 극장, 미술관 등의 문화적 공간 등을 필요로 한다. 또한, 자본주의가 발전하면 할수록 이런 것들을 제공해야 하는 국가의 역할 및 책무는 커지며 이들에 투자되는 고정자본의 규모도 커질 수밖에 없다. 카스텔의 '집합적 소비'와 하비의 '건조환경'은 이를 잘 보여준다. 하지만 하비가 보았듯이 자본주의는 이 또한 과잉자본을 해소하거나 이윤율 하락을 상쇄하는 방식으로 사용한다. 따라서 도시 자체가 계급투쟁의 진지가 된다. 게다가 자본주의가 발전하면 할수록 자본의 생산력은 도시에 더욱더 집적되고, 이를 둘러싼 투쟁은 더욱 격화될 수밖에 없다.

바로 이런 점에서 어버니즘과 관련하여 다음의 두 가지 점을 명확히 할 필요가 있다. 첫째, 맑스-엥겔스가 분석했듯이 중세 도시들은 영주의 지배에 맞서 도망 농노들의 근거지가 되었고, 도시에서 장인들과 연대함으로써 근대적인 계급으로 발전할 수 있었다. 하지만 이 당시의 노동자 계급은 결코 지금과 같은 산업 노동자들이 아니었다. 그들은 도시의 길드 체제에서 장인에게 가부장적으로 속박되어 있었을 뿐만 아니라 숙련 노동이라는 다소간 특권적 지위를 유지하고자 했다. 따라서 엥겔스도 가부장적 온정주의를 해체했던 도시에서 프롤레타리아의 공적 발전을 찾았으며 직물 도시와 상업 도시 및 공장 도시와 같은 형태들을 구분해서 다루었다. 하지만 바로 그렇기에 노동자 계급은 오늘날 사람들이 생각하듯이 하나의 형상을 가지고 있는 것이 아니다.

노동자라는 존재의 형상은 자본주의 발전에 따른 산업 재편과 함께 변화를 겪었으며 그에 따른 이념적 형태와 성숙도 달라졌다. 마크 데이비스가 말한 바와 같이 1838년 인민헌장에서 시작해 1921년 3월 행동까지 "프롤레타리아화에 대한 장인층의 저항"은 "그 손주뻘인 산업 프롤레타리아트의 운동에 이데올로기적 기반을 놓았다." 또한, 그동안 "소생산자들로 구성된 사회적 공화국에 대한 초창기의 꿈은 노동자평의회의 연대로 이루어지는 산업화된 공화국에 관한 전망으로 변형"되었으며 이 두 가지 중 "첫 번째 것은 급진적 장인층이 주도한 1848년과 1871년 파리의 코뮌들에서, 두 번째 것은 1917–19년 여러 소비에트 도시국가들에서 잠시 실재했다."[15]

그러므로 노동계급을 하나의 단일한 실체로 다루는 것도 문제지만, 단일한 형상을 가진 집단으로 다루는 것도 문제다. 물론 자본과의 관계에서 임노동자는 노동력 상품을 파는 자들이다. 하지만 자본이 어떤 종류의 노동력 상품을 요구하는가는 동시대라고 하더라도 그 사회가 세계 자본주의 체제에서 어떤 위치를 가지는가에 따라 다르며 같은 사회라고 하더라도 산업의 형태 및 사회적 구조에 따라 역사적으로 다르다. 즉, 같은 노동자라고 할지라도 포디즘적 대량생산 시스템에서의 노동자냐, 포스트 포디즘적 유연생산 시스템에서의 노동자냐에 따라 자본이 생산하는 노동력이 다르며 그에 따라 노동자들이 지니게 되는 가치와 욕망, 정서를 포함해 사회화된 신체도 다를 수밖에 없는 것이다.

예를 들어 한국에서 1950–60년대의 노동자와 1970–80년대 노동자, 그리고 1980년대 중반~1990년대의 노동자와 2000년대 이후 노동자들과 같지 않다. 농촌에서 도시로 올라와 도시 빈민을 거치거나 길드적 도제를 통해서 숙련노동자가 되는 1950–60년대의 노동자는 1970–80년대 경공업과 노동집약적 산업 노동자들과 1980년대 중반 이후 중화학공업의 발전 속에서 자본 집약적인 산업의 대규모 공장에서 분업화된 노동자들과 다르며, 마찬가지

• • •

15. 마이크 데이비스 『인류세 시대의 맑스』, 안민석 옮김, 창비, 2020, 57~58쪽.

로 2000년대에 본격화된 포스트 포디즘적인 노동자들은 이전의 노동자들과 다르다. 이것은 그들의 신체와 욕망, 정신적 가치들이 그 당시 주어진 시대적 상황과 사회문화적 산물이기 때문이다. 그리고 이것은 그 당시 진행된 도시 투쟁 및 계급투쟁에도 영향을 미쳤다. 예를 들어 도시 빈민 투쟁과 노동자들의 반도제적–반가부장적 투쟁에서 시작해 중화학공업 중심의 대공장 노동자 투쟁을 거쳐 반신자유주의 및 불안정노동 철폐 투쟁까지 그 형태도 달랐다. 따라서 노동자 계급의 해방운동에서의 '주체화subjectivation' 전략도 이런 노동의 변화 속에서 다르게 모색되어야 한다.

특히, 이와 관련하여 둘째로, 오늘날 노동자 계급의 주체화 전략은 점점 더 어버니즘적인 것이 되어가고 있다는 점에 주목할 필요가 있다. 어버니즘은 'urban+ism'이다. 그렇기에 거기에는 도시적 삶을 지향하고 그들의 생활방식과 문화를 추구한다는 가치 지향적인 의미를 담고 있다. 문명이 'civilization'이고, 'civility'가 정중함, 예의 바름을 뜻하듯이, 'urbanity' 또한, 도시풍, 우아함, 세련됨이라는 뜻을 가진다. 따라서 맑스–엥겔스의 어버니즘은 노동자 계급 해방운동과 관련하여 해방의 지향하는 가치론적인 지평을 보여준다. 그것은 바로 도시 투쟁–도시 혁명의 전술적이고 전략적인 단위로서의 도시만이 아니라 대안적인 사회의 미래상으로서 도시 코뮌에 대한 보다 적극적인 사유다. 맑스가 파리 코뮌에서 재발견한 대안 사회의 미래상을 발견한 것은 우연이 아니다. 그렇기에 파리 코뮌을 공동체라는 집단주의의 관점에서 볼 것이 아니라 오히려 어버니즘이 추구하는 자유로운 개인들에 근거한 어소시에이션이라는 관점에서 코뮤니즘을 사유해야 한다는 것이다.

"맑스는, 친밀하고 섬 같은 공동체로 전형화되는, 사회학적 용어로 게마인샤프트[공동사회]의 문화 붕괴를 의미하는 농촌 고립 상태의 붕괴를 대도시화와 '문명화' 과정으로 보았다. 이러한 현상은 과거 지역주의, 자급자족, 그리고 편협함을 제거하면서 더욱 불안정하기는 하지만 보다 풍요로운 사회적 배열, 그리고 전방위적이며 전 세계적으로 상호 의존하는 국가들, 문화적 혼합 내의 교류 등으로 대체했다. 맑스는 '세계문학' 그리고 관념이 국경을 넘나들고 모든 것들이 누구에게나 허용되는 다문화적인 지적 세계와 같은 생각들을 환영했다. 바로 이 지점에서 지적인 빈곤은 '공통의 빈곤'이 된다. 물론 논쟁의 여지는 있지만 세계문학을 만든 창조자 가운데 하나는 도시화 자체이다. 또한, 생산수단의 급격한 발전, 통신의 발전, 시간에 의한 공간의 절멸 등 맑스가 지지하는 힘은 대도시 문화 생산에서 핵심적인 것이다."[16]

그러므로 맑스–엥겔스의 어버니즘적 전망은 우리가 도시에 점점 더 많이 거주하며 도시 공간이 자본 축적의 대상이자 생산력을 체현하고 있는 물질적 기반으로 계급투쟁의 장소가 되어가고 있다는 점에만 있지 않다. 오히려 더 중요한 것은, 오늘날 도시가 자본의 한계 및 위기를 드러내기만 하는 게 아니라 도시가 점점 더 사람들의 욕망을 실현하는 장이 되었기 때문에, 즉 도시 자체가

• • •

16. 앤디 메리필드, 『매혹의 도시, 맑스주의를 만나다』, 남청수·김성희·최남도 옮김, 시울, 2005, 58쪽.

자본주의적 생산력을 체현한 사회주의—코뮨적 공간이기 때문이다. 바로 이런 점에서 도시 투쟁을 주택과 의료, 교육 등 최소한 개인적 생존을 위한 '필요'를 보장받기 위한 투쟁으로 축소해서는 안 된다. 오히려 도시 투쟁은 '필요'가 아니라 이제까지 자본주의가 이룩한 인류의 생산력 발전을 사회적으로, 집단적으로 생산자의 연합을 통해 '향유'하고자 하는 투쟁이 되어야 한다.[17]

하지만 지금의 노동운동도, 맑스주의를 표방하는 해방운동도 여전히 금욕주의적이거나 엄숙주의적인 운동을 벗어나지 못하고 있다. 이들은 여전히 가치를 생산하는 활동만이 의미 있다는 '노동 중심', '생산 중심'을 벗어나지 못하며 도시적 삶에서 시민들이 누려야 할 향유로서 사회적 자본 및 공적 소비를 위한 사회적

• • •

17. 필요(need)와 욕망(desire)의 구별 또한 사회적이다. 1960년대 세탁기와 냉장고는 향유라는 욕망의 수준에 존재했지만, 오늘날은 생존의 필요조건에 속한다. 마찬가지로, 음악과 미술, 영화, 뮤지컬 등의 문화재들도 마찬가지이다. 하지만 많은 사람이 이런 욕망과 필요에서의 사회 역사적 조건들을 고려하지 않기 때문에 금욕주의로 돌아가거나 생태 근본주의적 관점에서 필요를 축소하거나 문화재나 인공적 재화들에 대한 욕망의 긍정을 반생태적인 인간중심주의로 단죄하는 경향이 있다. 물론 현대 문명을 만들어 온 화석에너지 시스템 자체가 문제이기 때문에 비닐과 플라스틱 등 석유화학 제품들에 근본적 전환이 필요하며 이에 대한 욕망의 제한 및 대중 소비사회에서의 자본화된 상품 욕망으로부터의 탈피, 및 자연생태계의 종 다양성을 위한 도시화에 대한 통제가 필요하다. 그렇기에 맑스—엥겔스도 비록 사적 소유의 철폐와 함께 도시와 농촌의 결합을 주장했다. 하지만 이때 중요한 것은 인공, 인간적 욕망의 배제가 아니라 자연과 인간 사이의 선순환을 통한 공진화의 메커니즘을 만들어 가는 것이다. 어버니스트인 마이크 데이비스도 기후 위기에서 '도시'가 핵심이라는 것을 인정하고 있다. 하지만 여기서는 지면상 다루지 않았다. 또한, 욕망과 관련해서도 여기서는 어버니즘에 대한 잘못된 이해를 바로잡는 데 집중했다.

투쟁을 도외시하고 있다. 게다가 노동자 계급에 대해서도 그것이 어느 시대에도, 어느 사회에서도 하나의 단일한 형상이 아니며 오직 개별적인 인간들의 이해의 공통성을 통해서 이루어지는 투쟁을 통해서만 보편화되며 그 속에서만 해방운동의 이념적이고 문화적이면서 조직적인 발전이 이루어질 수 있다는 점을 고려하지 못하고 있다. 따라서 오늘날 노동자 계급 해방운동에서 무엇보다 중요한 혁신의 지점은 어버니즘적 전망 속에서 '도시 투쟁'과 노동자 계급 해방운동을 결합하고, 도시 혁명 속에서 코뮤니즘적 전략을 만들어 가는 맑스주의 정치학과 '노동자다움'을 만들어 가는 주체화 전략을 찾아 실행해가는 것이다.

스피노자의 정치이론[*]
—시민사회와 국가의 관계를 중심으로

신재성

•

1. 들어가며

오늘날 스피노자^{Benedict de Spinoza}(1632~1677)의 사상은 현대적인
해석을 통해 새로운 사상가로 평가되고 있다. 이른바 현대적 스피
노자의 르네상스가 당당하게 복원된 것이다. 수 세기 동안 '신에
취한 자'로서 신학적 / 반신학적 그늘에 갇혀 있거나 체계의 변증
법을 예비해주는 제약된 이론으로서 헤겔 철학을 빛내주거나,
혹은 신체의 정념적 삶에서 벗어나 영혼의 지복을 성취한 개인의
구도적 사상으로 이해되어왔던 스피노자가 말이다. 새로운 스피
노자는 이제 탈신학적, 탈–변증법적, 탈–개인주의적 지평을 열어
주는 이단적이고 전복적인 사상가로 우리 앞에 마주하고 있다.
무엇보다도 그러한 변모는 실천적이고 사회적인 관점에서 그의

• • •

* 이 글은 필자의 논문 「스피노자의 정치이론— 시민사회와 국가의 관계를
중심으로」, 『도시인문학연구』, 서울시립대학교 도시인문학연구소, 제9권 2호
(2017)를 수정 · 보완한 것이다.

사상이 갖는 관계적 측면에 주목한 데 따른 것이다. 그러한 면모가 가장 돋보이는 분야가 바로 스피노자의 정치이론이다. 해당 분야에서의 그의 사상은 정치철학사에서 한동안 묻혀 있다가 최근 들어 스피노자 르네상스와 더불어 현대 정치이론의 일신을 위한 새로운 상상력을 제공하는 주요한 원천이 되고 있다. 본 논문은 스피노자의 정치이론을 근대 정치철학의 핵심 주제로 논구되어 온 '시민사회civil society'와 '국가state'의 관계를 중심으로 새롭게 일별해보고자 한다. 이것은 일견 낯설면서도 당혹스러워 보이는 데 통상적으로 스피노자의 정치이론은 양자의 구별을 전제하지 않는다는 해석이 그동안 지배적이었기 때문이다. 이런 입장은 스피노자가 시민사회를 인식하지 못했거나 그것을 국가와 등치했다고 보는 전통적 해석에 해당한다. 하지만 최근 들어 이러한 전통적 해석에 정면으로 대립하는 것으로서, 스피노자의 시민사회가 근대 국가와 대척점에 있으며 탈근대의 지평을 여는 새로운 가능성으로 적극적으로 해석될 수 있다는 입장이 개진되고 있기도 하다.

스피노자 정치학에 대한 전통적 해석은 토마스 홉스Thomas Hobbes를 위시한 근대철학의 정치적 평가에 기초한 것으로서 사회계약론의 입장에서 자연 상태 / 사회 상태의 이분법적 구분을 스피노자도 고스란히 따르고 있다는 주장이다. 대표적으로 헤겔G. W. F. Hegel은 '특수성Besonderheit'과 '보편성Allgemeinheit'의 이중 규정인 시민사회의 고유한 성격을 기존의 정치사상들이 "단지 공동성에 불과한 통일체eine Einheit, die nur Gemeinsamkeit ist"로 오해하면서 국가와 동일시했다고 비판한다.[1] 이러한 헤겔의 주장에 동의하면서 만프레드 리델Manfred Riedel은 고대에서 근대 초에 이르기까지 기존 정치학에서 공통으로 사용해 온 "국가 또는 시민사회civitas sive societas" 개념이 "국가와 사회의 근대적 구분 이전"에 아리스토텔레스로부터 스피노자를 포함해 칸트에 이르기까지 이어져 왔다고 지적한다.[2] 실제 스피노자는 '시민', '사회', '국가'의 표현을 혼재해서 사용한 것이 사실이다. 그리고 국가와 시민사회의 명시적 개념 구분과 양자의 관계에 대한 논의가 헤겔에 와서야 비로소 시작된 것도 주지하는 바다. 하지만 명시적인 구분이 없었다 하여 헤겔 이전의 논의들을 포괄적으로 단일한 입장으로 묶는 것은 문제이거니와 실제 그 단초나 해석 가능성이 존재하는지는 면밀히 따져 보아야 할 것이다.

이러한 전통적 해석과의 대척점에서 스피노자 이론의 새로운 조명과 더불어 특히 정치이론에서의 새로운 스피노자 해석이 최근까지 영향을 미치고 있다. 그 대표적인 해석가 중 한 명인 안토니오 네그리Antonio Negri는 반–헤겔적 독해를 통해 스피노자 철학의 '구성적 존재론constituent ontology'을 강조하고 있다. 그는 매개와 중재 그리고 화해를 거쳐 국가를 정점으로 하는 헤겔식 초월철학에 대해 신체, 사랑, 집단적 대중의 생산적이고 구성적 힘을 강조하는 현전의 철학을 내세운다. 그는 자연권의 초월적

• • •

1. 게오르그 프리드리히 빌헬름 헤겔, 『법철학』, 임석진 옮김, 한길사, 2008, 355~361쪽 참조
2. M. 리델, 『헤겔의 사회철학』, 황태연 옮김, 한울, 1984, 50~51쪽.

양도가 불가능하기에 개인들의 분출하는 욕망들은 일체의 예속으로부터 벗어나 직접적인 해방을 실행하는 구성적 권능으로 이어진다고 보았다(네그리 163~169 참조).[3] 그가 말하는 욕망들이 터 삼는 지반이자 정념들의 사회화를 가능케 하는 현전의 공간은 결국 국가에 대립하는 시민사회에 다름 아니다. 하지만 정치적 주체로서의 '다중/대중multitudo'이 언제나 민주주의적 체현을 담보한 것은 아니며, 사회성의 완성은 제도적 보안을 필요로 한다는 점에서 이러한 해석은 지나치게 단정적이거나 단순화하는 경향이 있다.

두 가지 해석에서 보듯 이제까지의 스피노자 정치이론에 대한 해석은 국가와 시민사회의 관계라는 측면에서 보았을 때 국가 중심주의 혹은 시민사회 중심주의라는 두 가지 편향에서 움직여 왔던 것이 사실이다. 하지만 스피노자의 정치이론에서 시민사회와 국가의 두 계기가 일별될 수 있는 여지가 있다면, 그리고 양자의 관계가 단선적이거나 환원적이지 않을 수 있다면 스피노자의 이론은 좀 더 풍부하게 재해석되고 오늘날의 정치적 환경과 이론에 긍정적으로 기여할 수 있는 여지가 마련될 수 있다고 생각된다.

• • •

3. 시민사회에서 개인들의 동물적 욕망이 직접적인 해방의 힘으로 전환될 수 있다는 네그리의 생각을 가장 직접적으로 표현한 구절은 다음과 같다. "다중은 조야한 상태로 태어났으며, 짐승들의 무리처럼 행동하고자 하지만 그럼에도 불구하고 그것은 언제나 존재의 변신을, 좀 더 정확히 말하면 인간이 그 종족의 집단적 충만함 속에서 수행하는 변신을 부여받고 있다." 안토니오 네그리, 『전복적 스피노자』, 이기웅 옮김. 그린비, 2005, 198쪽.

2. 시민사회 개념의 형성과 스피노자의 위치

하지만 서두에서 언급했다시피 스피노자의 정치이론에서 시민 사회와 국가를 일별한다는 것은 터무니없는 것처럼 보이는 것이 사실이다. 오랫동안 정치철학사에서 '키비타스civitas'와 '소시에타 스societas'라는 개념은 헤겔 이전까지 통상적으로 구분 없이 동일한 의미로 사용되어왔기 때문이다. 다시 한번 리델에 언급에 따르면,

> 국가와 사회는 18세기 중반을 넘어설 때까지 중세유럽의
> 정치철학 안에서, 아리스토텔레스의 『정치학』 서론에서 고대
> 폴리스의 헌정 체제를 표현하고 있는 것과 동일한 개념에
> 의하여 정치적으로 결합되어 사회적 전체ein soziales Ganzes로
> 총괄되어 있는바, 이 개념은 코이노니아 폴리티케koinonia politike
> 또는 소시에타스 키빌리스societas civilis, 즉 사회의 실체의 공적
> 정치적 구조를 그 자체 '시민적' 또는 정치적 사회로 받아들이
> 는 고대 시민사회의 고전정치학적 근본개념이다. (49~50)

그러나 이러한 해석은 헤겔로 가는 통상적 전사를 간략히 언급 하는 데는 유효하지만, 헤겔의 시민사회가 그 자체로 '발명'된 것이 아니라면 그 개념의 변천사는 좀 더 복잡한 경로를 따라 진화해갔으리라고 어렵지 않게 짐작할 수 있다. 그리고 그 경로의 어디쯤에 스피노자 정치론의 좌표도 지정될 수 있을 것이다. 진

코헨Jean L. Cohen과 앤드루 아라토Andrew Arato는 시민사회와 국가, 특히 그중에서도 시민사회의 개념사는 아리스토텔레스적 전통의 오랜 영향력에도 불구하고 결코 동일하지 않았으며 이러한 다원적 입장들을 체계적으로 '종합'한 것이 바로 헤겔의 정치이론이라고 주장한다. 그들에 따르면 고대 그리스의 폴리티케 코이노이아politike koinonia는 "공통의 에토스로부터 끌어낼 수 있는 일단의 단일한 목적을 가지는 하나로 통일된 조직"이었다. 로마를 거쳐 중세에 접어들 당시만 해도 그 용어의 라틴어 번역어인 소시에타스 키빌리스societas civilis는 "사소한 역할"만 수행하거나 "중세 도시국가"에 한정되어 사용되면서 여전히 고대적 개념의 그늘에서 벗어나지 못했다. 그러나 중세 봉건 질서가 제국, 왕국, 공국 등의 제 형태와 세습통치, 조합체, 코뮌 등의 제 방식으로 분권화되면서 각각에 동일하게 적용된 그 개념 역시 "다원화"될 수밖에 없는 운명을 맞았다.[4] 그리고 중세 신분제 국가가 절대주의 체제를 거쳐 근대로 이행해 오면서 군주의 권력과 균형을 유지해오던 조합적 신분 집단이 정치적 색깔을 탈각한 "탈정치화된 신분 사회"로 변모하면 서 국가와 사회는 결정적인 "이원화"의 계기를 맞게 되었다

• • •

4. 중세 시대에 소시에타스 키빌리스를 좀 더 세속화시킴으로서 고대적 기원으로부터 멀어지게 한 또 다른 계기로는 기독교의 영향을 꼽을 수 있다. 셸던 월린 (Sheldon Wolin)에 따르면, 아우구스티누스(Augustinus)로부터 발원된 '지상의 도시'와 '천상의 도시'의 구분은 전자가 "사적 재화와 이익의 다양성"으로 분열되어 갈등과 지배의 영역으로 묘사되고 후자가 "구성원들의 진정으로 공통된 선함"으로 굳건히 결속된 믿음의 영역으로 자리매김되면서 (세속적) 사회와 (윤리적) 국가로의 분화를 예견해주고 있다. 진 L. 코헨 · 앤드루 아라토, 『시민사회와 정치이론1』, 박형신 · 이혜경 옮김, 한길사, 2013, 220~221쪽 참조.

(208~212). 결국 자신을 해체하려는 "국가에 대항하여 '사회'를 재 조직화하려는 대항 운동"이 만들어낸 "새로운 형태의 공적 삶을 구성하는 계몽주의 '사회'가 근대 초기 시민사회 개념의 원형"이 된 것이다(213).

근대 초 시민사회의 형성을 둘러싼 이론적 지형도 그리 간단하지만은 않았다. 기본적으로 당대의 이론가들은 여전히 시민사회와 국가의 분화에 대해 정교하고 명시적인 구분은 하지 않았지만 그들이 사용하는 정치 사회적 개념인 '시민사회'는 더는 고대적인 의미에 집착하지는 않은 것으로 보인다. 이는 상업과 산업의 발달로 인해 자본주의적 욕망과 그에 대한 극복이 최대한의 관건이 되는 경제적 상황과 맥을 같이하는 당연한 귀결이기도 하다. 요컨대 시민사회의 분석은 욕망의 순화 혹은 통제라는 과제를 위해 국가와 사회라는 두 극 사이에서 하나를 다른 한쪽으로 포섭하는 전략을 통해 각각 '국가의 사회화'와 '사회의 국가화'로 나아갔다. 전자의 흐름은 당시 자본주의 경제를 주도했던 영국의 사상가들로부터 나왔다. 마틴 카노이Martin Carnoy에 따르면, 대표적으로 홉스의 경우 그의 사회계약은 "국가를 구성하는 목적을 열정적인 사람에 의해 야기된 문제들을 해결하는 데 두기 때문에, 이해가 열정을 억누르는 전략'에 호소했다(26). 기본적으로 절대적인 주권의 양도와 주권자의 절대 권력을 옹호하는 홉스의 전략은 경제적 이익의 극대화에 의한 욕구의 만족과 순치를 위해 시장이라는 기제를 통한 사회 통제에 직접적으로 의존하지는 않았지만, 그렇다고 "홉스의 이론이 이러한 시장에 모순되는 것은 아니"었다(26). 사회의 통제 수단으로서 시장의 메커니즘을 전면적으로 도입한 것은 존 로크John Locke에 의해서다. 로크의 정치 사회는 사회계약을 통한 자연권의 양도라는 측면에서 선임자의 의도를 이어받았지만, 계약 이후에도 남아 있는 구성원들의 조직화와 실질적 영향력을 강조하면서 국가에 흡수되지 않는 시민사회의 존재감을 어느 정도는 드러낼 수 있었다. 즉 "시민사회의 성원들은 그 국가를 해체하는 권리와 권력"을 여전히 보유하였고 정치 권력의 정당성은 "실질적으로 정치 권력을 소유하고 있는 시민사회 성원들(재산 소유자)의 뜻에 따르는 한에 있어서" 유효할 뿐이었다(28). 이런 점에서 맥퍼슨C. B. Macpherson은 그들의 이질적 접근 방식에도 불구하고 홉스와 로크를 '소유적 개인주의possessive individualism'의 이론가들로 규정할 수 있었던 것이다.

반면 이들과 달리 정치적 격동과 혁명의 오랜 전통을 유지해온 대륙의 프랑스와 독일에서는 경제적 불평등과 같은 사회적 이슈가 곧장 정치적 쟁점으로 연결되는 경향이 있었다. 로크가 "정당하고 평등한 시민사회의 기초"로 간주했던 사적 소유를 역으로 자연 상태의 이상적 조건의 타락이자 "사악하고 불평등한 원천"으로 고발한 이는 장 자크 루소Jean-Jacques Rousseau였다(29). 따라서 루소가 보기에 불가피한 사회계약의 궁극적 목적은 경제적 동인이 아니라 공동체 전체로의 권력의 양도를 통한 자유와 평등의 보장이었다. 이렇게 형성된 '일반의지'로서의 국가는 대립되는 이해의 조정보다는 사회적 선의 함양을 우선시하며 이를 위해 적극적이고 능동적인 개입의 정당성을 부여받게 되었다. 요컨대 루소는 정치적 공동체의 형성을 통해 "궁극적으로 개인적 이해관계를 넘어서 균형 잡힌 사회적 이해를 획득"하기를 바랐던 것이다 (33). 루소의 이러한 바람은 근대 정치이론의 제 유산들을 종합적으로 상속받고자 했던 헤겔에 의해 이루어졌다. 하지만 헤겔의 승계는 일반 의지의 추상성 속에서 개인의 공동체로의 전면적인 포섭을 긍정하고 경제적 욕구가 갖는 양면성을 외면한 루소의 회귀적인 입장을 극복하는 것을 전제로 했다. 따라서 인륜성의 두 형태인 가족과 국가는 부정적 매개를 필요로 했고, 인륜성의 소외된 형태인 시민사회는 동시에 보편적인 '상호의존성'을 지님으로써 제한적이나마 사회 통합적 기능을 담당할 수 있게 되었다. 그럼에도 불구하고 코헨과 아라토에 따르면, "근대적 개인성을 전제로 하여 어떻게 특수한 것에서 일반적인 것으로 나아가는가"의 문제는 루소와 헤겔의 근본적인 관심사였다(247).

근대 정치이론의 개괄 속에서 스피노자의 위치는 상술한 두 진영, 요컨대 '소유적 개인주의possessive individualism'와 '윤리적 공동체주의ethical communitarianism' 사이의 어디쯤엔가 자리하는 것으로 보인다. 그의 입장은 각각의 진영과 때로는 친화력을 보이지만 그것과 완전히 동일시되기를 거부한다. 예컨대 스피노자는 개인들의 욕망의 관점에서 사회계약의 체결과 그로 인한 사회적, 경제적 이해의 보장을 논구했다는 점에서는 전자와 유사하지만, 스피노자 개체론 특유의 간주관적 관점에서 자유로운 공동체의 윤리적 토대를 마련하고자 했다는 점에서 분명한 차이를 보이고 있다.[5] 다른 한편 욕망을 둘러싼 개인들의 갈등이 궁극적으로 이성의 지도에 따라 자유롭고 윤리적인 공동체를 지향해야 한다는 스피노자의 입장은 후자와 궤를 같이하고 있지만, 사회적 관계 형성과 갈등 구조가 기본적으로 자리 잡고 있는 정념들의 역동적 질서는 사실상 지양될 수 없을뿐더러 사회적 역량을 강화하는 핵심적 역할을 수행한다는 점에서 논점을 달리하고 있다. 이러한 이론적 배경에서 스피노자 정치철학이 갖는 독특성은 그가 명시적으로 구분하고 있지는 않지만 사회와 국가의 서로 결이 다른 질서의 구축과 양자의 관계에 대한 분석을 통해 좀 더 구체적으로 드러날 수 있을 것이다. 분석의 시작은 홉스의 사회계약과의 유사성과 차이를 검토하는 것이다. 공히 자연 상태에서 출발함에도 불구하고 홉스식의 자본주의적 인간과는 다른 유형의 개체론에 주목하는 알렉상드르 마트롱Alexandre Matheron의 다음의 언급은 그들이 관계하는 사회적, 정치적 조직의 창출이 결코 일회적이거나 단선적이지 않을 것임을 예감하게 해준다.

스피노자에게서 정념에 사로잡힌 인간은 그대로 놔둘 경우 봉건적 인간처럼 처신한다. "부르주아"란 이런 인간의 뒤늦은,

• • •

5. 비토리오 회슬레(Vittorio Hösle)는 "스피노자의 실체 개념"이 그로 하여금 "모든 원자론적 모델을 거부"하게 만든다고 말한다. 비토리오 회슬레. 『21세기의 객관적 관념론』. 나종석 옮김. 에코리브르, 2007, 130쪽. 하사나 샤프(Hasana Sharp)와 제이슨 스미스(Jason E. Smith) 역시 스피노자와 헤겔을 비교하면서 "그들[스피노자와 헤겔] 모두는 고전적 자유주의의 방법론적 개인주의에 대한 철저하고 심오한 대안을 제시한다"고 말한다. Sharp, H & Jason E. Smith(ed.). *Between Hegel and Spinoza: A Volume of Critical Essays*. Bloomsbury Academic(2014), p. 4.

그리고 취약한 변양에 지나지 않을 것이며, 그것은 (…) 어떤 인공적 조건형성을 통해서만 영속될 수 있을 것이다. 가령, 비록 민주적이지는 않더라도 광범위한 규모로 이루어지는 집단통치, 교역을 최대한 자극하는 소유제 및 여타의 제도들, 관용적이며 순전히 윤리적이기만 한 비미신적 종교를 체계적으로 진작시키는 교회 제도 및 여타의 제도들을 통해서 말이다. (…) 이렇게 함으로써 정념적 소외는 전위되고 정비될 수밖에 없을 것이다. 또한 비록 부르주아가 처한 조건이 내적 해방에 상대적으로 유리하다 해도, 여하간 봉건적 인간의 진정한 극복을 실현한 자는 부르주아가 아닌 스피노자주의 철학자이다. (『스피노자 철학에서 개인과 공동체』 318~319)

3. 스피노자 시민사회에서 사회 상태가 갖는 독특성

스피노자의 정치이론에서 탐구된 사회 및 정치체의 형성 계기는 '사회계약social contract'에 근거한다. 따라서 그것은 계약 이전의 자연 상태와 계약 이후의 사회 상태의 구분을 필수적인 요소로 갖는다. 이런 점에서 스피노자의 정치이론이 전통적인 근대 사회계약론의 범주에 포함되며, 사회계약에 따른 국가의 형성을 도출한다는 점에서 시민사회와 국가를 동일시한다는 비판에서 자유로울 수 없는 것처럼 보인다. 실제 스피노자는 자신의 저작들에서 이러한 개념들을 명확한 구별 없이 혼재해서 사용한다.[6] 하지만 그럼에도 불구하고 그가 분석하는 사회계약은 자연 상태와의 완전한 단절을 꾀하지 않았다는 점에서 결코 기존의 계약이론과 동일시될 수 없으며, 계약 이후의 사회 상태에 대한 해명 역시 전적으로 이성에 근거한 질서가 아니라는 점에서 또 다른 정치 상태의 제시 혹은 그것으로의 도약을 예시하고 있다.

스피노자에게 이 구분은 어찌 보면 당연한 것이다. 왜냐하면 인간 존재가 갖는 역설적 구조는 『에티카_Ethica_』[7]가 제시하는 윤리 적 삶을 추구하기 위해 자신의 인식론적이고 존재론적인 한계를 넘어서야 하기 때문이다. 이를 위해서는 필연적으로 타자들과 어우러지는 공동체의 지반이 요구된다. 그런데 한계를 넘어서는 과정은 단 한 차례의 도약으로는 불가능하다. 요컨대 인식론적 측면에서 인식의 개선은 1종지에서 2종지로의 이행을 위해 '공통 개념'의 형성을 필요로 하지만 개념의 형성과 그에 따른 진행 과정은 결코 단순해 보이지 않는다.[8] 그리고 존재론적 측면에서도

• • •

6. 스피노자가 명시적으로 사회계약을 다루고 있는 지점은 『에티카』의 4부 정리 37의 주석 2와, 『신학정치론』의 16장 전반부, 그리고 『정치론』의 4장 6절이다. 그런데 관련해서 그가 사용하는 용어들을 살펴보면, '연합된 힘', '사회', '사회생 활', '사회조직', '시민 상태', '공동체', '공동사회', '국가 공동체', '국가 상태' 등으로 일정한 구분 없이 사용되고 있음을 볼 수 있다. 하지만 이 용어들은 그것들이 적용되는 상태에 따라 대략적으로 구분될 수 있다.

7. Spinoza, B. *Spinoza: Complete Works*. ed., Michael L. Morgan. trans, Samuel Shirley. Hackett Publishing Company, Inc(2002). 『에티카』의 앞으로의 표기는 본문 괄호 안에 'E'와 함께 해당 약어와 해당 번호를 명기한다. 약어로는 D(정의), A(공리), P(정리), Pr(증명), C(따름 정리), S(주석), Post(요청), Lem(보조 정리), Pre(서문), App(부록)이 있다. 예를 들어 1부 정리 34의 경우는 (E1P34)로 표기한 다.

존재의 역량 강화는 정념의 예속 상태하에서 감정들의 우열에 따른 '수동적 감정들의 외적 규율'을, 다시 이성과의 관계 속에서 '능동적 감정들의 내적 조화'를 필요로 한다.[9] 그렇다면 스피노자가 그리는 인간 사회의 교류는 정념의 영향하에서도 최대한의 결속을 유지하려는 흐름과 그 제약을 극복하기 위해 가급적 이성의 지도에 따르고자 하는 흐름 두 축을 상정하지 않을 수 없다. 스피노자 정치론의 현대적 해석에서도 양자가 구분되는 것을 어렵지 않게 찾아볼 수 있다. 질 들뢰즈Gilles Deleuze는 먼저 '자연 상태'와 '이성 상태'를 크게 구분한 뒤 전자에서 후자로의 이행을

• • •

8. 진태원은 이러한 이행의 과정을 세분화해서 소개한다. 그에 따르면, 스피노자는 자연의 공통질서에 따른 부적합한 인식을 '외적'으로 규정되는 것과, '내적'으로 규정되는 것으로, 다시 적합한 인식에 바탕이 되는 공통개념을 '보편적'인 것과 '고유한' 것으로 분류한다. 여기서 이행의 계기(혹은 매개)가 되는 것은 아마도 부적합한 인식에서의 '내적'인 것과 적합한 인식에서의 '보편적'인 것으로 보이는데, 그 둘의 관계는 명시적이진 않은 듯 보인다. 진태원, 「스피노자의 공통 통념 개념. I」, 『근대철학』 1권 1호, 서양근대철학회, 2006, 47~55쪽 참조.

9. 스피노자가 제시하는 존재론적 이행의 두 축은 다음과 같다. 우선 수동적 감정인 '정념(passio)'은 그것과 반대되는 더 큰 정념에 의해서만 통제될 수 있다(E4P7). 예컨대 기쁨 / 슬픔의 과도함을 완화해주는 슬픔 / 기쁨의 감정이 그러하고, 더 큰 선에 대한 희망과 더 큰 악에 대한 공포 따위가 그러하다. 하지만 이 같은 방식은 여전히 우리가 정념에 예속되어 있다는 점에서 제약적일 수밖에 없다(E4P47). 감정의 한계가 드러나는 곳에서 이성의 역할이 요구되지만, 문제는 이성이 '절대적 지배력'을 갖지 못하며 다만 자신의 질서를 따라 감정들을 분리하거나 결합하는 등 조정과 정리의 역할을 일차적으로 부여받을 뿐이라는 점이다. 하지만 이는 생각보다 효과적인데, 왜냐하면 정념에 대한 적합한 인식, 그로 인한 정서적 동요의 완화와 능동적 감정(용기, 아량 등)의 배양 등은 예속이 아닌 자유로 향하는 길을 예비해주기 때문이다(E5P20S).

논하는 과정에서, '[이성]의 형성을 예비하고 수반하는 다른 종류의 역능에서 도움을 얻지 못한다면 아무것도 아닐 것이며, 또 그 자신의 역능을 결코 쟁취하지 못할 것"이라고 주장하며 그 역능을 "'국가' 혹은 도시[정치체]의 역능"으로 규정한다(『스피노자와 표현의 문제』 359). 그의 표현대로 '도시(시민 상태)'와 '이성적 결사(이성 상태)'는 전자가 후자를 '모방'하고 '예비'하긴 하지만, 인식론적으로는 '1종 인식'과 '2종 인식'으로, 윤리학적으로는 '도덕적 세계'과 '윤리적 세계'로 대비된다(358~361 참조). 마트롱은 질적 의존성의 차이로부터 자연 상태에서 시민 상태로의 이행 및 정치 사회의 탄생을 설명한 뒤, "정치 사회가 탄생하고, 전개되고, 자기 자신과 모순에 빠지고, (최선의 경우) 사실상 이성적 삶이 자유롭게 펼쳐지게 해줄 방식으로 조직됨으로써 자신의 모순을 해소하는 과정"을 변증법적으로 기술한다(『스피노자 철학에서 개인과 공동체』 412). 그의 방대한 저서의 목차에 따르면, 정치 사회의 모순의 발생과 해소는 외적 통일로서의 정치 사회와 내적 통일을 예비하는 자유국가로 구별되는 것처럼 보인다. 마지막으로 에티엔 발리바르Étienne Balibar의 분석을 참고할 수 있는데, 그의 입장은 대중을 이해하는 스피노자의 양가적 입장에 대한 천착으로 인해 정치체의 본질을 보다 복잡하고 곤란한 것으로 드러낸다. 그럼에도 불구하고 그는 정치적 '매개'에 대한 네그리의 거부를 비판하면서, 스피노자가 두 정치 저작을 통해 "계약적 유형의 법적 매개"에서 "제도적 매개"로의 자기 비판적 이행을 수행하고 있다고 말한다(184). 이는 스피노자의 두 정치 저작을 비교한 것이지만 그의 이론 내에서 계약적 사회와 제도적 국가가 종별될 수 있음을 시사해 주는 대목이다.

그런데 이러한 구분을 정작 스피노자의 주장에서 찾아볼 수는 없을까? 어쩌면 『신학정치론*Tractatus-Theologico-Politicus*』[10]의 완성 이후 마지막 저서가 된 『정치론*Tractatus Politicus*』[11]의 착수 사이에 다시 한번 고쳐쓰기 시작한 『에티카』에서 그 단서나 흔적을 발견할 수 있지 않을까? 다음의 인용구는 인간의 정념적 예속과 이성적 자유의 삶을 본격적으로 논하기 직전, 그리고 부적합한 인식에서 적합한 인식으로의 이행을 다루는 마지막 끝에서, 스피노자가 자기 이론의 이점들을 논하는 대목이라는 점에서 묘한 흥미로움을 불러일으킨다.

이 교설은 우리의 사회생활*vitam socialem*에 도움이 된다. 그것이 우리로 하여금 어느 누구도 증오하지 않고 경멸하지 않으며 조롱하지 않고 성내거나 질투하지 않도록 가르친다는 점에서 말이다. 또 한편으로 그것은 각자가 자신이 가진 것에 만족하며 이웃을 돕되 여성적 동정이나 호의 혹은 미신에 의해서가 아니라 적절한 기회와 환경이 요구하는 대로 이성의 지도에 의해 그러해야 함을 가르친다. 마지막으로, 이 교설은 또한

• • •

10. 『신학정치론』의 앞으로의 표기는 본문 괄호 안에 TTP와 함께 해당 장과 쪽수를 표기한다. 예를 들어 1장 32쪽은 (TTP 1.3)으로 표기한다.
11. 『정치론』에 대한 앞으로의 표기는 본문 괄호 안에 TP와 장 및 절을 명기한다. 예를 들어 1장 6절은 (TP 1.6)으로 표기한다.

국가 공동체[communem societatem]에 적지 않은 이점을 제공한다.
그것이 시민들이 통치되고 인도되어야 하는 방식을 가르친다
는 점에서 말이다. 이때 시민들은 노예로서가 아니라 최선의
것을 자유롭게 행하는 방식으로 통치되고 인도되어야 한다.
(E2P49S ― 강조는 인용자)

인용문에서 알 수 있듯이, 스피노자는 개인적 차원에서의 평정
과 자유라는 두 이점에 이어, 공동체적 차원에서의 장점을 두
가지로, 즉 '사회생활'과 '국가 공동체'의 수준으로 나누어 설명하
고 있다. 양자의 차이는 각자의 적용 범위와 구체적 내용에서
드러난다. 먼저 '사회생활'을 보면, 여기서 사회생활의 개선을
위한 방책은 통치와 지도, 즉 정치 질서의 제도적 차원에 따른
원리가 아니라, 인간들 간의 관계 및 그에 따른 파생적 조치들에
국한됨을 알 수 있다. 게다가 개선되어야 할 문제점 역시 다양한
욕망의 분출과 갈등에서 불거지는 내용들이 대부분이며 특히
'소유의 만족'을 언급하는 것으로 볼 때 시민사회의 경제적 소유욕
이 포함되어 있음을 알 수 있다.[12] 반면에 '국가 공동체'의 영역을

• • •

12. 사회생활과 관련된 부분의 마지막에서 스피노자는 그에 대한 해명을 4부에서
밝히겠다고 말한다. 주지하시다시피 『에티카』 4부의 제목은 "인간의 예속
혹은 감정의 힘에 대하여"이다. 여기서 그는 개물이 갖는 능력의 상대성에
근거하여 정서적 예속의 완화 가능성을 유일한 공리로서 제시하며(E4A),
1종지가 자리 잡은 표상들의 강도의 상대성에 근거하여 인식의 제한적 개선
가능성을 첫 번째 정리로서 제시한다(E4P1). 게다가 사회의 계약론적 발생은
이성의 지도가 아닌 정념의 원리에 따라 도출되고 있으며(E4P37S2), '올바른
생활방식'의 구체적 사례로서 공적인 '복지정책'(E4App17)과 합리적 '경제활

보면, 직접적으로 통치와 지도라는 국가적 차원에서의 개선책에 대해 논의하고 있다. 또한 그 원리를 복종이 아닌 자유에 근거한다고 밝힘으로써 시민사회 내에서의 외적인 강제와는 다른 선상에서 논의되고 있음을 시사한다.

1) 스피노자 사회계약론의 혁신

스피노자의 정치이론이 사회계약론과 맺고 있는 관계는 단순하지 않다. 당시는 사회계약론이 개화된 이후 서서히 발언권을 얻기 시작한 시기였고, 스피노자는 홉스의 『리바이어던』을 그리고 홉스는 스피노자의 『신학정치론』을 잘 알고 있었다. 스피노자의 파격적인 저서가 논쟁에 휘말렸을 때 홉스가 단지 성서를 해석하는 내용의 급진성만을 우려한 것으로 보아[13] 그는 이 책이 자신의 사회계약론과 연속성의 위치에 있는 것으로 판단한 듯하다. 하지만 스피노자는 홉스와의 연관성과 관련해 지인이 물은 질문에 대한 답변을 통해 두 이론이 다르다는 것을 분명히 밝힌 바 있다. 그는 어떠한 주권자도 신민의 역량을 능가하는 만큼만의 권리를 지닐 뿐이라고 강조하며 이것이 자연 상태의 연속이라고 주장하기 때문이다(모로, 『스피노자』 133 참조). 간결한 문장 속에 녹아있는

• • •

동'(E4App29)이 포함되고 있다.

13. 스피노자의 전기 작가이기도 한 내들러는 스피노자 전기에서 "홉스는 그 책이 '스피노자에게 치명적인 것이었다. 그는 그렇게까지 대담하게 쓰지 않아도 되었기 때문이다'"라고 했다고 주장한다. 스티븐 내들러, 『스피노자 ― 철학을 도발한 철학자』, 김호경 옮김, 텍스트, 2011, 550쪽.

홉스와의 차이점은 대략 네 가지로 요약될 수 있다.

첫째, 스피노자의 계약이론은 자연권의 양도를 포함하지 않는다. 다시 말해 개인들의 계약 이후에도 그들 각자의 자연권은 보존된다. 이것은 인간의 본성을 고려했을 때 자명한 것인데, 왜냐하면 개인의 코나투스와 이를 유지하고 강화하려는 인간의 욕망은 인간의 본성에 속하는 것이기 때문이다. 누구도 자신의 실질적인 권리를 타인에게 양도할 수 없다. 권리의 양도는 인간이 기를 포기하는 것과 다를 바 없기 때문이다. 그렇다면 각자의 권리를 전적으로 양도하는 것 없이 어떻게 계약이 체결될 수 있다는 말인가? 또한 그렇다면 설사 계약이 체결된다 하더라도 그것을 강제할 수 있는 수단이 어디에 있다는 말인가? 이 두 가지 의문은 스피노자 사회계약론의 두 번째 특징에서 어느 정도 해결된다.

둘째, 권리의 양도는 각자의 역량에 비례한다. 이는 앞의 권리(자연권)가 오로지 각자의 역량에 의해서만 한계지어진다는 것을 고려한다면 쉽게 이해될 수 있다. 행사될 수 있는 권리는 오직 자신이 가지고 있는 역량에 비례할 뿐이다. 따라서 각자가 가지고 있는 역량의 크기에 따라 권리는 제한되거나 강화될 수 있는 것이다. 양도의 상대가 갖는 주권 역시 마찬가지 논리가 적용된다. 주권자 개인(혹은 소수나 다수)은 주권에 의거해서 타인을 강제하거나 제재할 수 있다. 그러나 그 역시 자신의 의지를 강제할 수 있는 역량을 지닌 한에서만 주권을 보유할 수 있는 것이다 (TTP16.530). 따라서 그의 주권은 절대적인 것이 아니라 상대적이다. 그런데 계약이 단지 역량의 비대칭에서 성립된다면 굳이 번거로운 작업을 할 필요가 있을까? 각자의 역량과 권리에 따라 사는 게 차라리 속 편하지 않을까?

셋째, 계약의 동기와 효력은 유용성에서 나온다. 자연의 명령은 어느 누구도 욕구하지 못하며 각자가 획득할 수 없는 것만을 금한다. 즉 존재하는 모든 것이 허용되는 것이다(TTP16.528). 이러한 자연권은 인간들의 관계를 조화로 이끄는 경우도 없지 않지만 많은 경우 분란을 야기하기 마련이다. 따라서 분란과 갈등에서 오는 공포를 벗어나고자 하는 욕망과 계약을 통해 기대할 수 있는 이득에 대한 희망만이 계약의 유지를 지탱해주는 보루가 된다. 만약 더 큰 선에 대한 희망과 더 큰 악의 공포가 존재하지 않는다면, 계약의 실효성은 사라지고 체제는 유지될 수 없다(TTP16.529).

넷째, 주권에 반비례해서 저항권이 주어진다. 저항은 실효성의 상실에서 자연스럽게 도출된다. 더는 기대할 것이 없는 상황을 번거롭게 유지하고자 하는 이는 아무도 없기 때문이다. 하물며 계약의 결과가 굴종과 억압으로 다가온다면 그 누가 감내하겠는가? 인간의 본성은 무제한적인 억압에 대해 참고만 있지는 않는다. 폭정은 결코 오래 가지 못하는 법이다(TTP5.438). 그러나 한편으로 스피노자는 가급적 현 정부 형태를 보존하는 것이 더 유익하며(TTP18.557) 심지어 폭군의 제거가 또 다른 위험을 야기할 수도 있다고 지적한다(TTP18.556). 이 때문에 저항권에 관한 한 스피노자를 보수주의자로 보는 시각도 있다. 하지만 저항권 자체는 권리이 전에 역량의 표현이며 이는 불가피하게 행사되는 것이다. 스피노자는 마키아벨리를 언급하면서 사람들이 군주를 폭군으로 만드는 원인 자체를 제거할 수 없을 때 한 명의 폭군을 제거하는 것이 얼마나 부질없는지를 첨언한다.

이제 홉스와 스피노자의 사회계약론이 형식의 유사성에도 불구하고 얼마나 멀리 떨어져 있는지가 밝혀졌다. 요컨대 네 가지 차이를 관계 쌍으로 표현하자면, ① 자연 상태: 극복 / 유지 ② 양도의 내용: 주권 / 역량 ③ 계약의 동기: 규범성 / 유용성 ④ 주권의 정도: 절대성 / 상대성이 될 것이다.

2) 역량 우위론의 가능성과 딜레마

사회계약론의 이러한 네 가지 특징들은 시민사회의 형성 조건이 무엇인지, 계약에 의해 형성된 시민사회가 어떤 기능을 하는지, 그리고 궁극적으로 시민사회가 꾀하려는 목적이 무엇인지를 잘 보여준다. 각각의 특징을 따라서 스피노자가 그리는 시민사회의 특징과 의의를 구체적으로 살펴보자.

자연 상태의 극복을 위해 사회계약을 맺는다는 형식적 구도에도 불구하고 스피노자가 제시하는 사회계약은 그 자체 목적이 아니라 하나의 수단에 불과하다. 사회계약을 통한 사회 상태의 형성은 여전히 개인들의 양도 불가능한 자연권을 박탈할 수 없으며 사실상 언제든지 개인들 간, 혹은 개인들과 주권자 간의 역량의 정도와 변용에 따라 새로운 자연 상태로 돌입할 수 있기 때문이다. 그러나 그렇다고 해서 사회계약 자체가 무익한 것은 아니다. 그것은 기본적으로 스피노자가 바라보는 자연 상태가 만인의 만인에 대한 투쟁이 지배하는 홉스식의 자연 상태와 다르다는 점에서 연유한다.[14] 스피노자의 해석에 따르면 자연 상태에서의 개인들은 각자의 권리를 실현하고자 하는 욕망과 더불어 불가피하게 그 욕망의 실현을 안전하게 보장받기 위해 요구되는 더 큰 욕망을 동시에 보유한다. 다음의 인용은 이러한 자연권의 특징을 잘 보여준다.

현명한 사람들이 이성이 명하는 모든 것을 행하기 위한, 즉 이성의 법칙에 따라 살아가기 위한 주권을 갖는 것과 마찬가지로, 무지하고 심약한 사람들도 욕구에 의해 그에게 촉구되는 모든 것을 행할, 즉 욕구의 법칙에 따라 살아갈 주권을 갖는다. (…) 또한 상호 원조 없는 인간의 삶이 가장 불행하고 이성의 형성을 결여하고 있음에 틀림없다는 점을 깨닫게 된다면, 안전과 좋은 삶을 획득하기 위해 인간들은 필연적으로 한 몸으로 합쳐야 한다는 점도 분명해진다. (TTP16.527~528)

• • •

14. 홉스의 자연 상태를 특징짓는 것은 벗어날 수밖에 다른 도리가 없는 그것의 가혹함이다. 예컨대 다음과 같은 표현을 보라. "전쟁 상태에서 벌어지는 모든 일은 만인에 대해 적인 상태, 즉 자기 자신의 힘과 노력 이외에는 어떠한 안전 대책도 존재하지 않는 상태에서도 똑같이 발생할 수 있다. (…) 끊임없는 공포와 생사의 갈림길에서 인간의 삶은 고독하고, 가난하고, 험악하고, 잔인하고, 그리고 짧다." 토머스 홉스 『리바이어던』, 진석용 옮김, 나남출판, 2008, 172쪽.

이것이 통상적인 사회계약론과 궤를 달리하는 이유는 협약 이전의 '욕구의 법칙'과 협약을 바라는 희구가 동일한 욕망, 즉 인간 본성의 감정에서 나온다는 점이다.[15] 앞서 언급했듯이, 자연 상태에서 인간의 삶을 지배하는 감정들은 이성이 아니라 또 다른 감정, 즉 더 큰 감정의 힘에 의해서만 제약될 수 있다. 각자는 자신의 욕구를 무한히 증식시킬 수 있지만, 그러한 욕구들의 충돌이 오히려 자신을 해할 수도 있다고 느낄 때 이러한 증식 욕구를 자제할 수도 있는 것이다. 이것이 바로 더 큰 상실에 대한 '공포'의 감정이다. 그러나 한 사회는 두려움에 대한 공포의 감정만으로 유지될 수 없다. 각자가 자신의 욕구를 자제함으로써 더 큰 이익을 얻을 수 있다는 감정이 만연할 때 그 사회는 더 잘 유지될 수 있는 것이다. 더 큰 기대에 대한 '희망'이 바로 그것이다. 그리고 상실에 대한 공포와 기대에 따른 희망은 계약의 완료 후에 주권자의 처벌에 대한 공포, 즉 '형벌'의 부과와 보상에 대한 희망, 즉 '복지'의 혜택으로 진화한다.

모든 이들이 최대의 신실함을 가지고 약속을 하고 그것을 지키겠다고 맹세한다 할지라도, 어느 누구도 그 약속이 어떤 다른 것에 의해 지지되지 않는 한 다른 이들의 신의에 의존할

• • •

15. 진태원은 스피노자의 유용성 원리와 달리 홉스의 사회계약론이 갖는 규범적 성격, 즉 주권자에 절대적 권한을 부여함으로써 계약의 규범성을 정당화하려는 입장을 들어 양자를 구별하고 있다. 진태원, 「『신학정치론』에서 홉스 사회계약론의 수용과 변용: 스피노자 정치학에서 사회계약론의 해체. 1」, 『철학사상』 19, 서울대학교 철학사상연구소, 2004, 149~150쪽 참조.

수 없다. 왜냐하면 모든 이들은 기만적으로 행동할 자연권을 가지며, 더 큰 선에 대한 희망이나 더 큰 악에 대한 공포를 통해서가 아닌 한 자신의 약속을 지킬 의무를 갖지 않기 때문이다. (TTP16.529)

한편 자신의 역량에 따라 주권을 보유하게 된 주권자 역시 바람직한 주권 행사를 위한 덕목들을 요구받는다. 그는 공포를 통한 강제력의 행사에만 전적으로 의존해서는 안 되며 가급적 사람들이 그 명령을 따르도록 설득할 수 있는 모든 가능한 수단을 갖추어야 한다(TTP17.536). 하지만 이러한 동의의 능력 역시 주권자가 갖추어야 할 도덕적이고 규범적인 덕목이 아님을 유의하자. 그것은 피치자들과 마찬가지로 치자인 주권자가 갖는 공포의 감정에 기초한 것이다. 아무리 피치자들이 자신들의 권리와 역량을 양도한다 할지라도, 그들은 통치자가 그들을 더 이상 두려워하지 않을 정도까지 그것을 포기하는 것은 아니기 때문이다 (TTP17.536). 여기에 추가적으로 주권자가 피치자의 자발적 동의를 이끌어 낼 수 있게 해주고 피치자 역시 치자와의 불필요한 대결국면으로 갈등을 증폭시키기보다는 그것을 자제할 필요가 요구되는데, '겸손humility'과 '후회repentance'의 감정이 그 역할을 수행할 수 있다. 요컨대 사회 상태를 토대로 하는 시민사회에서 제한적이나마 유용한 덕목으로 요구되는 것은 희망과 공포, 겸손과 후회와 같은 감정들의 역학 구도다.[16]

그러나 희망, 공포, 겸손, 후회 등 이 모든 감정들은 수동적이기 때문에 언제든지 예속적 감정의 속박에 사로잡히기 쉽다. 예컨대 희망과 공포는 공히 결과가 의심되는 미래나 과거 사물의 심상에서 형성되기 때문에 그 의심이 제거될 경우 전자는 '안도'로, 후자는 '절망'으로 화하기 마련이다. 이와 마찬가지로 겸손은 안도와 결합하여 '거만'으로, 후회는 절망과 결합하여 '자기 비하'로 빠질 가능성을 배제할 수 없다. 그리고 이것이 현실화되었을 때 그 결과는 주권자를 폭군적 위치로, 대중들을 절망을 넘어 분노의 상태로 치닫게 만들 수 있다. 요컨대 동일한 정념의 원리에 따라 대중들의 극단적 감정은 권력의 회수를 부르는 저항의 형태로 언제든지 변모할 수 있는 것이다.

어떤 개인도 법률들을 시행할 권리를 갖지 않기 때문에, 사실상 그 법들은 국가 통치자에 의무를 지우지 않는다. 하지만 그 법들이 그렇다고 한다면, 그것들은 동시에 국가를 약화시키지 않고서는, 즉 시민 다수가 느끼는 공통의 두려움을 분노로 바꾸지 않고서는 파괴될 수 없다. 그렇게 되면 그들의 위반에

• • •
16. 스피노자는 이 같은 사회조직의 메커니즘을 정념의 원리에 기초하여 『에티카』에서 다음과 같이 밝히고 있다. "인간이 이성의 지령에 따라 거의 살아가지 않기 때문에, 이 두 감정들, 즉 겸손과 후회 그리고 또한 희망과 공포는 해롭기보다는 더 많은 이점을 가져다준다. (…) 왜냐하면 허약한 영혼의 인간이 모두 똑같이 거만하게 되고 어떤 것도 부끄러워하지도 두려워하지도 않게 된다면, 도대체 어떤 유대가 그들을 함께 모으고 결속하게 할 수 있단 말인가? 군중은 두려움을 느끼지 않으면 두려운 존재가 된다. 따라서 소수가 아닌 전체 공동체의 선에 관심을 가져온 예언자들이 그토록 열렬히 겸손과 후회 그리고 존중을 설파했던 것도 이상한 일이 아니다." (E4P54S)

의해 국가는 해체되고 계약은 종말을 고한다. 따라서 계약은 그 집행을 시민적 권리가 아니라 전쟁의 권리에 의존하게 된다. 그래서 통치자는 (…) 그 계약 조건을 준수할 의무가 있다. (TP4.6)

그러나 이러한 시민사회의 역동적 양상을 단지 부정적으로만 볼 필요는 없어 보인다. 스피노자가 불가피하게 사회계약을 수용하면서도 그것을 혁신하고자 한 이유는, 자연 상태에서의 정념적 갈등이 예측 불가능한 전쟁 상태로 악화되는 것을 방지하기 위한 고심에 더해 결코 양도될 수 없는 구성원 각자의 역량의 확보를 동시에 고려했기 때문이다. 따라서 갈등은 그것을 제거함으로써 해결되는 것이라기보다는 갈등의 수용과 관리의 지속적인 과정에서 축적되는 집단적 역량의 강화를 통해 긍정적으로 해소될 필요가 있다.[17] 따라서 이제 문제가 되는 것은 가급적 불필요한 갈등은 최소화하고 불가피한 갈등을 전체 사회의 건강한 유지를 확보하기 위한 긍정적 역량으로 전환시킬 수 있는 좀 더 체계적이고 안정적인 정치적 토대가 요구되어야 한다는 것이다.[18]

• • •

17. 마트롱은 이를 "동요하는 상호 의존"에서 "견고해진 상호 의존"으로의 이행으로 명명한다. 알렉상드르 마트롱, 『스피노자 철학에서 개인과 공동체』, 김문수·김은주 옮김, 그린비, 2008, 466쪽. 이에 근거해서 발리바르는 주권을 '비형식적'으로 파악할 것을 주문한다. "실제 작동 방식에 따라 비형식적으로 파악하면 주권은 지속적인 집단적 생산, 곧 개별 역량들의 공적인 역량으로의 '전이' 과정이자 이데올로기적 동요의 안정화 과정이라는 것이 드러나며 (…)" 에티엔 발리바르, 『스피노자와 정치』, 진태원 옮김, 그린비, 2014, 55쪽.
18. 시민사회의 불안정성(혹은 강제적 안정성)을 극복하기 위해 요구되는 안정된

4. 스피노자 정치이론에서 시민사회와 국가의 관계

사회계약에 의한 시민사회 형성은 철저하게 인간의 본성에 기초해서 도출된다. 그리고 그 본성의 근저에는 사회 구성원들이 처한 '공통의 상태'가 놓여 있다. 이러한 공통적 처지와 그에 따른 감정은 각인이 각자의 욕구만을 추구하려는 파편화된 상황에서는 절대 불가능하다. 그들이 "행복하게 되고 잘 행하며 잘 지내기"를 원한다면 동시에 "존재하고 행동하며 살아가는 것, 즉 현실적으로 존재하는 것을 욕구"해야만 한다(E4P21). 그러한 욕구들은 일종의 '공통개념'으로 조직될 수 있다. 하지만 그것이 여전히 "감정을 억제할 능력이 없는 이성"에 의해서가 아니라 "형벌"과 "보상"이라는 정념적 수단에 의해 가능하다는 점에서, 법률은 최소한의 일치를 보장할 뿐인 제한된 수준의 공통개념만을 형성할 뿐이다(E4P37S2). 공포와 희망에 근거한 법률은 수동적 감정의 지배를 받는다. 그렇다면 능동적 감정에 기초한 좀 더 확장적인

• • •

공동체로의 진입이 '단절'적인 성격을 지니는 것은 아니다. 오히려 양자는 연결되어 있으며 이것은 스피노자 이론이 갖는 '역설'적 성격에 기인한다고 볼 수 있다. "스피노자에게서 문제는 하나의 역설, 즉 해방은 강제의 산물로 보인다는 역설의 형태를 띤다. 모든 개인은 부자유로 시작하며, 그 / 그녀의 외적 규정에서 내적 규정으로의 이행(스피노자의 자유에 대한 정의)은 그 자체 그것에 선행하는 외적 원인들의 연쇄에 의해 규정되어야 한다." Yovel, Yirmiyahu. *Spinoza and Other Heretics*. Princeton University Press(1992), pp. 99~100.

공통개념의 형성은 어떻게 가능할까?

다시 말하지만 이성은 절대 감정을 절대적으로 억제하거나 제거할 수 없다. 그렇다면 이성이 신체의 변용과 그 관념인 감정과 관련하여 할 수 있는 역할은 무엇인가? 우리는 그 단서를 얻기 위해 『에티카』로 다시 돌아갈 필요가 있다. "지성의 능력 또는 인간의 자유에 대하여" 논하고 있는 5부에서 스피노자는 주로 이성의 역할을 논하고 있다. 여기서 이성의 역할에 대한 중요한 단서가 나오는데, 그 구절은 다음과 같다. "우리는 우리의 본성과 반대되는 감정에 의해 괴롭힘을 당하지 않는 한, 지성의 질서에 따라서 신체의 변용들을 정리하고arrange 연결하는associate 능력을 가진다."(E5P10) 결국 이성에 의해 정리되고 결합되는 신체의 변용은 자기에게 유리하고 적합한 외부와의 관계를 더 많이 갖게 되고, 그를 통해 더 일반적인 공통관념들을 형성함으로써 바람직한 연합체association를 형성할 수 있게 되는 것이다.[19] 개체적 수준에서 이러한 연합의 매개는 다음과 같은 공통적 삶의 형식들이다.

그러므로 우리가 감정들에 대한 완벽한 지식을 갖지 못하는 동안 채택할 수 있는 최선의 방책은 올바른 **생활방식**이나 확고한 **생활규칙**을 인식하고 그것들을 기억해두어서 삶에서 종종

• • •

19. 발리바르는 『신학정치론』이 "상상의 삶에 보이고 있는 관심"을 드러내는 반면 『정치론』은 "개인의 이익과 동시에 공적인 유용성을 표현하는 공통통념들에 대한 인정, 곧 사회적 신체의 보존 그 자체"와 관계한다고 지적한다. 발리바르, 앞의 책, 180쪽.

마주치는 특수한 상황에 지속적으로 적용시키는 것이다. 그에 따라 우리의 일상적 사고에 그것들이 철저하게 스며들어서 언제든지 우리가 손쉽게 활용할 수 있게 된다. (E5P10S — 강조는 인용자)

그렇다면 개체가 아닌 공동체적 수준에서 이성의 지도에 따른 정념들의 재배치와 능동적인 감정들의 조직 역시, '공통적인 삶의 형식들'을 체계적으로 부여함으로써만 견고하게 유지될 수 있다고 볼 수 있다. 스피노자는 『정치론』에서 개개인의 무한한 자유가 허용되는 자연 상태와는 확연히 구분되지만 여전히 그들이 자신들의 이익을 추구한다는 점에서는 동일한 자연권의 효력이 보장되는 국가상태를 다음과 같이 정의한다.

자연 상태에서든 국가 상태에서든 인간은 똑같이 자신의 본성의 법칙에 따라 행동하고 자신의 이익에 관심을 갖는다. 다시 말하지만, 두 상태 모두에서 인간은 공포나 희망에 의해 이것 또는 저것을 행하거나 삼가게 된다. 두 상태의 주된 차이는 이것이다. 즉 국가상태에서 모든 사람은 똑같은 것들을 두려워하고 그들 모두는 똑같은 안전의 토대, 즉 똑같은 생활양식을 갖는다는 것이다. (TP3.3 — 강조는 인용자)

그리고 스피노자는 국가 상태에서 동일한 생활양식을 규정하는 매개적 형식을 이성의 명령에 따라 정해진 '법률' 혹은 각자에게 속한 것을 각자의 것으로 인정받게 해주는 '공동의 법'으로 부른다. 왜냐하면 "법률들은 국가의 영혼이기 때문이다. 법률들이 지속되는 한 국가는 필연적으로 존속한다. 법률은 이성과 인간들에게 공통적인 정서들의 보호 아래 있는 한 침해되지 않고 유지될 수 있다."(TP10.9)

1) 법적 제도화를 통한 이성적 결속

국가 상태를 본격적으로 논의하고 있는 『정치론』에서 특기할 점은 스피노자가 재차 자연권이나 주권 등의 개념을 정의하면서도 그 성격을 『신학정치론』에서의 규정과 다르게 내리고 있다는 점이다. 예컨대 『신학정치론』에서 그가 내린 규정들을 살펴보면, 우선 자연권의 정당성은 "각각의 사물이 자기를 제외한 다른 무엇도 고려하지 않으면서 자신의 현존재를 고집하려고 노력해야 한다는 점"에서 나온다(TTP16.527). 따라서 그것은 "자기 욕구의 법칙"에 부합한다고 볼 수 있다. 또한 주권과 관련해서는 그것이 "만인에 대한 최고의 권리"로서 "최상의 권력을 보유한 사람에게 속한다"고 주장하면서, 그것을 역량의 우위에 있는 개인이나 한 집단에게 부여한다(TTP16.530). 그런데 『정치론』에서는 각각의 의미와 강조점이 달라진다. 즉, "인간 존재에 특수한" 자연권은 "사람들이 공통의 권리를 지니고 자신들이 거주하고 경작하는 영토를 모두가 성공적으로 방어하고 스스로를 보호하며 모든 폭력을 물리치고 전체 공동체의 판단에 따라 살아가는 곳에서만 인식될 수 있다.'(TP2.15) 같은 배경에서 주권 역시 "대중의 힘에 의해 규정된 공동의 권리"로 정의되며, 그 힘은 "법률을 제정하고 해석하고 폐지하고, 도시를 수호하고, 평화와 전쟁에 관해 결정을 내리는 등 국무를 책임지는 자가 절대적으로 보유"하는 것으로 제시된다(TP2.17). 이때 그 "사람"은 개인일 수도 있고(군주정), 소수의 선택된 자들일 수도 있고(귀족정) 아니면 전체 민중이 속한 회의체일 수도 있다(민주정).

그렇다면 자연권과 주권 등 사회 공동체의 핵심 원리들을 둘러싸고 스피노자가 보인 이 미묘한 입장의 변화는 어떻게 해석되어야 할까? 그것은 각각이 터 잡은 지배적 법칙의 차이에서 기인한다고 볼 수 있다. 『신학정치론』에서 자연권과 주권의 배경을 이루는 것은 앞서 말했듯이 '욕구의 법칙'인 반면, 『정치론』에서 스피노자는 그것들을 규정하는 원리가 '연합의 원리'임을 분명히 한다. 물론 시민사회의 '욕구의 법칙' 역시 일정 정도 연합의 조건들을 형성하는 것은 사실이다. 하지만 그것은 가능성의 영역에 머물 뿐이며 언제든지 연합의 해체와 자연 상태로의 복귀를 내포하고 있기에 체제의 불안정성이라는 실존을 여전히 내포하고 있음을 부인할 수 없다.[20] 『정치론』에서 스피노자는 보다 굳건한 결속의

• • •

20. 메나헴 브링커(Menachem Brinker)는 여전히 정념의 충돌이 일어나는 인간사회의 대중들(multitude) 간 관계(이것은 '시민사회'를 의미한다)에서 이루어지는 연합의 가능성을 "연대와 협력의 이차 구조" 혹은 "잠정적 협력"으로 명명한다. 하지만 "국가 공동체(commonwealth)"는 "제도화된 협력의 필연성에 근거"한다는 점에서 전자와 다르다고 주장한다. Brinker, M. "Spinoza on Human Desire and the Impossibility of Utopia." *Spinoza on Reason and*

토대를 이론적으로 다음과 같이 근거 짓는다.

만약 두 사람이 함께 모여 힘을 합친다면, 그들은 자연에
대해 각자가 혼자 있을 때보다 더 많은 힘을 갖고 그에 따라
더 많은 권리를 갖게 될 것이다. 그리고 이런 방식으로 연합을
형성하는 숫자가 더 많으면 많을수록, 그들이 함께 소유하는
권리는 그만큼 더 커지게 될 것이다. (TP2.13)

한 개체가 때로는 욕구의 법칙에 따라, 때로는 연합의 원칙에
따라 타자와 관계 맺는 방식은 그가 시민사회의 일원에 속하는가,
아니면 국가 공동체의 일원에 속하는가에 따라 결정된다. 같은
공동체의 범위라고 하더라도 전자의 경우는 개인과 개인의 관계
속에서 작용하는 반면, 후자의 경우는 개인과 집단 혹은 전체의
관계 속에서 작용한다. 결국 개인은 시민사회의 일원인 동시에
국가의 구성원이기도 한 것이다. 『정치론』은 후자의 관점에 방점
을 두고 국가 공동체의 이성적 원리와 그 가능성을 해명하기
위해 서술된 것으로 보인다. 그 내용을 개략적으로 살펴보자.[21]

• • •

the "Free Man." New York: Little Room Press(2004), pp. 175~176.

21. 따라서 『정치론』에서 공동체의 구성 원리는 더 이상 시민사회를 규정하는
사회계약일 수 없다. 그것이 아무리 혁신된 것이라고 할지라도 말이다. 마트롱
은 사회계약론의 핵심 요소인 '권력의 양도'가 갖는 난점과 한계에 대해
스피노자가 『신학정치론』에서 제대로 논하지 못한다고 보고, 주권의 권리를
대중에게 부여함으로써 대중의 연합에 근거한 공동체의 원리를 다루는 『정치
론』에 주목하고 있다. "정치적 사회는 계약에 의해 창출되지 않는다. 오히려
그것은 영원히 갱신되어야 할 합의에 의해 매 순간 발생되고 재발생된다."

자연에 일치하는 이성적 격률은 개인들의 독립적 삶의 불가능하다는 것과 그들이 언제나 평화를 지향해야 함을 명한다(TP3.6). 따라서 이성의 격률에 근거한 국가 공동체는 가급적 많은 시민들의 공동의 권리를 획득하기 위한 공동의 합의에 기초해야 한다. 공동의 권리는 주권/통치권이며 공동의 합의는 보편적 법률의 제정으로 이어진다(TP2.17). 그리고 이성을 사용하는 한 정신은 최고 권력이 아니라 정신 자체에 의존한다고 보아야 한다. 신에 대한 참다운 인식과 사랑은 어떤 지배에도 종속되지 않기 때문이다(TP3.10). 그런 점에서 사실상 최고 권력은 "하나의 정신에 의한 것처럼 지도되는 대중 전체의 힘에 의해 규정되는 자연권"에 다름 아닌 것이다(TP3.2). 결국 최선의 국가는 인간들이 조화를 이루며 자신들의 삶을 능동적으로 영위하는 국가라고 볼 수 있다.

국가가 이런 목적에서 형성된다고 말할 때 내가 의도한 것은 그것이 자유로운 대중에 의해 세워진다는 것이지 전쟁의 권리에 의해 획득된 대중에 대한 지배로 그러하다는 것이 아니다. 왜냐하면 자유로운 사람들은 공포보다는 희망에 더 이끌리는 반면, 예속된 사람들은 희망보다는 공포에 더 이끌리기 때문이다. (TP5.6)

• • •

Matheron, A. "The Theoretical Function of Democracy in Spinoza and Hobbes." Spinoza Critical *Assessments Volume III: The Political Writings*. Routledge(2001), p. 120.

그런데 대중들이 희망에 이끌려야 한다는 것은 다시금 시민사회의 운영 원리의 한 축을 담당하는 수동적 감정으로서의 희망으로 복귀하는 것은 아닌가? 스피노자는 이성의 지도에 따른 국가에서 대중이 갖는 희망은 감정의 심화(과도한 기쁨)에 휘둘리기보다 능동적 감정으로의 승화를 예비하게 해준다는 점에서 긍정한다. 전자는 죽음의 공포에서 벗어나길 바라는 데 반해 후자는 "삶에 종사하려고 노력"하며, 전자가 자신의 삶을 정복자에게 강요당하는 데 반해 후자는 "자신의 힘으로 삶을 살아가려고 노력"하기 때문이다(TP5.6).

그러나 진정 우리는 이성에 이끌린 바람직한 공동체의 삶을 영위할 수 있을까? 혹은 일시적으로 그런 삶을 획득한다 할지라도 그것을 지속적으로 유지시켜 나갈 수 있을까? 신에 의한 인식 자체를 기초로 하는 3종지의 경우에도 수동적 감정을 절대적으로는 제거하지 못하는데, 하물며 2종지에 근거한 이성의 역할이랴. 그것은 가급적 개체의 정신에서 타당한 관념들이 더 많이 부분을 차지하게끔 할 수 있을 뿐이다. 정치체의 경우도 마찬가지다. 이성적 질서에 따른 국가의 형성과 유지는 구성원들의 능동적 역량과 절대적 자유를 전제한다기보다는 가급적 그런 측면들이 다수를 차지하도록 조직하도록 애쓰는 데 달려 있다. "그러므로 우리가 이성의 지도하에 살아가려고 노력하면 할수록, 우리는 희망에 의존하지 않도록, 공포로부터 벗어나도록, 가능한 한 운명을 지배하도록 그리고 우리의 행위를 이성의 확실한 조언에 의해 지도하도록 더욱더 노력하게 된다."(E4P47S) 그에 따라 스피노자는 미완으로 남은 최후의 저서 『정치론』에서 바람직한 정치체제를 논하면서 군주정, 귀족정, 민주정 등 각각의 정체들을 논하고 제도적 완비의 측면에서 구성원 다수의 의사를 가장 잘 수렴할 수 있는 통치 구조를 모색한다.

여기서 관건이 되는 것은 우선 국가 주권과 다수의 힘들 간의 적절한 균형이다. 발리바르는 궁극적으로 최고 권력이 대중으로 복귀함으로써 국가 해체의 길을 가속화하는 것을 방지하기 위해 대중의 역량인 '물티투도multitudo'와 통치자들의 역량인 '임페리움 imperium'의 '정치적 균형'이 이루어져야 한다고 말한다(177, 183). 그것을 가능하게 하는 길은 가급적 다수의 시민들 혹은 그들의 대표가 참여하는 '회의체conseil'의 형성이다. 그에 따르면, "스피노자는 권력들의 균형 모델, 심의와 합리적 결정 가능성을 극대화하는 통치 회의체의 위계 체계를 구성한다."(182) 하지만 다수의 참여 자체가 균형을 자동적으로 보장해주는 것은 아니다.[22] 다수의 참여를 승인하는 제도적 토대는 다시 한번 세분화, 체계화됨으로

• • •

22. 그러나 정체를 구분하는 핵심은 단순히 참여자의 숫자에 있지 않다. 주세파 바티스티(Guiseppa S. Battisti)는 스피노자가 전통적인 정체의 구분을 따르고 있지만 그 근거를 "최고 회의의 수적 비율"에 두고 있지 않음을 지적한다. 그에 따르면, 정체를 불문하고 최고 권력을 행사하는 자들(수적 구별은 여기에서만 적용된다)과 정치적 중간 계층(정치적 삶에 참여할 가능성을 보유한 자들)이 구분되고, 후자의 전자로의 이행 여부에 따라 정체가 구분된다. 특히 민주정에서 그 이행은 "초인격적이고 일반적인 수준에서 이행의 조건들을 세부화한 헌법에 의해 규정된다." Battisti, S. "Democracy in Spinoza's Unfinished Tractatus Politicus." *Spinoza Critical Assessments Volume III: The Political Writings.* Routledge(2001), pp. 193~194.

써 상호 견제의 기능을 제대로 수행할 때 안정적으로 유지될 수 있는 것이다. 마트롱은 스피노자의 『정치론』을 꼼꼼하게 분석하면서 위계적 제도들의 촘촘한 상호 견제를 도식적으로 제시하고 있다. 그가 그리는 국가 일반의 구조는 '명령'과 '복종' 그리고 양자를 매개하는 '소통'의 삼분 체계로 이루어져 있다. 명령을 담당하는 '통치 제도'는 다시금 자문 / 집행 / 통제 기구로 세분화되며(이는 각각 상향 / 하향 / 쌍방향의 전달 역할을 한다), 복종을 가능케 하는 '하부 제도'는 군대 / 교회 / 소유권으로 나뉜다(이는 복종의 수단으로서 이데올로기적 성격을 잘 보여준다). 마지막으로 사법제도와 지도자 선별 방식으로 구성된 '중간 제도'는 양자를 매개한다. 이렇듯 촘촘한 구조의 형성은 "제도적 체계에 내적 모순"을 방지함으로써 "국가가 항구적으로 자기를 보존"하는 조건이 된다(470~487, 501).

대중의 공통적 삶을 묶어내는 것은 이처럼 제도적이고 법률적인 뒷받침을 필요로 한다. 다수의 의견을 모아내는 제도들과 그것의 안정을 위해 취해지는 법률들이 삶의 공통적 방식에 근거한 대중의 요구와 부합할 때, 통치와 복종의 축으로 형성되는 국가 공동체 내에서 통치자 / 주권자에게 부여되는 권력은 피치자들이 보유한 역량과 결코 대립하지 않는다.[23]

• • •

23. 스피노자의 용어에서 통상 '포테스타스(potestas)'는 통치자 / 주권자의 권력 / 주권으로 해석되고, '포텐시(potentia)'는 대중 / 다중의 역량 / 역능으로 해석된다. 박기순은 주체의 능동적 구성에 기초하여 두 개념을 대립 쌍으로 인식하는 해석에 반대하여(네그리가 대표적이다), 양자가 이중적인 관계 속에서 서로 보완적인 역할을 수행한다고 말한다. 박기순. 「스피노자에서 potentia와

2) 정치체의 목적, 자유인가? 안정인가?

지금까지 우리는 스피노자의 정치이론을 인간 본성이 가지는 복합적 구조의 형이상학적 토대에 기초해 해명했다. 그럴 때 개체적 수준에서 타당한 인식의 개선과 긍정적 감정의 고양이 공동체적 수준에서 이행의 계기들을 거치면서 각각 시민사회와 (이성적) 국가의 형성을 도출해내는 동력이었음을 볼 수 있었다. 스피노자에 따르면, 시민사회는 자연 상태를 지배하는 수동적 감정들의 예속 하에서 구성원들이 최소한의 공통개념에 근거해 욕망과 감정들을 길들이고 조직하는 내적 규율을 계약의 형태로 외화시키는 데 주안점이 놓여 있다. 대중들 사이에서의 역량, 대중들과 주권자 사이에서의 역량은 상대적인 균형 상태를 확보할 뿐 언제든지 역동적으로 변화할 수 있는 여지를 남겨두고 있다. 반면에 국가 공동체는 통치와 지도라는 정치적 틀 안에서 피치자 다수의 공통된 의지들을 주권적 주체로 포섭하는 법적 제도적 장치들을 도입함으로써 공동체의 질서와 안정을 유지하는 것에 주안점을 둔다. 따라서 스피노자가 정치적 용어들의 혼란스러운 사용과는 별도로『신학정치론』과『정치론』에서 이른바 '국가'의 의의와 목표를 정의할 때 그 주안점이 미묘하게 달라지는 것도 결코 이상한 일이 아니다.

• • •

potestas 개념」,『사회와 철학』25호, 사회와 철학연구회, 2013, 352~358쪽 참조.

반복하건대, 국가의 목적은 인간을 이성적 존재로부터 짐승이나 꼭두각시로 탈바꿈시키는 게 아니라, 그들이 자신들의 정신적이고 육체적인 소질을 안전하게 개발하고 제약 없이 이성을 사용하며 적대나 분노 혹은 기만이 촉발하는 분쟁과 잔인한 상호비방을 삼가게 만드는 것이다. 따라서 실제로 국가의 목적은 자유다. (TTP20.567p — 강조는 인용자)

따라서 국가의 안녕이 특정인의 선의에 의존하거나 담당자가 기꺼이 선의를 가지고 행하려는 경우를 제외하고는 그 업무가 적절하게 집행될 수 없다면, 그 국가는 모든 안전성을 결여할 것이다. (⋯) 게다가 국가의 안정에 대하여, 실제 그 업무가 적절하게 집행되기만 한다면 어떤 동기로 사람들이 각자의 업무를 적절히 실행하는가는 중요하지 않다. 영혼의 자유와 정신의 강도는 사적 시민의 미덕이지만, 국가의 덕목은 그것의 안정에 있다. (TP1.6 — 강조는 인용자)

국가라는 같은 명칭을 부여하고 있지만 첫 번째 인용문의 시민 사회적 측면과 두 번째 인용문의 국가적 측면이 각각 상이한 목적을 제시하고 있다는 점은 가볍게 취급하고 넘길 문제가 아니다. 그것은 사회체와 정치체 간의 관계가 단지 한쪽에서 다른 쪽으로 발전적으로 이행하거나 진화하는 것이 아니라는 점을 암시한다. 바람직한 결사체는 구성원들의 '자유' 못지않게 공동체 전체의 '안정'을 확보할 수 있어야 한다. 전자의 측면만 강조할 경우 체제는 항시 역량의 불균형에 따른 불안감을 떨칠 수 없게 되며, 이는 역으로 개인들의 역량을 감소시키는 원인으로 작용할 수 있다. 한편, 후자의 측면만 강조할 경우에도 마찬가지의 부작용이 따를 수 있다. 집단적 일체감 속에서 체제의 유지와 안정된 질서는 자칫 개인들의 자발성과 창조적 역량을 제약할 수 있으며 무기력한 피치자들의 상태는 군주적이거나 귀족적인 정체로의 복고를 유혹하는 결정적 계기로 작동하기 때문이다. 요컨대, 안정 없는 자유는 맹목적이며, 자유 없는 안정은 공허한 것이다!

물론 각각의 측면을 어떻게 조화롭게 연관시킬 것인가는 또 다른 문제일 것이다. 스피노자가 그의 정치 저작들에서 끊임없이 대중이 갖고 있는 양가적 측면을 지적하고 부각시키는 것도 이와 무관치 않다. 특히 민주주의 문제에서 '대중의 / 대중에 의한 공포'라는 정념의 극복 (불)가능성에 대한 고심은 발리바르가 깊게 천착하는 주제이기도 하다. 발리바르는 "스피노자 철학의 난점"이 그가 "상상과 '무지한' 인간의 취약함"을 "항상 이미 사회적 집합화 collectivisation의 과정"으로 사고했음에도, 인간이 갖는 "실존 조건들에 대한 제어[력]"을 마찬가지의 "집합적인 실천"으로 사고하지 못했다는 점에 있다고 지적한다(195).[24] 하지만 이러한 대중의 아포리아는 스피노자의 정치이론을 단선적이고 선형적인 방식으

• • •

24. 물론 발리바르는 그럼에도 불구하고 스피노자의 대중에 대한 공포는 그의 이해 노력의 여하에 따라 "이러한 공포가 저항하고 투쟁하고, 정치를 변혁하는 데 사용될 수 있게 하기에 충분하다"라고 덧붙인다. 발리바르, 앞의 책, 208쪽.

로 해석하는 것을 넘어, 시민사회와 국가 형태가 조응하면서 상호 제약하고 상호 보족하는 형태로 역동적이고 다층적으로 해석하게 해줄 여지를 주고 있지 않은가? 그리고 시민사회와 국가의 조화가 만들어내는 바람직한 모습은, 유한양태인 인간 개체가 자신의 실존적 제약에서 벗어나 실체의 속성에서 필연적으로 나오는 무한양태의 수준에서 인식하고 참여하는 세계의 타당한 질서가 띠는 모습과 일치하지 않는가? 그것은 무한한 방식으로 변주하는 '부분들의 역동성'을 잃지 않으면서도 전체로서의 개체를 안정적으로 유지해 나가는 통일된 존재로서 '자연 전체'의 모습과 비견될 수 있을 것이다.[25]

5. 마치며

스피노자의 정치이론에 대한 분분한 해석들은 스피노자 본인의 혼재된 용어 사용과 일견 모순적으로 보이는 그의 정의에 일차적으로 기인한다고 볼 수 있다. 그의 저작들에서 국가와 (시민)사회 등 다양한 용어들은 명시적으로 구별되어 사용되지 않고 있으며, 공동체 속에서의 개체의 미덕은 때로는 복종으로 때로는 자유로

• • •

25. 이를 잘 보여주는 것이 『에티카』의 다음과 같은 구절이다. "(…) 따라서 우리가 무한하게 나아간다면, 우리는 자연 전체를 그 부분들이 전체로서의 개체에 어떠한 변화도 가져오지 않고 무한한 방식으로 변모하는 하나의 개체로 인식하게 될 것이다." (E2P13Lem7S)

설정되기도 한다. 그리고 공동체의 지향과 목적 역시 때로는 개인의 자유에, 때로는 체제의 안정에 위치 지어지기도 한다. 결국 이러한 혼란스러운 입장은 대립되는 것으로 보이는 두 해석 중 하나를 편취해서 스피노자를 한편에서는 전통주의자(보수주의자)로 한편에서는 자유주의자(혹은 진보주의자)로 단정하는 결과를 낳기도 했다. 그러나 이런 해석들은 스피노자 이론을 전체적이고 체계적으로 접근하려는 노력을 포기했을 때만 얻어질 수 있는 것들일 뿐이다.

스피노자의 시민사회는 개별양태들의 코나투스적 운동이 작용하는 대립과 갈등의 장 속에서 최소한의 공통점과 합의점을 찾아가며 각자의 역량을 강화시킬 가능성을 배양하는 모순적인 공간이다. 자칫 대립과 갈등의 골이 극단으로 치달을 수 있는 자연 상태의 혼돈 속으로 빨려 들어갈 위험을 감수하면서까지 그것이 획득하려는 것은 개체들의 자율성이라는 사민사회 고유의 가치라고 볼 수 있다. 반면 스피노자의 국가는 통치와 피통치의 정치적 관점에서 상대적으로 확장된 공통체의 자장 안에 위치한 개별 양태들의 안정된 삶을 보장하는 제도적 합의의 공간이다. 궁극적으로 실체적 수준에 본다면 이성의 지도하에 형성되는 '완전한 절대통치체제'는 구성원인 절대다수가 온전히 주권을 행사하는 조화로운 삶으로 귀결되어야 하겠지만, 국가라는 조직과 제도라는 현실적 매개를 필요로 한다는 점에서 스피노자가 기도하는 것은 가급적 그와 닮은 체제가 안착되는 것이다.[26]

결론적으로 공동체의 혁신적 통일로 귀결되는 이 두 가지 가치들 중 어느 것도 포기될 수 없음은 분명하다. 그리고 그 두 가치들이 때로는 상호 견제하고 때로는 상호 기여하면서 공존해 나가는 바람직한 사회 정치적 기획을 모색하는 데 있어 스피노자가 기여한 이론적 틀을 바탕으로 좀 더 풍부한 기획들이 모색될 필요가 있다.

• • •

26. 과거 박근혜 정부의 국정농단과 그로 인한 촛불집회 및 정치적 격변은 시민사회와 (정치) 국가의 관계에 대한 흥미로운 시사점을 제공한 사건이라고 볼 수 있다. 특히 수개월 간 거리를 메운 촛불의 집단적 세력화는 정념들의 역동적 운동이 사회적으로 어떻게 조직되고 영향력을 행사하는지를 상징적으로 잘 보여준다 하겠다(이른바 '태극기' 세력의 형성과 그들의 촛불 세력과의 갈등도 예외는 아니다). 그리고 촛불과 탄핵, 선거로 이어지는 일련의 정치적 흐름들의 (재)조직화는 일시적으로는 그렇게 보일 수도 있겠지만 어느 한쪽으로의 수렴이 아니라, 상호 견제와 균형 속에서 향후 또 다른 정치적 국면을 예비하게 해주는 역량들의 얽힘이라고 볼 수 있다.

오늘날 우리에게 사회주의는 무엇을 의미하는가?*

서영표

1. 아노미적 불로소득 추구 사회

우리는 프랑스의 사회학자 에밀 뒤르켐Emile Durkheim이 말한 아노미anomie 상태에 빠져 있다. 모두가 이기적으로 행동하면서 사회적 연대가 붕괴되는 상태 말이다. 아노미적 증상은 네 개로 요약될 수 있다. 노동의 가치 불인정, 불로소득 추구와 투기, 경쟁주의적 생존 투쟁, 포퓰리즘.

첫 번째 증상은 노동이 제대로 인정받고 있지 못한 현실이다.[1]

• • •

* 이 글은 2000년대 한국 좌파 일각에서 제기된 적·녹·보 연대 논쟁을 재점화하려는 시도다. 지금은 『뉴래디컬리뷰』로 이름을 바꾼 『진보평론』은 적·녹·보 연대를 논쟁의 주제로 삼는 데 상당한 역할을 했다. 편집자로서 여기에 적극적으로 참여했던 이성백 선생님의 역할이 컸다. 다만 이 장은 적·녹·보 문제를 바로 다루기보다는 주제를 우회하여 이론적 토대를 찾으려 한다.

이 글은 「존재론적 깊이의 인식과 인식론적 상대주의의 실천: 포스트–혼종성 시대 지식생산과 교육 패러다임의 전환」, 『탐라문화』 69권, 2022와 「소비주의적 주체의 경쟁 게임: 무한 경쟁의 신체적 한계와 자본주의 가치법칙」, 『경제와 사회』 134호, 2022에 근거하고 있다.

노동 없이 인간 사회는 존재할 수 없다. 먹고, 마시고, 잠자고, 입는 기본적 필요 충족부터 문명이라고 불리는 발전된 사회 속 문화적 필요까지 모든 것은 노동으로부터 나온다. 몸을 움직여 무언가를 변형하고 창조하는 행위는 인간을 인간답게 하고 사회를 유지하게 하는 힘이다.[2] 그런데 자본이 자본을 낳고, 화폐가 화폐를 낳는다는 허구가 사실로 믿어지는 사회에서, 그리고 그러한 허구가 첨단의 정보통신기술과 가상현실, 인공지능에 의해 포장되는 사회에서 노동은 경쟁의 패배자들이 떠안아야 할 '고역'이다.

두 번째는 불로소득 추구의 전면화다. 노동의 의미 불인정이라는 증상은 불로소득 추구라는 또 다른 증상의 동전의 다른 면이다. 불로소득은 자산계급이 누리는 특권이었다. 케인스가 '안락사' 시켜야 할 대상으로 지목한 금리생활자는 토지, 주택, 금융 상품에 투자할 충분한 자산을 가진 사람들이었다.[3] 그런데 신자유주의 사회의 금융화financialization는 이런 양상을 바꿔 놓았다. 신자유주의가 지배하는 사회는 고용이 불안한 사회이지만 동시에 확대된 소비주의 사회다. 불안한 고용은 부족한 소득을 의미하는데 이것은 소비주의 사회와 어울리지 않는다. 이러한 불균형을 메꾸어 주는 것이 확대된 부채 경제다. 부채 경제는 당연히 금융화에 의해 가능해진다.[4] 부채는 다양한 형태로 나타난다. 직접적인

• • •

1. Andrew Sayer, *Why We Can't Afford the Rich*, Policy Press, 2016, p. 167.
2. Kate Soper, *Post-Growth Living: For an Alternative Hedonism*, Verso. 2019, pp. 86~87.
3. E. K. 헌트, 마크 라우첸하이저, 『E. K. 헌트의 경제사상사』, 시대의창, 2015, 854쪽.

대출에서부터, 주택담보대출(모기지), 할부 구매, 그리고 신용카드 사용까지 삶은 빚의 사슬로 연결되어 있다. 청년들은 학자금 대출로 미래를 담보 잡힌다.[5] 그런데 이렇게 금융화된 사회는 빚내는 것을 쉽게 만들었다. 이미 노동의 가치가 폄하되고, 노동의 기회조차 불규칙한 조건에서 미래에 대한 준비는 투기적 성격을 띨 수밖에 없다.[6]

그래서 세 번째 아노미적 증상은 파편화된 원자로 존재하는 이기적 개인들 사이의 생존 투쟁으로 나타난다. 여기에 경쟁주의라는 이름을 붙일 수 있다. 그리고 경쟁은 능력주의라는 그럴듯한 이름을 걸치고 등장한다.[7] 문제는 노동의 가치가 상실된 사회에서 불로소득 추구 기회의 확장이 숨을 곳 없이 과도하게 네트워크화된 사회의 과시와 비교, 그리고 그것의 결과인 좌절과 질시와 결합될 때 나타나는 사회의 붕괴다. 공감의 능력은 갈수록 약해지고 공통의 문제를 진단하고 토의하고 합의를 도출하는 민주주의적 역량을 학습할 기회는 축소된다. 승자와 패자가 갈라지는 문턱(대개는 시험이다)을 넘어선 집단은 그렇지 못한 사람들에게 굴종을

• • •

4. Mary Mellor, *The Future of Money: From Financial Crisis to Public Resource*, Pluto Press, 2020, pp. 84~89.

5. MaurizioLazzarato, *The Making of the Indebted Man: An Essay on the Neoliberal Condition*, Semiotext(e), 2012, pp. 18~19, p. 112.

6. David Harvey, *Seventeen Contradictions and the End of Capitalism*, Oxford University Press, 2014, pp. 235~236.; 서영표, 「부동산 불평등과 양극화 사회 — 불로소득 추구 '기회'의 평등화」, 『마르크스주의 연구』 18(3), 2021, 18~21 쪽. 이러한 현재 자본주의의 조건에 대한 자세한 분석은 Sayer, 2016을 보라.

7. 마이클 샌델, 『공정하다는 착각』, 와이즈베리, 2020을 참고하라.

강요한다. 반대편의 무시를 감내하는 패배자들이 승자들을 존중하는 것도 아니다. 공정성에 집착하지만 패자들은 경쟁과 선발의 조건과 절차가 불공정하다는 것을 크게 체험한다. 이렇게 인정할 수 없는 패배의 멍에를 짊어진 사람들의 심성은 좌절과 불만으로 가득하다.[8] 그리고 그들이 배운 것은 무한 경쟁과 승자 독식의 원리다. 그런 세계에서 존재감은 누군가를 밟고 설 때만 갖게 되는 것이다. 오직 '나'뿐인 세계에서 고통과 좌절은 오직 나만의 것이고, 그래서 강렬하다. 타자의 고통을 공감할 여유도 여지도 없다. 만약 이러한 강렬한 고통 체험에 인종, 종교, 성별, 성 정체성이 덧씌워졌을 때 혐오의 감정이 싹튼다.[9]

네 번째 위기 증상은 포퓰리즘이다. 형식적으로나마 존재했던 대의와 대표자들의 정치적 사명감은 사라진 지 오래다. 불로소득 추구가 최고의 목적이 된 사회에서 정보에 접근할 수 있는 권력은 부를 축적하는 수단이 되어버렸다. 정치는 경제적 논리에 좌우되고, 선거는 내용과 사용법을 설명하는 원래의 의미를 상실한 광고, 즉 과장으로 일관하는 광고의 경연장이 되었다. 고위 공무원과 정치인들의 행태는 공적인 이름으로 행해지는 사익 추구이다. 사적인 이익 추구가 공적인 것으로 둔갑하기 위해서는 과장과 왜곡의 테크닉이 필요하다. 그래서 거대 정당들 사이의 권력투쟁

• • •

8. 서영표, 「현대사회의 공포와 불안, 그리고 혐오: '난민'이 문제가 되는 사회」, 『탐라문화』, 65권, 2020을 보라.
9. 엄혜진, 「성차별은 어떻게 '공정'이 되는가?: 페미니즘의 능력주의 비판 기획」, 『경제와 사회』132, 2021, 55쪽.

은 정견과 정책이 아닌 사소한 차이를 극단적인 것으로 과장하는 능력에 달려 있다.[10] 정치는 갈등을 모아 내고 조정하는 역할을 하기는커녕 사람들 사이에 있는 불만과 좌절에 새로운 분리의 선을 긋고 혐오를 조장해서 없던 갈등까지 만들어낸다. 진실은 중요하지 않다. 진실에 도달하려는 비판적 성찰은 시간 낭비가 되어버렸다. 사실과 무관한 즉각적인 효과가 있는 거짓말들은 클릭 수와 광고가 중요한 언론에게 매력적인 상품이다.

2. 과학이 아닌 이데올로기로서의 경제학

왜 우리는 이렇게 불합리한 논리가 지배하는 사회에 삶을 맡기고 있을까? 현실의 모순과 위기를 몸으로 체험하고 있으면서도 왜 저항하지 않는 것일까? 이 질문에 답하기 위해서는 상식으로 받아들여지고 있는 지배적인 지식 / 과학 패러다임을 비판적으로 검토해야 한다. 비판의 일차적 대상은 지배적인 지식 / 과학 패러다임이 응축되어 있는 ('과학'으로서의) 경제학이다.[11] 경제학은 마치

• • •

10. 서영표 「원한과 혐오의 정치를 넘어 저항과 연대의 정치로: 포퓰리즘 현상으로 읽는 오늘의 사회와 정치」, 『황해문화』 113, 2021을 보라.
11. 여기서 말하는 경제학은 신고전파(neoclassical) 경제학을 지칭한다. 한계효용 이론에 근거한 소위 주류 경제학이다. 울프와 레스닉은 현대 경제학에서 가장 강력한 영향력을 행사한 세 개의 조류를 비교 설명한다. 신고전파, 케인스주의, 맑스주의가 그것이다. Richard D. Wolf and Stephen A. Resnick, *Contending Economic Theories*, The MIT Press, 2012를 보라.

제국주의가 식민지를 정복하고 지배하듯 스스로가 세워놓은 '관념적 전제들' 위에 수학적 모델을 모래성처럼 쌓아 올린 후 인간과 사회의 비밀을 해결한 것처럼 모든 분과학문을 통치하고 있다.[12] 주류 경제학의 토대는 인간을 고립된 원자原子로 '가정하는' 것이다. 이러한 인간론은 공리주의utilitarianism라는 철학적 배경을 갖는다.[13] '근대적' 인간은 공리주의적 원칙에 따라 모든 행위에서 거래 비용을 계산하여 편익benefit을 극대화하는 선택을 한다고 가정된다.[14] 경제학은 이러한 '관념론적' 전제를 가리고 과학의 지위를 주장할 수 있는 강력한 무기를 발명한다. 신고전파 경제학neo-classical economics은 미적분학을 적용한 한계효용marginal utility 개념으로 쾌락과 고통을 단위unit로 나누어 측정하고 계산할 수 있다고 주장했다.[15] '나누어질 수 없는 것을 나누는', 그리고 '측정할 수 없는 것을 측정하는' 잘못된 전제가 수학적 논리에 은폐되어 과학의 이름을 얻게 된 것이다.

관념적인 공리들에 의해 도출된 명제들은 계속해서 부당한 전제로 뒷받침된다. 경제학적 논리가 사회정책의 영역에 적용될 때 동원되는 비용-편익 분석cost-benefit analysis의 사례로 좀 더 깊이

• • •

12. Ben Fine and Dimitris Milonakis, *From Economics Imperialism to Freakonomics*, Routledge, 2009를 참고하라.
13. Wolf and Resnick, 앞의 책, p. 282; 던컨 폴리, 『아담의 오류—던컨 폴리의 경제학사 강의』, 후마니타스, 2011, 194쪽.
14. 헌트는 신고전파 경제학의 성공을 '공리주의의 승리'라고 불렀다. 헌트와 라우쳰하이저, 앞의 책 10장의 제목.
15. 폴리, 앞의 책, 197~202쪽.

들어가 보자. 비용-편익 분석은 고립된 원자로서의 개인, 공리주의적 인간론에서 출발한다. 그리고 이러한 전제에 근거해서 도출된 파레토 최적Pareto Optimality 또는 파레토 향상Pareto Improvement을 적극 활용한다. 파레토 최적은 누군가의 편익(효용)을 감소시키지 않고서는 다른 이의 편익(효용)을 증가시킬 수 없는 상태다.[16] 따라서 균형 상태에 있지 않을 때, 사회 전체의 자원은 모두의 편익(효용)을 증가시키는 방향으로 조정될 가능성을 가지고 있다. "그 누구도 A상태보다 B상태를 선호하지 않을 때, A상태가 그전에 존재했던 B상태에 비교해 사회적 향상을 의미한다"는 것이다.[17] 쉽게 예측할 수 있는 것처럼 파레토 최적은 불평등한 자원 배분에 대해 무관심하다. 파레토 향상 과정에서, 그리고 파레토 최적 상태에서는 승자와 패자가 있을 수밖에 없는 것이다.[18]

사회는 매우 복잡한 관계망들에 의해 만들어진, 그리고 한순간도 멈추어 섬 없이 지속적으로 변형되는 다층적인 기제들의 복잡한 상호작용 그 자체이다. 인간들이 고정된 것으로 생각하는 자연 생태계도 그 자체로 복잡한 체계로 운동하고 있다. 이 두 개의 복잡한 체계 사이를 언어와 상징이 매개하게 되면 의미, 해석, 실천으로 가득 찬 삶의 양식이 나타난다. 아주 작은 언덕, 나무 한 그루, 오래된 골목조차도 생태적, 경제적, 사회적, 문화적 의미들

• • •

16. 폴리, 앞의 책, 208~212쪽; 헌트와 라우체하이저, 앞의 책, 769~770쪽.
17. John O'Neill, Ecology, *Policy and Politics: Human Well-Being and the Natural World*, Routledge, 1993, p. 45.
18. 같은 책, 같은 쪽.

이 중첩되어 있다. 고립된 원자로서 비용과 편익을 계산하고 모든 선택을 도구적으로 판단하는 사람들은 현실에 존재하지 않는다. 우리는 서로 비교하기comparable 어려운, 그리고 공약 불가능한in-commensurable 가치들로 충만한 세상에 살고 있기 때문이다.

경제학은 시간성도 왜곡한다. 상식적인 수준에서 인간이 역사적 존재라는 것을 부정하는 사람은 없다. 그런데 경제학은 이렇게 당연한 사실을 부정한다. 고립된 원자, 합리적으로 비용과 편익을 계산하는 이기적 주체에게는 역사가 없다. 인간이면 '누구나 그러해야 한다'는 보편성universality이 역사적 특수성particularity을 압도하기 때문이다. 그러나 실제의 인간은 언제나 다양한 사회적 관계의 앙상블ensemble이다.[19] 우리가 인간으로서 가지고 있는 보편성은 언제나 역사 속의 특수성 속에서 불완전하게 확인되는 것일 뿐이다.[20] 삼국시대 사람, 고려시대 사람, 조선시대 사람, 그리고 지금 현재의 사람들의 인간에 대한 정의와 가치가 같을 것이라고 생각하는 것은 상식적이지 않을뿐더러 논리적이지도 않다.

경제학적 시간 이해는 거꾸로 생각해도 문제가 있다. 비록 정확히 시기를 구분하는 것은 불가능할지라도, 원시시대부터 지금까지의 역사에서 사람들은 자연과의 교호 방식의 변화를 통해 공진화co-evolve해 왔고, 그럼으로써 서로 다른 삶의 방식과 가치(종교와

• • •

19. "인간의 본질은 각각의 개체 속에 내재하는 추상물이 아니다. 인간의 본질은 그 현실에 있어서 사회적 관계의 앙상블(ensemble)이다." 칼 맑스와 프리드리히 엥겔스, 『맑스·엥겔스 저작선1』, 박종철출판사, 1990, 186쪽 테제 6번.
20. 에티엔 발리바르, 「모호한 동일성들」, 『대중들의 공포』, 도서출판b, 2007을 참고하라.

문화)를 만들어 왔다. 하지만 우리는 과거의 역사, 즉 앞선 세대 사람들의 기억들이 현재의 삶의 방식과 가치 속에 침전되어^{sedi-}mented 있음을 알고 있다. 명확히 구분할 수는 없지만, 그리고 현재에서 다시 정의되고, 심지어는 새롭게 발명되기도 하지만, 한국 사람들은 고대로부터 이어져 오는 한국인으로서의 감정을 가진다. 외국어로 번역될 수 없는 한국인만의 정서, 그리고 그 정서를 응축해서 표현하는 말들은 고대로까지 거슬러 올라가는 역사성을 가진다고 이야기된다. 우리는 역사를 초월한 보편성으로 설명될 수 없는 역사적 특수성을 가지지만 동시에 역사를 관통하는 (비록 변형되고 갱신되지만) 가치와 문화 속에 살고 있는 것이다.[21] 종족주의와 민족주의에 대해 비판적인 거리를 유지할 때조차 이러한 가치와 문화를 부정할 수는 없는 노릇이다.

경제학은 스스로가 설정한 협소한 과학의 기준에 욱여넣기 위해 현실을 왜곡할 수밖에 없다. 신고전파 경제학의 이러한 시간 관념은 '지속 가능성^{sustainability}'을 제대로 반영할 수 없다. 지속 가능성은 현세대가 필요를 충족하는 방식이 다음 세대의 필요 충족을 위협하지 않아야 한다는 것이다. 그런데 과거와 현재의

• • •

21. 민족주의를 고정되어 있는 실체로 인정할 수는 없다. 언어와 장소성을 통해 만들어진 공동체는 사후적으로 민족주의가 구성될 수 있는 원료를 제공할 뿐이다. 에티엔 발리바르, 「보편적인 것들」, 『대중들의 공포』, 도서출판 b, 2007, 436~441쪽을 보라. 이런 의미에서 민족주의는 투영(projection)으로 구성된 이데올로기다. 이에 대해서는 Etienne Balibar, "The Nation Form: History and Ideology", E. Balibar and Immanuel Wallerstein, *Race, Nation, Class: Ambiguous Identities*, Verso, 1991, p. 93.

시간적 겹쳐짐을 부정하고 현재 세대의 선호preference에만 관심을 갖는 경제학적 패러다임은 미래세대의 비용과 편익을 축소할 수밖에 없다. 현재를 사는 사람들과 미래에 올 사람들 사이에는 어떤 연관도 없고 각각이 가지고 있는 비용과 편익은 수량적으로 계산되어 합산될 뿐인데, 현재로부터 멀어질수록 비용과 편익은 할인되어 계산된다.

신고전파 경제학은 사람들의 공간 체험도 왜곡한다. 구체적으로 체험되는 공간은 균질하지 않다. 시간성이 중첩되어 있듯이 공간은 구체적인 인간들의 체험, 즉 구체적인 실천을 통해 '생산'된다. '나'로부터 뻗어나가는 공간 체험은 지구적 수준에서 국가적 수준을 거쳐 구체적인 장소 감각이 중첩되어 가능해진다. 공간은 겹쳐지고, 주름져 있다. 굴곡져 있고 울퉁불퉁하다. 그리고 공간은 부피를 가진다. 이렇게 균질적이지 않은 공간은 '나'를 포함한 사람들의 관계들 속에서 변형된다.[22]

이렇게 생산된 공간은 모두 독특한 의미의 망 안에 존재한다. 생산된 공간, 끊임없이 변형되는 공간은 역사적, 문화적, 사회적, 정치적 의미들이 포개져 만들어진다. 이렇게 보면 서로 다른 시간성의 겹쳐짐은 공간을 통해서만 가능해진다. 서로 다른 세대(시간성)의 사람들이 살아온 흔적들이 켜켜이 쌓여 공간 생산(변형)의

• • •
22. 이번 절은 앙리 르페브르, 『공간의 생산』. 에코리브르, 2011에 토대를 두고 있으며, 서영표, 「추상적 공간과 구체적 공간의 갈등: 제주의 공간 이용과 공간구조의 변화」, 『공간과 사회』 24(1), 2014와 서영표, 「포스트모던 도시에 대한 사회학적 탐색 — 몸, 공간, 정체성」, 『도시인문학연구』 10(1), 2018은 보다 자세한 논의와 주장을 담고 있다.

원재료가 되는 것이다. 역사적 흔적의 퇴적이라는 것은 곧 공간이 문화적인 층위를 가진다는 것을 의미한다. 과거의 문화적 실천들의 흔적들이 현재의 삶 속에 투영되어 서로 다른 층위와 시간성의 겹쳐짐이 나타나는 것이다. 그런데 사회적 의미의 층위는 서로 다른 이해관계를 가지는 사람들의 화해할 수 없는 공간적 실천들의 대결을 내포하기도 한다. 공간은 적대들antagonisms을 가로지르며 생산되는 것이다. 결국 이러한 적대들을 담고 있는 공간의 사회적 층위는 정치적일 수밖에 없다. 공간을 둘러싼 대결이 공간의 생산에 깊이 연루될 수밖에 없는 것이다.

신고전파 경제학은 경제적 인간을 선형적 시간과 평면적 공간으로 정의함으로써 불가능한 것을 가능하다고 주장한다. 실재는 지도로 '왜곡'되어야만 하고, 그 위에 점으로 표시될 수 있을 때에만 객관성의 기준을 충족한다. 그럴 때에만 과학의 기준에 맞게 공간을 설명할 수 있게 된다.[23] 가설 설정과 반증falsification을 과학의 기준으로 제시하지만 반증을 위한 경험적 증거는 실재가 아니라 경제학적 편견에 의해 가공된 사이비-경험으로 얻어진 증거들일 뿐이다.[24]

이제 모든 것은 교환 가능한 단위들로 쪼개져 상품화된다. 억지로 절단되어 상품화된다는 것은 곧 공간이 화폐적 가치로

* * *

23. 제이슨 W. 무어, 『생명의 그물 속 자본주의』, 갈무리, 2020, 330~331쪽.
24. 주류 경제학의 평면적 공간 이해에 대해서는 서영표, 「기후변화 인식을 둘러싼 담론 투쟁—새로운 축적의 기회인가 체계 전환의 계기인가」, 『경제와 사회』 112, 2016, 153~156쪽을 참고하라.

측정되어 거래된다는 것을 의미한다. 양으로 표시된 화폐적 가치가 가지는 힘은 막강하다. 사람들은 한편으로 공간의 두께를 체험하고 그것을 지키려 노력하지만 화폐로 표현된(왜곡된) 공간의 가치에 쉽게 현혹된다. 이러한 과정을 통해 공간뿐만 아니라 우리들 자신도 사물화reification하고 그럼으로써 상품 물신성fetishism이 완성된다. 의미의 망, 정체성은 공간의 두께와 함께 사라지고 앞선 세대와 미래 세대를 연결해 주는 장소적 의미도 붕괴한다. 이것은 곧 인간 실존적 조건이 위협받는 것이며, 그 자체로 인간 존재의 부분인 비인간 존재, 자연생태계와 맺는 (지속 가능한) 관계의 파열을 초래한다.[25]

3. 경제학적 논리와 삶(생명)의 괴리[26]

맑스가 『자본』 1권에서 제시한 자본주의 분석은 '가치법칙'의 분석으로부터 '잉여가치 착취'의 해명으로 나아간다. 맑스는 사용가치와 가치를 구분하는 것에서 시작한다. 그리고 그러한 구분을

• • •

25. 이 절의 경제학 비판은 맑스주의 경제학 문헌에 근거하고 있다. 그러나 생태주의 경제학과 페미니즘 경제학의 경제학 비판은 맑스주의적 비판과 많은 것을 공유한다. Nancy Fraser, "Climates of Capitalism", *New Left Review* 127, 2021을 보라. 그리고 최근의 논쟁 지형에 대해서는 서영표, 「생태주의, 페미니즘, 그리고 사회주의: 위기의 시대, 전환의 길 찾기」, 『문화과학』 109, 2022를 참고하라.

26. 아래의 논의는 카를 마르크스, 『자본론I(상)』, 비봉출판사, 2019, 『자본론I (하)』, 비봉출판사, 2019에 근거하고 있다.

설명하기 위해 구체적 유용 노동과 추상적 노동 개념을 도입한다. 가치는 (사회적으로 평균적인) 노동시간으로 측정되는 것으로 정의되는데 여기에 대응되는 것이 추상적 노동이다. 당연히 사용가치는 구체적 유용 노동에 대응된다. 자본주의 사회에서 상품 사이의 교환을 규제하는 것은 구체적 노동–사용가치의 개념 쌍이 아니라 추상적 노동–가치의 쌍이다. 자본주의 사회에서 생산의 목적은 더 많은 화폐로 돌아오는 이윤의 추구이기에 상품의 유용성은 판매를 통해 가치가 실현된 이후 소비자의 일일 뿐이다. 생산의 사회적인 성격은 사후적으로만 확인된다.

그런데 맑스는 가치법칙에 의해 규제되는 사회에서 더 많은 가치의 출처가 어디인가를 해명해야 했다. 그는 노동력이라는 특수한 상품이 노동과정을 통해 자신의 가치(임금이라는 화폐 형태로 드러나는)를 재생산하는 노동시간을 넘어서까지 노동하는 것이 새로운 가치의 출처라는 사실을 논증했다. 그리고 이렇게 새로운 가치, 즉 잉여가치를 생산하는 노동만이 '생산적'이라고 정의한다. 잉여가치는 자본가가 구매한 노동력을 그것의 가치 이상으로 노동시킴으로써 얻어내는 가치의 증가분인 것이다. 맑스는 이것을 잉여가치의 '착취'라고 불렀다. 따라서 자본축적 동학은 경쟁하는 개별 자본가들이 더 많은 잉여가치를 착취하기 위한 투쟁의 과정이다. 여기서 자본가들은 잉여가치를 확대하는 두 가지 방법을 동원하는데 하나는 절대적 잉여가치를 확장하는 것이고 다른 하나는 상대적 잉여가치를 추구하는 것이다. 절대적 잉여가치는 물리적으로 노동시간을 연장하거나 노동 강도를 강화하는 것을 가리킨다. 이에 반해 상대적 잉여가치는 기술 진보에 의한 노동생산성 향상으로 경쟁 우위를 점하는 것을 뜻한다. 일시적으로 얻어진 경쟁 우위는 특별잉여가치로 나타나는데, 기술적 우위를 점한 자본가는 다른 자본가들보다 저렴하게 판매하지만 더 많은 이윤을 얻게 된다. 특별잉여가치의 추구 과정은 자본가들 사이의 경쟁으로 나타난다. 그런데 잉여가치 착취의 과정은 자본과 노동 사이의 대결도 포함한다. 임금, 즉 노동력의 가치(실제로는 가격)를 둘러싼 계급투쟁이 전개되는 것이다. 이러한 계급투쟁으로 자본가는 다루기 어려운 노동자들을 고용하기보다는 기계화의 발전으로 노동력을 절감하는 방향으로 움직이게 된다.

자본가 사이의 경쟁과 자본가와 노동자 사이의 대립은 노동과정에서 살아 있는 노동력의 투입보다는 이미 축적된 '죽어 있는' 노동 부분을 크게 하는 경향을 보인다. 맑스는 이것을 자본의 유기적 구성의 고도화라고 불렀다.[27] 자본주의적 축적은 자본의 유기적 구성을 높이는 방향으로 발전하게 되며, 이것은 곧 편향적 기술 발전을 추동한다. 그런데 이러한 흐름은 자본가들이 전혀 의도하지 않은 결과를 초래한다. 이윤율의 경향적 저하가 나타나게 되는 것이다. 이윤율의 경향적 저하는 자본주의 축적체계가 안고 있는 구조적 모순이다. 하지만 이러한 모순이 반드시 자본주의의 붕괴를 의미하는 것은 아니다. 국가 개입에 의해 주도되고 자본의 대응에 의해 만들어지는 반 경향이 나타나기 때문이다.

• • •

27. 이 부분의 논의는 카를 마르크스, 『자본론III(상)』, 비봉출판사, 2019의 13~14장에 근거하고 있다.

이러한 반 경향은 일반화할 수 없다. 따라서 현실에 존재하는 구체적 자본주의는 항상 '역사적' 자본주의일 수밖에 없다. 한편으로는 이윤율 저하를 막는 국가의 경제적 개입이 있어야 하고, 다른 한편으로는 노동자들을 관리하는 이데올로기적 동원이 있어야 한다. 근대 자본주의 국가가 항상 민족적 형태를 띠는 이유가 여기에 있다.[28] 구체적 조건 속에서 위기는 과잉생산 / 과소소비, 과잉 축적, 부문 간 불비례, 유동성 부족으로, 그리고 때로는 이 중 여러 개가 동시에 나타나는 복합적 조건 속에 발생했다.[29]

이렇게 자본주의를 역사적으로 이해하면서 동시에 맑스주의적인 경제결정론을 넘어서기 위해서는 가치법칙을 재해석하는 작업이 선행되어야 한다.

맑스의 논증에서 논란이 되는 것은 '생산적 노동'과 '비생산적 노동'의 구별이다. 맑스의 정의에서 '비생산적' 노동은 새로운 가치를 만들지 못하는 노동으로 정의된다. 가치법칙 아래서 잉여가치를 창출하는 노동만이 '생산적'이기 때문이다. 생산적 노동과 비생산적 노동의 구별은 엄청난 논쟁을 불러온다. 국가에 의해서 제공되는 서비스는 생산적인가 비생산적인가? 주로 여성이 담당하는 사회적 재생산 노동은 가치가 없는 것인가?[30]

• • •

28. Etienne Balibar, "Class Struggle to Classless Struggle", Etienne Balibar and Immanuel Wallerstein, *Race, Nation, Class: Ambiguous Identities*, Verso, 1991, pp. 174~175.
29. 벤 파인과 알프레도 사드-필류, 『마르크스의 자본론』, 책갈피, 2006, 144~145쪽.
30. Ian Gough, "Marx's Theory of Productive and Unproductive Labour", *New*

생산적 노동과 비생산적 노동의 구분이 유용성, 맑스의 표현을
따르자면 사용가치를 기준으로 정의되는 것이 아니라 가치, 또는
그것의 표현 형태인 교환가치로 측정된다는 사실에 주목해 보자.[31]
가치법칙은 자본주의의 한정된 법칙인 동시에 잉여가치를 창출하
기 위한 사회적 조건으로 무상으로 제공되는 '비생산적' 노동의
영역을 창출하고 관리해야 했다. 가치법칙은 언제나 지불되지
않는 재생산 노동(가사노동, 주로 여성의 노동)과 무상이라고
간주되는 자연을 전제로 했다.[32] 자본주의는 가치의 창출(착취)을
위해 그 바깥에 있는 무상의 자원과 비생산적 노동을 유지해야
한다(수탈)고 주장할 수 있기 때문이다. 그렇다면 가치법칙은
현실의 사회적 관계와 자연과의 상호작용 속에서 경향적으로
관철되는 추상 법칙이다. 이렇게 넓게 보면 가치법칙은 현실에서
다양한 메커니즘에 의해 과잉 결정된다. 맑스의 표현처럼 "노동력
의 가치 규정에는 역사적·도덕적[정신적] 요소가 포함된다"는
점에서 계급 간, 사회 세력 간 힘 대결이 결정적이다.[33] 하인리히는
이 구절을 인용하면서 자본가들이 노동자들의 요구를 "조건 없이
기꺼이 들어주는 일은 없기 때문에 노동력의 가치를 결정하는

- - -

Left Review I/76, 1972.

31. 미하일 하인리히, 『새로운 자본 읽기』, 꾸리에, 2016, 175쪽.

32. Nancy Fraser, "Crisis of Care?: On the Social-Reproductive Contradictions
of Contemporary Capitalism", Tithi Bhattacharya ed., *Social Reproduction
Theory: Remapping Class, Recentering Oppression*, Pluto Press, 2017, pp.
23~24.

33. 마르크스, 『자본론I(상)』, 226쪽.

노동자들과 자본가들 사이에서 **계급투쟁이 벌어지게 된다'**(원문의 강조)고 언급하고 있다.[34] 이런 맥락에서 인종, 종교, 국적에 따른 노동력의 차별적 가치 평가, 그리고 산업예비군이라는 과잉 인구의 형성도 가치법칙 그 자체의 내적인 요소는 아니지만 가치법칙이 현실화되는 과정의 변수로 고려되어야 한다. 사회적 재생산 노동, 즉 가사노동과 자연적 한계는 이미 처음부터 자본주의적 생산양식의 가치법칙과 결부되어 있다. 가부장적 이데올로기와 자연을 대상화하는 근대적 지식 체계(재생산 노동과 자연을 외부화하는 것 자체)는 자본주의적 생산양식의 내적 계기였다. 제이슨 무어Jason Moore가 착취(가치법칙의 영역)를 가능하게 하는 저렴한 자원과 노동의 공급(프런티어, 즉 수탈)에 주목하는 이유가 여기에 있다.[35]

가치법칙을 재해석하고 가치법칙이 관철되도록 하는 가치법칙의 외부, 그리고 그러한 외부를 유지하기 위한 국가의 역사적 개입 형태를 이론화할 수 있다면 맑스가 제시한 생산양식mode of production 개념도 보다 넓게 재정의될 수 있다. 생산양식보다 더 넓은 생존 양식mode of life의 차원에서 자본주의적 가치법칙이 어떻게 경향적으로 관철되는지, 그리고 그 과정에서 모순을 발생시키는지 살펴봐야 한다는 것이다.[36]

• • •

34. 하인리히, 앞의 책, 135쪽.
35. 무어, 앞의 책, 306~307쪽, 326~327쪽.
36. Mary Mellor, *Ecology and Feminism*, Polity Press, 1997, p. 138, 맑스·엥겔스, 앞의 책, 197쪽.

맑스는 임노동의 가격인 임금은 노동력의 가치에 의해 규정되지만, 최종적으로는 도덕적(정치적) 요소인 계급 간 권력관계(이데올로기와 정치적 요소를 모두 포함하는)에 의해 결정된다고 말했다. 이미 데이비드 리카도David Ricardo와 토머스 맬서스Thomas Malthus 단계의 논의에서 임금은 토지 생산성에 달려 있었다.[37] 그런데 제국주의적 단계에서 토지 생산성은 식민지 개척에 따른 값싼 식량의 공급 문제로 전환된다. 그런데 이 단계에서 저렴한 상품은 식량을 넘어 노동력과 에너지, 그리고 생명에까지 확장된다.[38] 여기서 저렴한 노동이 이주 노동으로까지 확장될 때 제국주의적 외적 관계는 소위 산업화된 나라들의 내적 문제가 된다. 그리고 성적 분업에 따른 무상의 재생산 노동도 쟁점이었다. 이렇게 보면 가치법칙은 현실에서 다양한 메커니즘에 의해 과잉 결정된다. 이런 의미에서『자본론』1권의 '노동일' 장은 특별한 의미를 부여받을 수 있다. 가치법칙에 따르면 임금은 노동력의 재생산 비용에 따라 결정되어야 한다. 그러나 현실의 계급투쟁에서 노동력은 국가에 의해서 관리되고, 그 관리는 민족주의와 성적 분할의 규제를 받으며, 더 나아가 제국주의적 체제 아래에서의 불균등 발전에 영향을 받는다. 가치법칙은 오직 규제적 개념일 뿐이다. 구체적 역사적 자본주의 분석은 가치법칙을 인정하면서도 동시에 가치법칙이 어떻게 변이를 일으키는지에 주목해야 한다.

요약하자면 성차, 인종, 종교, 국적에 따른 노동력의 차별적

• • •

37. 폴리, 앞의 책, 105~106쪽.
38. 라즈 파텔과 제이슨 W. 무어,『저렴한 것들의 세계사』, 북돋움, 2020을 보라.

가치 평가, 그리고 산업예비군이라는 과잉인구의 형성도 가치법칙의 교란 요소, 또는 가치법칙이 현실화되는 과정의 변수로 고려할 수 있다. 가치법칙은 내적 모순으로 잉여가치 착취와 경쟁에 의한 경향적 기술적 진보, 그리고 과잉 축적과 위기의 경향을 함축한다. 그러나 가치법칙은 외적 조건(가치법칙의 한계이지만 역설적으로 그것의 관철 방식을 조건 짓는)과 분리될 수 없다. 저렴한 노동, 자원, 식량을 관리 / 공급하는 수탈의 외적 조건이 있을 때에만 가치법칙은 유지될 수 있다. 여기에는 더 중요한 의미가 숨겨져 있다. 가치법칙의 외적 조건이 수탈이라면 수탈의 장소는 착취의 장소들과 마찬가지로 사회적 투쟁이 발생하는 지점들이다. 우선 착취–수탈의 관계는 사회적 한계를 갖는다. 여성들의 투쟁과 반인종주의적 투쟁이 가장 대표적이다. 20세기 중반이었다면 민족해방 투쟁이 여기에 더해졌을 것이다. 이것은 유대와 연대의 새로운 방식을 창출하는 사회적 투쟁이기도 하다. 낸시 프레이저를 따라 노동의 경계를 다시 긋는 투쟁이라고 말할 수도 있다.[39]

4. 몸과 무의식의 체험과 저항 주체

자본주의적 가치법칙의 한계는 바깥쪽에만 있는 것이 아니다.

• • •

39. Fraser, 2017, 앞의 책, pp. 25~26.

안쪽, 즉 인간의 생존과 실존에도 한계가 드러나고 있다. 이미 맑스 시대에도 생존과 실존의 한계는 논란거리였다. 『자본론』 1권 노동일이라는 제목이 붙은 10장은 인간 신체의 한계가 왜 문제가 되는지 생생하게 보여준다.

인간은 신체적으로(생물학적으로) 취약하다. 인간의 피부는 쉽게 상처 나고 통증에 민감하다. 영양분을 공급받지 못하면 두뇌가 제대로 작동하지 못하고 몸을 움직일 수 없다.[40] 오감은 감당할 수 있는 수준을 넘는 강한 감각을 견디지 못한다. 여기에 심리적 불안정성에서 생겨나는 불안이라는 한계가 더해진다. 진화의 결과로 얻어진 지적 능력은 미성숙한 채 세상에 나오는 대가를 치러야 했다. 미성숙한 유아가 사회적 동물로 자라나는 것은 쾌락 원칙pleasure principle을 포기하고 현실 원칙reality principle을 받아들이는 과정이다.[41] 그런데 이 과정은 원초적인 불안의 근원이 된다. 사회의 구성원이 되는 것은 본능적인 나를 억압하는 고통스러운 단절이기 때문이다. 이런 단절은 깔끔하게 완성될 수 없다. 성인이 되어서도 사라지지 않는 불안 요소로 '내' 안에 남아 있는 것이다.

만약 신체적 취약성과 심리적 불안정을 인간 생존과 실존의 내적 한계로 받아들인다면 이것을 부정하거나 극복할 수 있다고 주장하는 것은 오히려 생존과 실존을 위기에 빠트린다. 상품물신

• • •

40. Ted Benton, "Environmental Philosophy: Humanism or Naturalism? A Reply to Kate Soper", *Alethia* 4(2), 2001, pp. 7~8과 Kate Soper, *What is Nature?: Culture, Politics and the Non-Human*, Wiley-Blackwell, 1995를 보라.
41. 헤르베르트 마르쿠제, 『에로스와 문명』, 나남출판사, 2004, 32~40쪽.

성이 우리를 휘감고 있는 세계에서는 신체마저도 상품으로 인식된다. 개인은 스스로를 상품으로 간주하고 상품성을 높여야 한다. 여기서 멈추지 않는다. 신체적 취약성이 무한히 발전하는 기술이 제공하는 상품에 의해 극복 가능한 것처럼 착각하게 된다. 잘 만들어진 영화의 한 장면 같은 자동차 광고는 외부 세계가 가하는 모든 충격으로부터 나를 보호할 수 있을 것 같은 착각에 빠지게 한다. 온갖 전자 장비들로 보호되는 화려한 아파트 광고는 타자로부터 완벽하게 차단된 사적 공간을 약속한다. 웨어러블 전자장치는 건강 상태를 수시로 체크해서 정보를 확인할 수 있게 한다. 종종 겪게 되는 사소한 사고와 뉴스로 접하게 되는 대형 사고는 위험으로 계산되어 더 크고 튼튼한 자동차, 더 팽팽하게 감시할 수 있는 전자장치 구매를 욕망하게 한다.[42] 사소한 사고는 끊임없이 발생하고 있고, 뉴스의 대형 사고는 나에게도 발생할 수 있다는 엄연한 사실은 계산된 위험인 보험과 더 비싼 상품의 구매 속에 희미해지지만 어쨌든 누군가는 사고로 다치고 죽는다. 나에게 닥치기 전까지는 오직 통계 속의 숫자로만 남아 있는 죽음들이다.[43] 이런 죽음이 보험과 상품으로 가려질 수 없는 사고로 출현할 때, 사람들은 결코 완전히 보호될 수 없는 생명의 취약성을 경험한다.[44]

● ● ●

42. 브래드 에반스와 줄리언 리드, 『국가가 조장하는 위험들 — 위기에 내몰린 개인의 생존법은 무엇인가』, 알에이치코리아, 2018, 34쪽.

43. 울리히 벡은 현대 사회의 위험은 이런 식으로 계산될 수 없다고 주장한다. Ulrich Beck, *Risk Society: Towards a New Modernity*, Sage, 1992, p. 22를 보라.

심리적 불안정은 의학적 치료와 교육으로 강해진 자아에 의해
극복될 수 있다고 믿어진다. 치유healing의 담론이 넘쳐난다. 그런데
의학적 치료와 심리적 치유는 역설적으로 인간의 원초적 불안을
배가시킨다. 치료와 치유에 의해서 강해진 자아는 결국 경쟁 사회
에서 타자로부터 고립된 단독자로서의 역량이라는 그릇된 인식에
기초하기 때문이다. 계속되는 계획과 계산, 그리고 평가는 의식을
팽팽한 긴장 상태에 놓이게 하고 그런 상태는 무의식에 상처를
남긴다. 심리적 불안은 그 원인이 무의식의 수준에 있기에 쉽게
얼굴을 내밀지 않는다. 약물로 치유할 수 있고, 상담으로 극복할
수 있다는 약속은 무의식의 불안을 한계로 받아들이지 않고 싸워
서 정복해야 할 적으로 본다. 지극히 근대적인 사고방식이다.[45]
그러한 태도는 불안을 증폭한다. 원초적 불안조차 극복 가능하다
고 주장하는 근대적 합리성의 약속과 완화될 수 있을 뿐 결코
사라지지 않는 불안 사이의 간극에 무한 경쟁과 승자 독식 사회의
스트레스가 밀고 들어올 때 불안은 더욱더 커진다.[46]

　　서로에 대한 관심, 배려, 돌봄만이 궁극적으로 신체적 취약성을
완화할 수 있다. 철갑과 기계장치에 의해 신체적 취약성으로부터
보호되고 있다고 착각하는 자동차 운전자가 역설적으로 사고를

• • •

44. 버틀러는 신체적 취약성을 연대의 근거로 제시한다. Judith Butler, *Precarious
　　Life: The Powers of Mourning and Violence, Verso, 2020, pp. 42~43을 보라.
45. Ian Parker and David Pavón-Cuéllar, *Psychoanalysis and Revolution: Critical
　　Psychology for Liberation Movements*, 2021, 1968 Press, p. 127.
46. Kathryn Dean, *Capitalism and Citizenship: The Impossible Partnership*,
　　Routledge, 2003을 보라.

통해 신체적 취약성을 매 순간 확인해 주지만 정작 사고는 확률적 정규 분포 안의 일상으로 간주될 뿐이다. 현대인의 상징인 자동차 운전자는 타자에게 관심이 없으며 타자를 배려하지도 않는다. 오직 진행하는 자동차의 장애물로 인식할 뿐이다. 신체적 취약성을 보호하는 것처럼 보이지만 오히려 위협이 되는 자동차는 사람들에게서 공적인 공간을 빼앗고 사회적 상호작용의 기회를 박탈하기도 한다.[47] 이런 공간적 분리는 자동차에 의해서만 생겨나는 것이 아니다. 일터의 사무 공간은 칸막이로 나누어져 있고 사람 사이의 관계는 컴퓨터 모니터와 자판을 통해서만 이루어진다. 단순히 분리되어 있는 것이 문제가 아니다. 공간적 분리는 심리적 분리를 동반한다. 서로에 대한 업무 평가, 그것이 반영된 인사고과는 경쟁의 커다란 바위를 무의식 위에 올려놓는다.[48] 원초적 불안이 돌봐주는 사람과의 유대를 통해 완화될 수 있듯이 삶의 과정에서 생기는 이차적 불안은 사람들 사이의 상호작용과 소통에 의해서만 완화할 수 있다. 모두가 신경증으로부터 완전히 벗어날 수 없지만, 그래서 때때로 우울감을 느끼게 되지만 사회적 상호 의존에 의해 개인이 스스로의 정체성을 유지할 수 있다.

맑스는 상품 사회가 인간을 동료 인간들로부터 소외시킨다고 했다. 뒤집어 생각해보면 인간은 동료 인간들과의 관계를 통해서

• • •

47. 리즈 캐닝(Liz Canning)이 만든 다큐멘터리 영화 〈마더로드(MOTHER LOAD)〉는 자동차 문화가 초래한 사회적 단절과 고립을 생생하게 보여준다.

48. 장귀연, 「능력에 따른 차별은 공정한가? 불평등한 민주주의」, 『현장과 광장』 5, 2021, 224쪽.

만 인간일 수 있다는 말이다.[49] 맑스의 '자유로운 개인들'은 고립된 자본주의적 인간이 아니라 사람들 사이의 유대를 회복한 개인들인 것이다. 이럴 때에만 개인은 스스로를 사랑할 수 있다. '실존적으로' 자기를 세상의 중심에 놓을 수 있게 되는 것이다. 실존적으로 자기를 중심에 놓는 사람은 이기적 행위자가 아니다. 이기적 행위자들은 자기보다 앞서가는 사람과 비교하면서 좌절하는 사람들이다. 그러나 실존적으로 자기중심성을 가진 사람들은 타자에의 의존, 그리고 그것을 가능하게 하는 공동체를 받아들이고 나서 스스로의 주변 세계를 만들어 가는 주체로서의 자기를 확인하는 존재들이다. 그리고 실존적 자기중심성의 회복은 주변의 동료 인간을 인정하게 할 뿐만 아니라 갑작스럽게 출현하는 낯선 타자들을 환대할 수 있게 할 것이다. 혐오의 정치가 출현하는 배경은 스스로에 대한 사랑의 결핍이다. 다름과 차이 그 자체에서 혐오의 감정이 생겨나지는 않기 때문이다. 현대 세계를 괴롭히고 있는 일상의 파시즘과 우익 포퓰리즘의 근본적 원인은 신체적 취약성과 심리적 불안을 증폭시키는 사회적 상호의존의 약화에 있다.

5. 사회주의, 민주주의와 지식생산의 새로운 방식

신체적 취약성과 무의식의 불안이 완화되기 위해 필요한 사회적

• • •
49. 맑스와 엥겔스, 앞의 책, 80쪽.

연대는 자본의 가치법칙과 마찰을 일으킨다. 그러한 마찰이 가치 법칙의 외적 한계를 향한 의식의 성장과 만날 때 반자본주의적 정치가 출현한다. 한계는 결핍과 부족이고 그것은 불만으로 나타 난다. 불만이 개인적인 것으로 축소될 때 혐오의 정치의 위험이 생겨난다. 반자본주의적 사회주의는 그러한 불만이 한계를 인식 하고 저항으로 발전할 수 있게 하는, 그리고 그러한 저항들이 모이는 연대를 가능하게 하는 정치적 기획project이어야만 한다. 이러한 사회주의는 모순과 결핍이 발생하고 체험되는 물질적 장치들 안으로부터 생겨난다. 자본주의의 한계는 몸과 무의식의 체험과 수탈의 프런티어로부터 생겨난 불만–저항이 경제학적 논리의 허구를 깨고 나가면서 사회주의적 실천이 실험될 수 있는 여지를 내부로부터 만든다. 이제 이런 불만과 저항은 민주주의적 과정을 통해 연대로 발전해야 한다.

사회주의가 다양한 불만과 저항을 민주주의적으로 모아 내기 위해서는 2절에서 분석한 낡고 협소한 경제학적 패러다임을 넘어 서야 한다. 그리고 그것은 낡고 협소한 과학적 지식의 기준을 비판하는 것이기도 하다.[50] 이러한 비판의 출발은 인간 삶을 틀 지우는 복잡한 체계들이 가지는 불확실성의 인정이다. 인간 사회 의 문화, 경제, 정치, 그리고 생태계는 복잡하게 얽혀 공진화co-evolu-tion하고 있다. 공진화의 과정에서 우발성을 통해 드러나는 현상들

• • •

50. S. O. Funtowicz, J. Martinez-Alier, G. Munda and J. R. Ravetz, *Information Tools for Environmental Policy under Conditions of Complexity*, European Environmental Agency, Environmental Issues Series No. 9, 1999, p. 5.

은 절차적 합리성procedural rationality에 근거한 숙의에 의해서만 지식의 영역 안으로 들어올 수 있게 된다. 모든 체계는 근본적으로 불확실성을 띠고 있다.[51]

이렇게 관점을 뒤집으면 과학적 실천은 평면에서 점을 찾아 직선으로 연결하는, 현실을 왜곡하는 단순성을 목적으로 하지 않는다. 직면한 문제를 해결하는 '과정process'이 과학의 객관성을 보장하는 핵심으로 대두된다. 과학적 실천은 '문제 해결 과정problem-solving process'인 것이다.[52] 문제 해결 과정은 과학적 논의와 학습, 그리고 그 결과로서의 정책 결정을 포괄하게 되는데, 여기에는 확장된 참여의 여지가 주어진다. 상이한 가치 판단에 따른 다양한 견해들이 반영된다면 문제 해결 과정의 불확실성과 복잡성을 인정하면서도 결과로 얻어지는 지식의 질을 보증할 수 있게 된다.[53] 과학의 역할은 포기되지 않고 여전히 핵심적이지만 "자연적 체계의 불확실성"과 "인간 가치의 관련성"의 맥락에서 다시 정의되어야 한다.[54] 과학적 지식의 생산에서 유일하게 올바른 것은 존재하지 않으며, 우리는 "타협의 해결책compromise solutions"을 추구해야 한다.[55] 그리고 과학의 기준을 단순화된 평면의 명증성에

• • •

51. 같은 책, 같은 쪽.
52. B. Özkaynak, P. Devine and F. Adman, "The Identity of Ecological Economics: Retrospects and Prospects", *Cambridge Journal of Economics* 36, 2012, p. 1127.
53. Funtowicz at al, p. 5.
54. 같은 글, p. 11.
55. 같은 글, p. 16.

서 복합적 체계에 대한 다면적 이해와 민주적 합의 과정으로 변경하게 되면 과학적 발견의 과정은 학습 과정learning process과 중첩된다.[56] 이제 과학적 실천은 가치를 담고 있는 다양한 견해들의 '두꺼운' 내용이 다소 '정제된' 형태로 공유되고 토론될 수 있는 방향과 틀을 제공하는 것에 맞추어져야 한다. 서로가 공유할 수 있는 실재론적 근거를 가져야 하지만 인식론적인 상대주의를 수용해야 하는 것이다. 그리고 그러한 상대주의가 지적 허무주의로 치우치지 않는 것은 실천적 지식의 두터움과 그것에 기반한 민주적 토론이 있기 때문이다. 과학은 이러한 지식의 공유와 토론이 생산적으로 발전할 수 있는 조건을 만들어 주어야 한다. 과학적 실천은 문제 해결의 과정이자 학습의 과정이어야 하는 것이다.

여기서 공약 가능성commensurability과 비교 가능성comparability에 대한 철학적 논의가 도움이 될 수 있다. 전통적인 경제학은 공약 가능성을 전제한다. 강한 공약 가능성은 공통의 기준으로 행위의 결과들을 측정하여 순위를 매길 수 있다고 생각한다. 기수적 등급 cardinal scale이 가능하다는 것이다. A, B, C 세 명의 성적을 90, 85, 83점으로 점수 매기는 것이 강한 공약 가능성의 표현이다. 이에 반해 약한 공약 가능성은 서수적 등급ordinal scale 만을 나타낼 수 있다. 점수로 표시할 수는 없지만 A, B, C 세 명을 1등, 2등, 3등으로 순위 매기는 것이 약한 공약 가능성의 표현 방식이다. 약한 공약 가능성과 강한 공약 가능성은 모두 강한 비교 가능성com-

• • •
56. 같은 글, p. 14.

parability으로 분류될 수 있다. 강한 비교 가능성은 서로 다른 행위들의 순위를 매길 수 있는 하나의 비교 항comparative term을 가지는 것을 의미하기 때문이다. 이에 반해 약한 비교 가능성은 환원 불가능한 가치 갈등을 피할 수 없다는 것을 받아들이지만 실천적 판단을 포함하는 합리적 판단은 인정한다.[57]

이제 우리는 공약 가능성을 기각해야 한다. 그리고 강한 비교가능성도 마찬가지로 거부해야 한다. 오직 약한 비교 가능성만이 민주주의적 사회주의로 공명할 수 있다.[58] "건설적인 합리성constructive rationality"에 토대를 두고 갈등하는 서로 공약 불가능한, 그래서 다차원적일 수밖에 없는 결정들의 효과들을 모두 고려해야 하기 때문이다.[59]

신고전파 경제학이 비판에 직면하여 제기하는 반론은 사회가 지탱되기 위해 요구되는 수많은 결정들은 짧은 시간 안에 서로 부딪치는 갈등을 조정해야 하는데, 다차원성을 고려하는 숙의는 시간과 비용이 너무 많이 들어가는 비효율적 방법이라는 것이다. 직면한 문제가 논쟁적이고 이해관계가 복잡한 데다가 결정까지 긴급하게 요구된다면 화폐적 양으로 표현된 선호의 계산을 통해 결정에 도달하는 것이 효율적이라는 것이다.[60] 이미 언급되었듯이

• • •

57. J. Martinez-Alier, Giuseppe Munda and John O'Neill, "Theories and Methods in Ecological Economics: A Tentative Classification", Cutler J. Cleveland et al. eds., *The Economics of Nature and the Nature of Economics*, Edward Elgar, 2001, p. 35, Funtowicz at al, 위의 글, p. 14.

58. Martinez-Alier et al, p. 53.

59. 같은 글, 같은 쪽.

신고전파 경제학의 주장은 잘못된 인간관, 시간관, 공간관에 기초하고 있기 때문에 인간과 자연의 교호 과정을 복합적 시간성 속에서 생산되는 공간적 실천으로 이해하지 못한다. 효율성이라는 기준은 경제학적 결정이 초래하는 인간성 파괴, 사회 파괴, 자연생태계 파괴를 다음에 오는 분절된 시간 단위 속의 비용으로 축소시킴으로써 그것이 가지는 재난적 결과를 은폐하는 효과를 가진다. 따라서 계산되는 시간 단위 안에서 효율적일 뿐이다. 과거-현재-미래의 연속성을 고려한다면 전혀 효율적이지 않다. 경제학의 효율성은 기후 위기 재난에 맞서 장기적인 대책을 수립하지 못하고 주먹구구식으로만 대처하고 있지 않은가?

약한 비교 가능성이 경제학 안으로 민주주의를 도입하는 통로 역할을 한다. 공진화 과정의 인식에 따라 인간만이 아닌 생태계 전체를 경제학의 고려 대상으로 끌어들이면서, 그 조건 아래서 가치 평가와 경제학적 논의의 주체가 되는 사람들에게 서로 겹쳐지는 다양한 관점을 되돌려 줄 수 있다. 우리는 단지 효용을 계산하는 기계이기를 멈추게 된다. 그다음 단계는 이렇게 자신의 다양한 목소리를 돌려받은 사람들이 이해 당사자stakeholder로 경제적 지식 구성과 학습, 그리고 정책 결정 과정에 참여하는 제도적 조건을 마련하는 것이다. 결정은 언제나 "확장된 동료 공동체extended peer community"의 토론을 거쳐서 도달하게 되는 것이다. 이제 지금 당장의 이익과 이윤을 넘어 장기적 안목에서 사태를 파악할 수 있게

• • •

60. Funtowicz at al, 같은 글, p. 8.

된다. 당장의 이해관계를 넘어 예방의 원칙precautionary principle을 통해 합리적으로 판단해야 한다.[61]

민주적 참여의 과정은 학습의 과정이기도 하다. 민주주의는 참여라는 학습을 통해 시민의 역량을 발전시킬 수 있을 때에만 온전한 의미를 가질 수 있다는 것이다. 따라서 확장된 동료 공동체를 통한 숙의의 과정은 전문가들에 의해서는 파악되기 어려운 보통 사람들의 필요와 욕구를 반영할 수 있는 갈등 해결 방식을 정식화하는 통로이기도 하다.[62] 이러한 학습의 과정은 모든 사람을 모든 영역에 정통한 행위자로 키워내는 것을 목적으로 하지 않는다. 현실적으로 가능하지 않은 목표다. 학습 과정으로서의 참여는 행위자들이 민주적 절차를 통해 전문가 지식이 가지는 진실성을 회의하고 평가하고 때로는 수용할 수 있는 능력을 갖게 하는 것이다. 전문가들의 지식이 가지는 권위가 무조건적으로 수용되는 것이 아니라 공론의 장에서 비판되고 검증되어 수용 여부가 결정되어야 한다. 이러한 태도는 신고전파 경제학이 옹호하는 시장의 원리와는 공존하기 어렵다.[63]

이제 전문가들의 지식은 지방적local이고 구체적인concrete 체험으로부터 나오는 지식과 나란히 중요성을 얻는다. 전문가들의 지식은 구체적, 실천적 지식이 개인의 욕구를 넘어 타자와의 대화를

• • •

61. Özkaynak et al, 같은 글, p. 1132.
62. Funtowicz at al, 같은 글, p. 10.
63. John O'Neill, "Value Pluralism, Incommensurability and Institutions", John Foster ed., *Valuing Nature: Economics, Ethics and Environment*, Routledge, 1997, p. 86.

가능하게 돕는 것이다. 이제 지식은 시장에서 고립된 개인들의 선택이나 전문가의 독단적 지식에 의해 만들어지는 것이 아니라 전문가들의 과학적 지식과 사람들의 실천적 지식의 결합되고(수직적 축), 개인이 아닌 모두의 지식이 논증을 통해 수렴되는 것(수평적 축)을 통해 도약한다. 이제 지식은 민주적 과정을 통해 집합적으로 생산되는 것이어야 하는 것이다.[64]

경제적 정책 결정 과정이 동료 공동체의 확장을 통한 민주주의의 심화라면 경제학은 정치로부터 분리된 중립적 과정이기를 멈춘다. 경제는 그 자체로 정치적 성격을 띠며 경제적 정책 결정은 정치적 과정이기도 하다. 그리고 그 자체로 모든 것을 결정할 수 있는 중립적 관점이 존재하지 않는 한 문제 해결은 언제나 타협을 동반할 수밖에 없다. 서로 갈등하는 가치들을 중재할 중립적 입장은 애초부터 존재하지 않기 때문이다.[65] 그러나 타협적 해결이 단순한 협상negotiation으로 오해되어서는 안 된다. 타협적 협상은 합의된 판단judgement에 이르는 논증의 과정을 생략한 채 서로의 입장을 절충하는 것으로 귀결될 수 있다.

타협적 해결은 '모든 것이 가능하다'는 상대주의적 태도를 비판해야 한다. 직면한 문제에 대해 서로 다른 가치들이 충돌하지만, 비록 잠정적일지라도 해당 문제에 대한 합의를 도출하는 합리적인 논증 과정이 있어야 하기 때문이다. 이러한 논증 과정이 없는 협상은 권력을 가지지 못한 사람들이 권력을 가진 사람들에게

• • •

64. O'Neill, 1993, pp. 140~141.
65. Funtowicz at al, 같은 글, p. 17.

굴복하는 것을 정당화하는 수단으로 전락할 수도 있다. 힘이 없는 사람들에게 형식적으로만 주어지는 대화는 있으나 마나 한 것이다.[66] 이런 맥락에서 생태 경제학이 추구하는 문제 해결 방식은 타협보다는 판단에서의 수렴convergence in judgements이라고 할 수 있다.[67]

오로지 가치법칙의 관철만을 실재로 왜곡하는 경제학적 논리에서 벗어날 때, 우리는 그것을 지탱하는 외적 한계들, 프런티어를 마주하게 된다. 그리고 인간인 우리들 자신의 내적 한계를 자각하게 된다. 이러한 마주침과 자각을 경제학적 논리에 의해 평면화된 세계 인식을 비판할 수 있게 한다. 이제 사람들은 여기로부터 경제학적 논리 / 자본주의 논리에 의해 짓눌려 있는 몸과 무의식의 신호를 들을 수 있게 된다. 그럼으로써 자연적 존재인 스스로를 알게 되고, 자연적 존재이기 위해서는 사회적 존재임을 깨닫게 된다. 동시에 이런 자각은 서로 다른 시간과 장소에서 체험되기에 하나로 수렴될 수 없음을 알게 된다. 마주침과 자각이 준 자본주의 거부의 몸짓은 숙의 과정에 의해 사회주의 정치로 도약해야 한다. 이것이 오늘날 우리가 찾아야 할 사회주의의 출발점이다.

• • •

66. O'Neill, 1997, p. 84.
67. 같은 글, p. 85.

의식과 언어에서 무의식과 기호로
― 펠릭스 가타리의 사유 실험

윤수종

1. 머리말

가타리는 철학은 주체성 생산에 대해 질문하는 것이라고 생각하였다.

　고전적 사유는 정신을 물질로부터 구분하고 주체의 본질을 신체의 톱니들에서 분리하였다. 맑스주의자들은 나중에 주체적 상부구조와 하부구조적 생산 관계 사이의 대립을 설정하였다. 그렇다면 우리는 오늘날 주체성 생산에 대해서 어떻게 말해야 하는가? 분명히 주체성의 내용은 점점 더 복수의 기계 체계들에 의존하게 되어 왔다.

관념론은 생각하는 인간을 강조하고 물질과 신체로부터 인간을 분리하여 정신을 강조하였다. 주체는 생각하는 인간이었고 생각하는 주체인 인간은 생각하는 인간 아닌 모든 것을 대상화하였다.

주체와 대상이 구분되고 나아가 주체는 스스로 언어에서 주어처럼 모든 사유를 시작하는 출발점이었다. 그래서 주체 철학이 득세하였다. 그 꼭짓점에는 헤겔이 있었다. 변증법을 가지고 진리(이성)를 찾아 나선다고 하면서 비진리(욕망, 광기)를 배제하며 인식의 독재를 관철해 나갔다.

그에 반해 유물론, 특히 맑스주의는 하부구조적 생산 관계가 주체적 상부구조를 규정하는 것으로 역전시켰으며, 주체의 사회적 규정성(존재의 의식 규정)을 강조하였다. 그러나 관념론과 마찬가지로 주체와 대상을 분리하였고 나아가 대립적인 것으로 파악하였다. 더욱이 변증법을 끌어들이면서 맑스주의도 주체 철학에 말려 들어갔다. 집합적 주체성을 담지한다는 당이 최고 주체로 나선다. 더군다나 진짜 노동자를 찾아 나서서 룸펜과 불안정 노동자층을 밀어내게 되었다.

주체와 대상을 분리하거나 적대적인 것으로 보는 한 주체성 생산은 난항에 빠지게 된다. 이러한 분리와 대립을 넘어서려는 것이 가타리의 의도였다. 기계를 들고 횡단하면서 그것을 넘어선다. 기계들과 기계적 작동에 휩싸인 채.

2. 의식에서 무의식으로

1) 무의식 문제 제기

탈근대론의 등장과 함께 기존의 사고 틀이 주로 의존했던 합리성 모델이나 이원론적 대당 설정 방식에 대한 문제 제기와 다양성과 다원성을 적극적으로 사고하려는 움직임이 이어졌다. 탈근대론의 부흥은 맑스주의의 위기와 맞물려 있는 현상이라고 할 수도 있다. 맑스주의가 교조화된 맑스 레닌주의적 원칙을 반복함으로써 현실 변화에 대응할 수 없었던 상황에서, 더욱이 현실사회주의의 붕괴와 더불어, 탈근대론의 부흥은 논의의 다양성을 증폭시켰고, 다양한 이론들의 접합을 가능하게 하였다.

이러한 구도에서 볼 때 철학에서는 그간 이단적으로 평가되었던 니체, 스피노자, 베르그송 등이 부각되고 있고, 그들의 문제 설정 방식 및 사고방식에 대한 적극적인 평가가 이루어지고 있다. 이들에 대한 적극적인 평가는 근대적 문제 설정의 핵심인 합리성 모델에 대한 비판으로 이어지고 있다. 합리성 모델에 대한 비판은 다른 한편으로는 정신분석 쪽에서 프로이트에 의해 무의식의 문제 설정으로 제시되었다. 그 후 정신분석에서 무의식에 대한 연구는 여러 사람에 의해 진행되었다. 특히 1960년대에는 프랑스 지성계의 구조주의적 흐름 속에서 라캉에 의해 프로이트의 무의식 문제가 적극적으로 검토되고 재구성되었다.

2) 정신분석(프로이트와 라캉) 비판

인간의 정신 구조에 대한 탐색에 나선 정신분석은 의식이 아니라 무의식을 강조하였고 합리성이 아니라 비합리성을, 이성이 아니라 욕망(광기)에 초점을 맞추는 경향을 보였다. 그래서 정신분석은 근대적인 문제설정에 대해 언제든 비판적일 수 있는 가능성이 있었다. 더욱이 사회관계의 개편을 통해 변혁을 꿈꾸던 맑스주의자들이 천착하지 못한 주체 문제를 탈근대적인 상황에서 제기하려는 사람들은 정신분석에서 다루는 주체 형성 방식에 다가가지 않을 수 없었다.

그런데 정신분석의 흐름에서는 무의식이 주체를 규정하는 측면을 강조해 왔다. 주체가 스스로 무의식 과정을 통해 자신을 만들어가기보다는 본원적인, 생물학적인, 상징적인 혹은 타자의 무의식(구조적 무의식)이 나라는 주체를 구조화한다는 입장에 서 있었다. 한마디로 무의식에 의한 주체 규정, 즉 무의식의 구조화론이 정신분석에서 지배적인 흐름이었다.

가타리는 프로이트의 정신분석의 많은 부분을 계승하고자 한다. 특히 초기의 무의식에 대한 강조, 무의식의 역동성에 대한 인식 등을 이어받고자 한다. 그러나 이드와 문명의 관계 설정 속에서 초자아를 강조하는 후기의 프로이트에 대해서는 비판적인 자세를 취한다. 한편 가타리는, 특히 1960년대 당시 프랑스에서 위세를 떨치던 라캉주의에 대해서 처음에는 부분적으로 수용하다가 점차 비판하는 자세로 돌아선다. 그는 라캉주의의 '구조'에 대해서 '기계'를 들이밀고 있다.

가타리는 정신분석이 개인사에 집중하고, 큰ㅅ '타자'라는 준거에 의해서 분석을 하는 점에 대해 비판한다. 더욱이 라캉의 경우 언어의 고정점으로 퇴행하는 분석을 하고 있다고 비판한다. 개인

(및 그의 정신)은 다양한 수준의 기표에, 모든 가치의 토대에 접속할 수 있다. 그런데 정신분석에서는 이 다양한 접속 가능성을 전이 기제를 통해 특정한 것으로 환원하는 경향이 있다는 것이다. 표상이나 신화에 재료를 제공하는 것이 그것이다. 그들 등장인물은 반드시 아버지, 어머니나 할머니, 중생대의 괴수 등등에 한정되지 않는다. 그것은 또한 사회의 근본적인 문제, 즉 현시대의 계급투쟁이라고 하는 문제에 놓여 있는 등장인물이기도 하다[1]는 것이다.

이러한 문제의식에서 가타리는 라캉의 정신분석 실천에 대해서 비판한다. 특히 라캉파들이 실천한다고 한 '카르텔cartel'[2]이 하는 것은 분석하는 일의 정반대로서, 모든 것을 단순화하는 해석이고 '새로운 고풍스러움archaïsme'으로 나아갈 뿐이라고 비판한다. '카르텔'은 모든 자유로운 상상에 종지부를 찍고 통로를 막아서 항상 텍스트로 되돌아가게 하며, 사물의 상태 그대로의 모습으로 되돌아가는 데 집착하고 있다는 것이다.

분석의 측면에서, 욕망은 담론의 흐름에 따라 끊임없이 하나의 접합 관계에서 다른 — 기호소적 · 상상적 · 음소적 · 상징적 등등의 — 접합 관계로 이행해 가는데, '카르텔' 쪽에서는 이미 타자의

• • •

1. 'Introduction à la psychothérapie institutionnelle' (1962~63), PT(Psychanalyse et Transversalité), pp. 47~48. 가타리, 『정신분석과 횡단성』, 윤수종 옮김, 울력, 2004, 98쪽.

2. 파리 프로이트파(EFP) 내부에 만들어진 작업 집단으로 라캉이 파리 프로이트파의 창설 취지문(1964년 6월) 속에서 이 작업 집단은 '적어도 3명, 많게는 5명으로 4명이 적정 규모이다. 그리고 그것과는 별도로 또 한 사람, 즉 각 사람의 일을 선별해주고 논의를 설정하고 보존할 수 있는 결론을 지정하는 역할을 지닌 사람'으로 구성된다고 명확히 규정하고 있다.

향유에 매달려 지식에 대해서는 자세히 알기를 원하지 않는 독해 기계가, 그러한 지식을 결론에서가 아니라 처음부터 자신의 실체 속에 붙잡아두려고 한다는 것이다.

가타리는 카르텔에 대해 텍스트 자체에 몰입하여 읽고 조립하는 작업 이외에 제도 분석의 실천, 결국은 정치적 분석의 실천에 관계하는 것으로 나아가야 할 것이라고 충고한다.[3] 또한 정신분석 담론이 어떠한 실제적 조건에서, 그것이 사로잡혀 있는 복잡한 제도(시설)들 및 다양한 신화에서 해방될 수 있는가를 구명하는 것이 중요한 문제라고 주장한다.[4]

제도들 및 신화들은 정신분석 담론을 도덕적·종교적·정치적·과학적 등등의 차원에서 지배적인 사회적 모델에 순응한 어떤 복합적인 이상형에 종속시키려고 하기 때문이다.

3) 가타리의 무의식 분석 시도

가타리는 프로이트의 무의식론을 비판하면서 무의식 분석에 대한 새로운 시도를 감행한다. 무의식 분석에 대한 가타리의 문제 제기는 프로이트(특히 후기)와 라캉의 무의식 분석에 향하고 있고, 그들의 개념을 비판하면서 색다른 개념들을 동원하고 재조립하는

• • •

3. 'Réflexions sur l'enseignement comme envers de l'analyse' (1970), PT, p. 251. 『정신분석과 횡단성』, 438쪽.
4. 'Réflexions sur l'enseignement comme envers de l'analyse' (1970), PT, p. 255. 『정신분석과 횡단성』, 430쪽.

과정을 거치게 된다. 그러면서 자신의 무의식 분석을 점점 더 색다른 것으로 만들어 간다.

가타리는 무의식을 어떤 특정한 것으로 규정하는 것에 대해서 비판적인 자세를 취한다. 프로이트나 라캉이 제시했던 무의식을 비판하면서, 무의식의 내용보다도 무의식의 '작용 방식'에 초점을 맞추어 분석해 나가려고 한다. 그렇기 때문에 무의식이 이것이다 라고 규정하기 어렵게 된다. 실은 실천적인 측면에서 보면 관심은 무의식을 규정하는 것이 아니라 무의식이 '작동되는 방식을 바꾸어 가려는 것'이기 때문이다. 작동을 문제 삼지 않으면 존재와 무 사이의 선택지만 남아 있지, 그 양자 사이의 작용 과정에 대해서는 할 말이 없게 된다. 따라서 가타리가 무의식에 대해서 제기하는 문제는 색다른 작동 방식을 추구하자는 것이다.

가타리는 무의식 원인론(무의식은 충족되지 못한 충동들이 억압되어 생긴다)이 빠져 있는 편집적인 설명이나 모델을 추구하는 것이 아니라 분열적인 방향으로 나아갈 것을 주장한다. 그렇다고 이것이 해체론적인 방향으로 나아가는 것은 아니다. 다양한 방향으로 흘러가게 함으로써 오히려 이행 구성요소를 찾아내고 새로운 배치의 핵을 찾아낼 수 있다고 생각한다.[5]

그럼에도 일단 무의식에 대한 가타리의 규정은 세 가지로 나누어 볼 수 있는데, 이것들이 서로 분명히 구별되는 것은 아니다. 다만 초점이 조금씩 달라짐에 따라서 붙인 이름이라고 생각된다.

• • •

5. 가타리, 『분자혁명』, 윤수종 옮김, 푸른숲, 1998, 31~44쪽.

(1) 분자적 무의식

가타리는 들뢰즈와 함께 무의식 분석을 시도하면서, 우선 정신 분석이 아버지를 중심으로, 오이디푸스 삼각형을 중심으로 분석해 들어가는 것을 비판한다.[6] 가족은 프로이트가 주장하는 것과는 달리 독립변수가 아니라 종속변수이며 사회적 장이 가족을 결정한다고 주장하였다. 사회적 장의 욕망 투여는 편집적인 방향과 분열적인 방향을 띠는데, 편집적인 방향은 분리 차별적이며 중앙 집중적인 권위를 투여하는 반면, 분열적인 방향은 욕망의 탈주선을 따른다고 한다. 횡단성 개념에서 암시되었듯이, 욕망의 탈주선을 따라 무의식은 어떤 리비도적 투여 형태에서 다른 리비도적 투여 형태로 끊임없이 이행하면서 진동한다고 한다.

이러한 틀에서 봤을 때 오이디푸스는 편집적 영토화의 한 현상이라고 보고 반대로 분열적인 방향으로 욕망 투여가 이루어지는 탈주선들을 추적할 필요성을 역설한다. 여기서 '몰적 / 분자적'이라는 물리화학적 개념 쌍을 차용하면서 분자적 무의식을 제시한다. 가타리는 흐름 분석과 사회 분석에서 몰mole적 / 분자적moléculaire 라는 개념 쌍을 사용한다. 그러나 이 개념 쌍은 변증법적인 것이라기보다는 움직임의 방향과 방식을 지칭하는 것이다. '몰(적)'이라는 것은 어떤 하나의 모델이나 특정 대상을 중심으로 모든 것을 집중해 가거나 모아가는 것을 말하며 자본이 모든 움직임을 이윤 메커니즘에 맞추어 초코드화하는 것을 몰적이라 할 수 있을 것이

• • •

6. Deleuze and Guattari, *Anti-Oedipus*, University of Minnesota Press, 1983, pp. 273~295.
들뢰즈 · 가타리, 『안티 오이디푸스』, 김재인 옮김, 민음사, 2014, 290~317쪽.

다. 운동에 있어서는 모든 움직임을 노동운동이라는 단일 전선에 편제하여 다른 흐름들을 통제하는 것을 말하기도 한다. 물론 몰적인 방향을 무조건 나쁜 것으로 생각하는 것이 아니다. 단지 몰적인 방향은 생성을 가져오는 것은 아니며 기존에 생성된 것을 특정하게 코드화할 뿐인 것이다. 이에 반해 '분자적'이라는 개념은 미세한 흐름을 통해 다른 것으로 되는 움직임(생성)을 지칭하는 것이다. 그러나 이러한 미세한 흐름은 반드시 작은 제도나 장치를 통해서만 이루어지는 것은 아니며 사회 전반적인 규모에 걸쳐 있을 수도 있다. 따라서 미시 구조나 미시적 흐름에만 집중하는 것이 아니라 다양한 크기의 구조 및 제도 속에서 흐르는 분자적 흐름을 중요시한다. 이러한 개념을 제시하면서 가타리가 의도하는 것은 욕망의 흐름을 파악하려는 것이다.

그리고 작용 방식에 초점을 맞추어 가타리는 욕망을 담고 움직이는 기계로서 욕망하는 기계들에 주목하면서 그것들을 몰적 기계들과 분자적 기계들로 구분한다. 분자적 기계들은 새로운 생성의 흐름을 만들어내며 이러한 것들을 초코드화해 나가는 것이 몰적 기계들이다. 몰적 기계들은 특정한 의미작용과 재현(표상, 대표)을 만들어낸다. 물론 분자적 기계들과 몰적 기계들이 분리되어 있는 것은 아니며, 분자적인 욕망하는 기계들은 거대한 몰적 기계들의 투여라고 생각한다. 특정한 의미작용을 만들어내지 않고 재현하지 않는 분자적인 욕망하는 기계들은 특정한 종합 방식(연접, 이접, 통접 등) 속에서 작동한다. 사회적 장 안에서 이러한 욕망하는 기계들의 분자적인 움직임이야말로 분자적 무의식의 내용이라고 생각하였다.

(2) 기계적 무의식

가타리는 욕망하는 기계는 생산과 관련한다고 보며 특히, 주체성 생산이란 측면에서 무의식에 대한 분석을 시도한다. 가타리가 보기에는, 누구나 자신에게 어울리는 무의식을 가지고 있다. 가타리는 무의식이란, 우리 주위의 어디에나, 몸짓에도, 일상적 대상에도, TV에도, 기상 징후에도, 더욱이 당면한 큰 문제에 있어서조차도 우리에게 붙어 다니는 어떤 것이라고 본다. 따라서 무의식은, 개인의 내부에서 그 사람이 세계를 지각하거나 자신의 신체나 자신의 영토나 자신의 성을 체험하는 방식에서뿐만 아니라, 부부나 가족이나 학교나 이웃이나 공장이나 경기장이나 대학 등의 내부에서도 작동한다고 한다. 즉 무의식은 무의식 전문가(정신분석가)의 무의식도 아니고 과거 속에 결정화된 제도화된 담론 속에 붙어버린 무의식도 아니다. 오히려 무의식은 미래로 향한 채, 가능성 자체, 언어활동에서의 가능성뿐만 아니라 피부·사회체·우주 등에서의 가능성을 자신의 핵심으로 지니고 있다고 한다.[7]

가타리는 이미지나 단어[말]뿐만 아니라, 이미지나 단어를 생산하고 재생산하도록 유도하는 모든 종류의 기계들과 메커니즘들이 무의식에 서식한다는 것을 강조하기 위해서 '기계적 무의식'이라는 말을 사용한다. 모든 표현 양식을 체계적으로 정식화하고 기호

• • •

7. Guattari, *L'inconscient Machinique(IM)*, Editions de Recherches, 1979, pp. 7~19.
가타리, 『기계적 무의식』, 윤수종 옮김, 푸른숲, 2003, 25~39쪽.

학적 흐름을 통제하고 탈주선과 이탈선을 억압하려는 질서의 이상에 대항하여, 가타리는 현실의 다양한 수준을 횡단하고 지층들을 조립하거나 해체하는 탈영토화된 상호작용을 강조한다. 무의식은 어떤 심층 구조나 기원으로부터 만들어지는 것이 아니라 바로 그러한 탈영토화된 상호작용이 이루어지는 구체적인 배치 속에서 생겨나서 다양한 지층을 횡단하면서 작동한다는 것이다. 이러한 문제의식에서 의미작용을 생산하는 기표적 기호학에 대해서 무의미를 지니지만 다른 것 되기로 될 수 있는 기호들을 분석하는 비기표적 기호론을 제기한다.

무의식은 오직 기계적 상호작용의 리좀, 우리를 둘러싸고 있는 권력 체계와 권력관계의 연결일 뿐이다. 그 자체로서 무의식 과정은 특정한 내용이나 구조적인 통사론의 측면에서 분석될 수 없으며, 오히려 정의상 생물학적 개인에도 구조적 패러다임에도 일치하지 않는 언표행위énonciation의 측면, 집단적인 언표행위 배치라는 측면에서 분석될 수 있을 뿐이라고 한다. 이 집단적 언표행위 배치는 서로 크게 구별되는 차원들(흐름, 기호, 무형적 세계, 에너지 등) 안에 있는 다양한 구성요소들의 기계적 작동을 통해 파악해 나갈 수 있다고 한다.

무의식은 정신적인 과정에 속하며 볼 수 없고 들을 수 없는 심층에 있는 어떤 것이라고 생각해 왔다. 가타리는 다르게 생각하려는 것이다. 즉 무의식은 우리의 현실 생활 속에서 우리의 신체에, 우리의 사회관계에 붙어서 움직이는 것이라고 생각하는 것이다. 억압된 것의 저장소라거나 상징의 장소로서가 아니라 새로운 것을 만들어 가는 재료라고 생각하는 것이다. 더욱이 정신 과정 속에서 진행되며 밖으로는 징후로서만 드러난다는 무의식 개념에 대해서, 행동에 붙어서 행동의 방향을 수정해갈 수 있는 시각적 음악적 구성요소들(안면성, 리토르넬르 등)을 지닌 무의식 개념을 제시한다. 더욱이 우리의 신체와 우리의 사회관계를 바꾸어 나가는 이행 구성요소로서의 역할도 지니고 있다고 생각한다.

(3) 분열분석적 무의식

분자적·기계적 작동과 기호적 흐름에 초점을 맞추어 나가던 가타리는 점차 그러한 흐름 및 작동이 에너지를 담지하고 있다는 생각에 이른다. 언표행위 배치 분석을 평면지 위에서 시공간적 에너지적 좌표 위로 옮겨 가는 것이다.[8]

그렇게 되면 무의식 분석은 정신 현상에만 관계된 것이 아니라 다른 여러 가지 것들과 관계하는 것으로 된다. 이와 관련하여 가타리는 카오스 이론을 차용하면서 복잡성 분석으로 나아간다. 이제 가타리는 무의식의 작용 방식을 자기생산[9]에 근거한 이질 발생성에서 찾고 있다.

이 과정에서 가타리는 프로이트나 기존의 정신분석에서 제시한

• • •

8. Guattari, F., *Cartogaphies Schizoanlytiques*, Editions Galilée, 1989.
9. '생물을 특징짓는 것은 끊임없이 자기 자신을 만들어낸다는 데 있다'는 입장에서 생물을 정의하는 조직을 자기생산 조직이라고 한다. 움베르토 마투라나·프란 시스코 바렐라, 『인식의 나무』, 최호영 옮김, 자작아카데미, 1995, 52쪽을 참조. 생물 유기체에 한정하여 사용한 바렐라의 이 개념을 차용하여 가타리는 사회 현상에도 확대 적용한다.

모델화(예를 들어 가족 삼각형을 통한 설명)가 스스로 준거하고 있는 것을 거의 대부분 우회해 간다고 보고, 오히려 다양한 모델화(종교적 모델화, 과학적 모델화, 형이상학적 모델화, 신경증적 모델화 등)를 병렬적으로 제시하면서 이 다양한 모델화를 가로지르는 색다른 흐름(또 다른 모델화 즉 메타 모델화)을 찾아내려고 한다.

이제 무의식은 특히 주체성 생산과 관련해서는, 물질적·에너지적·기호적 흐름Flux, 구체적이고 추상적인 기계적 계통Phylum, 가상적이고 무형적인 가치 세계Univers, 유한한 실존적 영토Territoire라는 차원들 안에서 카오스와 복잡성 사이를 오가면서 주체성을 구성해 가는 과정으로 나타난다.[10]

나아가 무의식을 넓은 의미로 이해되는 집합적 설비라고 이해한다. 각 개인, 각 사회집단은 주체성을 모델화하는 자신의 고유한 체계를, 즉 인식적 지표뿐만 아니라 신화적 의례적 징후적인 지표들로 구성되는 어떤 지도를 지니고 있으며, 이 지도에 기초하여 자신들의 정서들, 분노들과 관련하여 스스로의 위치를 정하고 자신들의 금기와 충동들을 관리하려고 한다. 더욱이 복수의 지도들을 지니고 이루어지는 주체화 지층들, 이질적인 지층들이 겹쳐져 있는 것을 무의식이라고 생각한다.

그래서 가타리의 무의식 연구는 프로이트처럼 과거의 억압된 것을 의식해내기 위해서가 아니라, 라이히처럼 현재의 오르가즘을 달성하기 위해서가 아니라, 라캉처럼 상징적인 구조화를 통해

• • •

10. Guattari, *Chaosmose*, Editions Galilée, 1992, p. 172. 『카오스모제』, 윤수종 옮김, 동문선, 2003, 162쪽.

생산되는 주체에 대한 관심에서가 아니라, 우리의 현실을 변형해 나가는 이행 구성요소를 찾아내기 위한 것이다. 가타리는 말한다. '무의식은 미래를 향해 나아간다'고. '무의식은 건설되고 창안되어야 한다'고.

3. 언어에서 기호로

1) 언어 중심성

주체성에 대한 탐색은 바로 정신분석에 의해 시작되었다. 정신분석은 정신과 관련한 모든 것을 말(언어)의 문제를 중심으로 전개한다. 그럼에도 정신분석은 주체성의 새로운 대륙을 발견하였다. 정신분석가들은 꿈이나 실언, 행동 실수, 정신병, 유년기 심리, 신화에 관심을 가졌지만, 이러한 영역의 특수한 논리를 이해하고 탐구하기 위해서가 아니라 그것을 지배적인 이해 양식, 지배적인 생활양식에 끌어다 대려고 하였다. 정신분석은 의식에 대비되는 무의식의 넓은 바다가 있다는 것을 확인해 주었지만, 오히려 그 무의식의 내용을 가족소설에 얽어매려는 방향으로 나아갔다. 이러한 무의식 개념에 대항하여 가타리는 색다른 무의식론을 제기한다.[11]

• • •

11. 펠릭스 가타리, 『기계적 무의식』, 윤수종 옮김, 푸른숲, 2003.

그러면 언어로 기운 정신분석을 비판하면서 배치 개념을 제시하는 가타리의 설명을 들어보자.[12]

정신분석에서는 언어를 무의식을 분석하는 데 있어서 중요한 대상으로 간주하였다. 프로이트는 대화를 통한 자유연상 방법을 사용하였고 다양한 실언이나 농담 등을 분석하기도 하였다.

라캉을 비롯한 구조주의적 경향을 지닌 학자들도 무의식 분석에 있어서 언어를 강조하였다. 언어를 통해서 무의식적인 정신 구조가 구성되는 것으로 생각하기까지 하였다. 이러한 경향은 결국은 언어로부터 정신이 구성되는 듯한 사고로 이어져 갔고, 더욱이 언어(합리적 틀) 이외의 요소들을 부차적인 것으로 처리하는 방식으로 나아갔다.

이러한 것을 비판하기 위해 가타리는 언어에서 벗어나자는 주장을 한다. 언어의 체계가 의미를 지닌다는 초기의 입장에서 후기에는 '사용'(실천)을 축에 두고 언어를 파악하게 된 비트겐슈타인처럼, 가타리는 화용론을 강조하면서 언어(언어학) 자체에서 벗어날 것을 강조한다.

언어학자들은 내용을 규정하려고 할 때 어려움에 처하게 되면서 점차 화용론에 관심을 갖게 되었다. 그렇지만 언어학은 언어와 사회적 장 사이의 상호 침투 문제를 제기하지 않았다. 이러한 사고방식에는 언어의 통일성과 자율성에 대한 믿음이 깔려 있다. 이에 대해 가타리는 언어는 어디에나 있지만, 자기 자신에게 고유

• • •

12. Guattari, IM, Editions de Recherhes, 1979, pp. 43~73.『기계적 무의식』, 64~95쪽.

한 어떤 영역도 소유하지 않는다고 한다. 결국 어떤 언어의 통일성은 항상 어떤 권력 구성체의 구성과 분리할 수 없다고 한다. 방언지도 위에서 보이는 것은, 결코 명확한 경계선이 아니라 단순히 접경지대 및 이행지대일 뿐이다. 모국어는 없으며, 하나의 집단, 하나의 인종 집단, 혹은 하나의 민족에 의한 기호적 권력의 장악이라는 현상이 있다는 것이다. 다양한 언어들(소수 언어들)이 있을 뿐이고 그에 대한 권력 장악이 모국어를 선포한다는 것이다. 더 강하게 말하면 권력 구성체는 기호적 제어[13]와 기호학적 예속을 통해서 탈코드화된 흐름들을 통제해 나간다는 것이다.

그렇기 때문에 문법성에 기초하여 문법적으로 올바른 문장을 만드는 것은 '정상적인' 개인에게는 법칙에 대한 복종의 전제조건이다. 누구도 만약 열등-인간, 어린이, 일탈자, 광인, 부적응자를 위해 마련된 제도들에 속하지 않는 한 지배적인 문법성을 무시하기 어렵다. 가타리는 이러한 문법성에 근거한 작용 방식은 권력표지이자 통사표지[14]라고 한다.

2) 비기표적 기호계

가타리가 언어와 관련하여 정리하는 것은 '언어적 보편성은

• • •

13. 가타리는 예속(종속, assujettissement)과 제어(asservissement)를 구분한다. 예속은 우리가 흔히 말하는 권력관계로서 나타나는 종속을 말하고, 제어는 사이버네틱스에서 자동기계적 제어의 의미로 사용한다.
14. 통사(syntax)란 언어에 존재하는 문장구조의 규칙을 말한다. 가타리는 언어에서 이러한 규칙을 부과하는 것을 권력 작용이라고 본다.

존재하지 않는다는 것이다. 언어적 표현의 각 장면에는 (지각·몸짓·제스처·이미지에 의한 사고의 등등) 모든 종류의 기호적 연쇄의 네트워크가 결합되어 있다고 한다.[15]

언어에서 벗어난다는 것은 문법화되고 질서 지워진 언어 규칙에 매이지 않는다는 것을 의미하며, 이러한 생각에서 가타리는 언어가 아니라 언표행위를 강조하게 된다. 언어로 표현되는 신호뿐만 아니라 인간이 표현하는 모든 신호(기호)들, 예컨대 몸짓이나 인상, 괴성, 침묵 등등을 모두 고려하기 위한 개념이다. 또한 그런 언표행위는 단독적으로 존재하는 것이 아니라 다른 사람들 및 사물들과의 집단적 배치 속에서 이루어지는 것이다. 이러한 배치를 고려하면서 언표행위들을 해석해 가려는 의도에서 가타리는 언표행위 배치라는 개념을 사용한다.

그리고 언어보다는 기호를 강조하게 된다. 여기서 기호학을 비판적으로 전유한다. 가타리는 의미(의미작용)를 찾아내려는 기표적 기호학에 대해서 무의미를 강조하면서 다양한 흐름과 언어를 넘어선 다양한 행동을 통해 해독해 나가는 비기표적 기호론을 제시한다. 이러한 과정을 통해 언표행위 안에서 나타나는 권력관계를 강조하고, 내용과 표현, 형식과 실체라는 이중분절 체계에서 벗어나 n분절을 지닌 기호론을 제시한다. 특히 가타리는 기호학 비판에서 제도 속에서 기표가 차지하는 위상을 검토한다. 많은 사람들이 권력 장치 분석에 집중했다면 가타리는 오히려

• • •

15. Guattari, *IM*, Editions de Recherhes, 1979, p. 33. 『기계적 무의식』, 54쪽.

주체성을 생산하는 데 중요한 역할을 하는 기호화 양식들을 분석하고 비판하면서 기표의 독재적인 작용에 주목하는 것이다.[16] 그리고 기호화 양식들을 분석해 나가는 과정이자 방법이 분열분석이다.

3) 분열분석

(1) 분열분석이란 무엇인가?

분열분석은 촘스키의 '문법성의 공리'를 자명한 것으로 인정하지 않을 뿐만 아니라, 그것과 전투적으로 대립한다. 분열분석은 의미작용을 번역하거나 재편성하지 않고 잉여성 체계를 넘어서 기호론적 배치를 변형하는 것이 항상 가능하다고 생각한다. 나아가 첫 번째 책략은 기표적 권력의 정당화에 대한 거부이다. 새로운 언어능력 지도를 새로운 비–기표적 도표 좌표를 만들어내는 것에 전념토록 한다는 것이다. 더 나아가 분열분석은 주체화 양식의 개인화된 방식을 비판하고, 이것을 바탕으로 이전의 미시정치적 관계가 기록되고 수정되는 도표화 작용의 과정들, '분석 장치들,' 집합적 언표행위 배치를 드러내려고 노력한다. 여기서 문제가 되는 것은 사회적 화용론에서의 변이이다.

● ● ●

16. 가타리의 기호학 비판과 기호화 양식에 대한 분석은 「의미와 권력」(『분자혁명』에 실린 글)에서 한 여성 환자를 분석하면서 진가를 발휘한다. 권력 구성체는 특정한 기호화 양식들을 통해 한 사람이 나타내는 모습을 의미화하고 그럼으로써 그런 의미에 따라서 그 사람에게 특정한 작용을 가하게 된다. 이처럼 권력 구성체는 실은 비기표적인 기계들을 통해 의미작용을 강요한다. 따라서 권력 구성체에 대한 공격은 기표에 대한 공격뿐만 아니라 권력이 사용하는 다양한 비기표적 기호들을 다르게 사용하는 것으로 나아가야 한다.

화용론의 임무는, 기표적 생성의 효과를 해체하는 변형체계 사이의 연결 작업을 하는 것에, 그리고 기호적 체계 전체에 관한 미시정치적 동향을 판별할 수 있게 하는 데 있다. 각 상황에서 분열분석의 목표는, 모든 지배적 변형 성분 주위에서 일어나는 권력의 결정화 작용의 성질을 밝히는 데 있다. 어떤 기표적 성분의 붕괴 및 어떤 새로운 도표적 성분의 출현은 기표 및 개체화 작용의 효과를 감소시키고, 언표행위를 기계적 배치의 다른 요소 내부의 하나에 지나지 않는 것으로 만들어 버린다. 즉 분열분석적 화용론의 목표는 어떤 점에서 지도들 사이에 일치가 있는가, 어떤 분리 작업이 이루어지는가, 일정한 체계에 대한 기표적 권력 장악은 어떤 범위를 갖는가, 언표 및 명제의 범위를 조직하거나 초코드화하는 기표에 접속되는 권력 구성체는 어떤 성질을 갖는가를 결정하는 데 있다. 물론 그런 가운데 이행 구성요소와 그것이 배치 속에서 행하는 기능에 집중하고 있다.

(2) 분열분석의 과제

가타리는 들뢰즈와 함께 한 작업에서 정신분석(주로 프로이트)에 대한 비판을 하고 난 뒤 분열분석의 적극적인 과제를 제시하였다.[17]

분열분석의 첫 번째 적극적인 과제는 주체 속에서 어떤 해석과도 독립적으로 주체의 욕망하는 기계들의 성격, 형성, 기능 작용을 분석하는 것이다. 가타리는 욕망하는 기계들의 부품을 이루는

• • •

17. Deleuze and Guattari, Deleuze and Guattari, *Anti-Oedipus*, University of Minnesota Press, 1983, pp. 322~382. 『안티 오이디푸스』, 535~628쪽.

부분 대상들이 무의식의 분자적 기능소들이라고 하면서, 분열분석의 과제는 이러한 분자적 요소들이 분산되어 있는 맥락에서 기계적 배치(기능 연관)들을 파악하는 것이라고 한다. 그리고 모든 부분 대상은 흐름을 분출하는데, 이러한 흐름들을 통해서 모든 생산적인 연결(연접적·이접적·접속적 종합)이 이루어진다. 이러한 종합 과정에서 이루어지는 분자적 연쇄의 기능을, 나아가 탈주선을 파악할 것을 제안한다. 물론 이러한 과제는 욕망하는 기계가 작동하지 못하도록 하는 몰적 집계나 구조들, 표상들을 파괴하는 소극적 과제와 분리할 수 없다.

분열분석의 두 번째 과제는 분자적인 것과 몰적인 것의 관계를 파악하는 것이다. 몰적 구성체의 투여가 아닌 분자적 구성체가 없고 자신들이 대규모로 형성하는 사회적 기계들을 벗어나 존재하는 (욕망하는) 기계들은 없다는 인식에서 출발한다. 다시 말해서 모든 (욕망) 투여는 사회적이며 어찌 됐든 사회 역사적 장에 관계한다는 것이다. 이와 관련해서는 분자적 단위가 어떤 선별을 거쳐 몰적으로 집계되는지에 대해서 설명하려고 한다. 물론 탈영토화의 방향을 탐색하기 위해서.

이상의 두 가지 과제에서처럼 분열분석은 동일시, 동일자의 보편적 상을 거부하고,[18] 분화의 길들, 새로운 강렬도[19]의 증식,

• • •

18. 욕망은 항상 영토 외적(extra-territorial)이며, 탈영토화되고, 탈영토화하며, 모든 장벽의 아래위로 빠져나간다. 그런데 이러한 흐름을 무시하고 사회적 생산과 욕망하는 생산을 구분하는 것(이분법)은 욕망의 흐름을 표준적 표상에 가두는 것이다. 전통적인 정신분석가들은 자아, 아버지, 어머니를 동일한 극으로 다루어야 한다고 생각하고, 항상 동일한 아버지와 동일한 어머니,

리좀에서의 새로운 가지치기를 추적하려 한다. 즉 항상 다른 것과의 접속, 다른 것으로 되기를 추적한다. 그렇다고 분열분석은 사회경제적 분석과 리비도 경제적 분석을 변증법적으로 종합하려고 하기보다는, 무엇보다도 사태들을 논리적인 골격으로 환원하지 않고 풍부화하고, 그 연쇄들·현실적인 자취들·사회적 함의들을 추적하려고 한다.

이러한 분열분석에서 핵심은 기계라는 발상이다. 표상과 구조로 환원시키지 않고 기계적 작동을 통해 다양한 접속 회로를 만들어 가는 방법을 추구하는 것이다. 결국 분열분석은 소극적으로는 교조적인 유물변증법을 비롯한 인식론에 기울어진 변증법 전체를 공격하는 것이며 구조주의를 비판하는 것이다.

그렇다고 분열분석이라고 해서 해체하자는 것이 아니다. 오히려 다양한 선들을 접속시키자는 의도가 강하다. 무의식의 영역은 분리, 지층화 및 분절성이 아니라 모든 영역에서 분열적 접속의 모든 가능성의 장소이다. 만일 무의식 구성체에 관한 분석적 실천과 사회 구성체의 정치적 실천 사이에 융합이 없다면, 동일한 태도, 동일한 도그마적 집착, 동일한 위계들, 동일한 배제 및 지배 조건이 끝없이 일어날 것이다.

• • •

동일한 삼각형을 찾는다. 아버지는 은행에서 일하든, 공장에 다니든, 이민 노동자이든, 실업자이든, 알콜 중독자이든 동일하다고 파악하는 것이다.

19. 모든 현상은 고정된 것이 아니라 자체가 지닌 힘에 의해 다양한 방향으로 나아갈 수 있으며, 따라서 지금 있는 '어떤 것'은 항상 여러 방향으로 움직일 수 있는 내재적 리듬을 가지고 있다. 이러한 리듬은 다른 것과 접속하면서 새로운 것을 만들어 갈 수 있는 근거가 되는데, 이 리듬을 강렬도라 한다.

(3) 분열분석적 지도 그리기

① 개념 도구들

가타리는 무의식 분석을 위한 개념 도구들을 제시한다. 그는 기존의 개념을 더욱 확장하기도 하고(기계, 부분 대상 등), 다른 학문 분야에서 사용하는 개념들을 차용하기도 하며(리토르넬르, 카오스, 복잡성, 자기생산, 접촉경계면), 새로운 개념을 만들어내기도 한다(추상기계, 욕망하는 기계, 감각 블록, 메타 모델화, 배치). 가타리는 수많은 개념 도구들을 제시하면서도 어떤 개념 도구를 중심적인 것으로 설정하지 않는다. 개념 도구들의 연장통을 만들어 놓고 그 가운데 필요한 것을 꺼내 쓰도록 권유한다.

물론 그 개념 도구들은 변증법에서의 대립 쌍(본질과 현상, 물질과 정신 등)과 같이 대립적인 것처럼 보이는 것들이 있다. 몰적 / 분자적, 편집적 / 분열적, 기표적 기호학 / 비기표적 기호론, 동질 발생 / 이질 발생, 의미작용 / 무의미, 기계학 / 기계론 등, 토대 / 상부구조와 같이 이원론에 빠질 수도 있는 개념 쌍들을 제시한다. 그러나 가타리가 이런 개념 쌍을 제시할 때는 정태적인 개념 쌍이 아니라 서로 다른 작동 방식에 주목한다.

무의식 분석과 관련해서 가타리는 기존의 정신분석에서 사용하는 개념들을 대체하려고 시도한다. 그래서 충동보다는 기계, 리비도보다는 흐름, 자아 층위와 전이 층위보다는 실존적 영토, 무의식적 콤플렉스와 승화보다는 무형적 세계, 기표보다는 카오스모즈적인 실체에 대해 말하는 것, 세계를 상부구조와 하부구조로 나누기보다는 존재론적 차원들을 원을 그리듯이 짜 맞추는 것(지도

그리기)을 강조한다.[20]

② 지도 그리기

가타리는 분열분석의 과정을 지도 그리기cartographie라고 묘사한다.[21] 그것도 단순히 단면도나 평면도를 그리는 것이 아니라 산맥과 지층과 습곡과 강과 농경지, 주택들이 어우러져 있는 지도 그리기를 의도한다. 무의식에 대한 분열분석적 지도 그리기는 과학적인 것을 지향하는 것이 아니라 다양한 개념들을 가지고 어떤 배치를 분석하는 것이다.

애초에 배치agencement 개념은 프로이트의 콤플렉스 개념을 대치하는 것이었다. 모든 것을 설명하는 준거가 되고 환원의 고정점이 되는 콤플렉스 개념에 대항하여, 다양한 기계들이 작동하면서 결합되어 일체를 이룬 상태(기능 연관)를 말한다. 배치는 다양한 구성요소들을 포함하며 코드와 영토성에 의해 고정되지 않고 끊임없이 새로운 흐름들을 생산해 내는 틀이다. 다양한 기계들이 작동하면서 이루어 내는 집합적 구도를 말한다고 할 수 있겠다. 가타리는 특히 그 배치 안에서 다양한 구성요소들의 작용들을 분석하고 그 다양한 구성요소들 간에 횡단하는 새로운 핵들을 찾아내서 그러한 것이 이행 구성요소로서 작용할 수 있는 측면들을 확인해 보려고 한다.

주체성 형성이 이루어지는 배치, 언표행위 배치에는 다양한 구성요소들이 있고 그 구성요소들 안에서 다양한 흐름이 있다.

• • •

20. Guattari, *Chaosmose*, Editions Galilée, 1992, p. 175. 『카오스모제』, 164쪽.
21. Guattari, F., *Cartogaphies Schizoanlytiques*, Editions Galilée, 1989.

가타리는 배치 안에서 물리학의 입자에 비유할만한 것으로 사물 상태와 기호 상태에 있는 어떤 가능성의 결정화에 대한 무한소적인 지시 작용을 나타내는 추상기계에 대해 언급하고 배치 안의 기계적 작동에 대해 얘기한다. 물론 그 안에서는 구성요소들 사이에 공명과 상호작용이 일어난다. 이러한 공명과 상호작용의 효과에 따라 배치 안에서는 몰적인 일관성, 분자적 일관성[22]이 나타나며, 각 일관성 형태와 공명 및 상호작용에 따라 다양한 배치 형태들을 분류해 낼 수 있다. 가타리가 이러한 작업에서 강조하려는 것은 그러한 배치의 변형에 있다. 각 구성요소 안에서 이행 구성요소로 작용하는 것을 색출해 내고 그 이행 구성요소가 어떤 다른 구성요소와 작용하면서 색다른 배치로 넘어가는가를 파악하려는 것이다.

③ 분열분석 방법

가타리는 분열분석적 지도 그리기의 주요 방식의 하나는, 배치의 지층화를 물리학자들이 말하는 이른바 '터널효과'[23]와 약간 유사한 방식으로 횡단할 수 있는 기호적 요철과 탈영토화하는

• • •

22. 일관성은 단일한 기호(taste)를 생산할 수 있도록 요소들을 결속하는 것을 말한다. 고정된 위계와 질서에 의해 단일하게 전체화된 통일체가 아니라, 고유한 차이들 속에서 상호작용할 때에 나타나는 경향성을 말한다. 흔히 준거는 어떤 표준을 상정하지만, 일관성은 표준을 상정하지 않고 상호작용 속에서 만들어지는 것이다. 서로 딴소리를 지껄이는 정신병 환자들 사이에서 생기는 일정한 상호 인식의 틀 같은 것을 예로 들 수 있을 것이다.

23. 하나의 '터널효과'에 의해 양자물리학의 틀 속에서는, 어떤 일련의 '금지된' 중간적 상태를 통과해서, 어떤 물리 체계가 '허용된' 상태로부터 다른 '허용된' 상태로 이행하는 것을 기술할 수 있다.

점-기호를 지닌 돌연변이적 구성요소를 판별할 수 있는 데 있다고
한다. 분열분석 과정은— 개인적이든 집단적이든— 자신의 본
성상 분석 대상에 연루되며, 예를 들면 배치의 내적 돌연변이를
가속시키는가 감속시키는가를 선택하거나, 사이-배치적 이행을
조장하는가 제지하는가를 선택하듯이, 미시-정치적 선택을 해야
한다. 그리고 현동적인 무의식을 탐구하고 실험하면서, 단순히
통시적 귀결— 증상, 노이로제, 승화 등— 의 탐지 작업에만 전념
하는 것이 아니라, 분명한 평형 상태 또는 주체적 파국 상태를
넘어서 현실적으로 해당 배치를 횡단하는 (또는 횡단할 수 있는)
공시 축에 따라서 가장 드러나지 않은 상황적 잠재력을 밝혀내는
것에 몰두하는 것이다. 현상적으로는 가장 환원 불가능하다고
보이는 특이점, 무의미점, 기호적 요철에 가능한 한 가까이 접근하
는 것이다.

가타리는 분열분석을 기계적 특이성 특징의 다양한 '추출' 능력
에 따라, 즉 기존의 배치를 대상으로 하는가, 새로운 것을 창조하려
고 하는가에 따라 생성 분열분석과 변형 분열분석으로 나눈다.[24]
생성 분열분석에서는 이행 구성요소의 역할은 전부 배치 간의
약한 상호작용의 작동에만 한정되며, 그 목적은 그 상호작용의
소외 메커니즘, 지층화, 억압적 잉여성, 블랙홀 효과를 완화하거나,
만약 가능하다면 해결하고, 더욱이 그것들의 파국 위협을 피하거
나 늦추는 것이다. 분열분석적 언표행위 배치는 여기서는 항상

• • •

24. Guattari, IM, Editions de Recherhes, 1979, pp. 190~199.『기계적 무의식』, 221~236쪽.

자본주의 권력 구성체에 대해서는 다소 소외되어 있으며, 권력 구성체의 미시-거대-기계장치(집합적 설비)에 예속되어 있다. 이러한 예속과 탈소외라는 몰적 관계가 문제 되는 곳에서는 '슬로건이 아니라 단지 암호 몇 개'가 분열분석의 표어이며, 분열분석의 작업은 모든 것이 미리 연기되는 듯한 상황에서 새로운 기계적 의미(비기표적 의미)를 밝히는 것이다. 여기서 분열분석은 사회 역사적 인과성 체계 혹은 미래를 포착하는 유전자적 단계 체계에 대한 모든 강제적 준거를 체계적으로 거부하고, 현재 현실에 밀착됨으로써 과거 속에 동결된 의미작용과 결정론을 끊임없이 재조명하는 방향으로 나아간다.

좀 더 나아가 배치의 핵에 내생적인 메커니즘을 근본적으로 수정하고 따라서 새로운 배치를 창조하려는 변형 분열분석은 예속과 탈소외라는 몰적 관계를 넘어서 기계적 제어의 분자적 벡터들을 문제 삼는다. 특히 여기서 이행 구성요소의 개입 양식과 각 이행 구성요소에 고유한 변형이라는 특정한 절차에 대해 분석해 나간다. 그때 이행 구성요소가 지닌 다음과 같은 몇 가지 기능을 강조하게 된다. ㉮ 구성요소들이 지닌 판별 가능화 기능(예: 프루스트에게서 확대, '채색', 기호적 교차의 방법, 또는 카프카에게서 시-공간 좌표의 가속화, 감속화, 둔중화, 왜곡의 방법 등). ㉯ 증식 기능. 구성요소는 독립해서 제멋대로 활동을 시작하고, 만일의 경우에는 자신이 그 속에 지층화되어 있는 그 배치로부터 분리된다(예. 처음에는 주변적인 어떤 계획 — '설마, 그 춤을 다시 평가해 본다면' — 이 다른 계획과 관련하여 제시되고, 스스로를 일단의 구성요소와 연결하고, 점차 한 개인의 전망 전체를 교정하는 것으로 된다). ㉒ 도표화 기능. 구성요소는 이질적인 영역들을 그 영역들의 표현 소재의 관점에서 횡단할 수 있는 돌연변이적 기계장치를 가동시킨다(신체적 · 정신적 · 비교행동학적 · 사회적 · 경제적 · 예술적 등의 상호작용들).

분열분석은 구성요소들의 이러한 기능 작용에 따라 배치를 다르게 만들어 가는 새로운 기계적 핵(변형 과정을 주도하는 핵심 집단)을 파악하고 이것을 수정하는 변형 궤도를 만들어 가는 것이다. 여기서 기계적 핵은 이질적인 구성요소들을 접합하며 그 요소들을 하나의 내부 환경 및 하나의 외부 관계를 전개시키는 방향으로 조직하는 집합적 움직임이나 집합체이다.

이 기계적 핵(예를 들어 정신병원에서 다양한 병을 지닌 환자들 간의 횡단적 모임, 노조에서의 횡단적인 여성 모임 등)이 계열적 산출물로 환원할 수 없는 우발성 즉 구조들의 활동과 일치하지 않는 특이점과 관련하여 지닌 예속(몰적 소외) 관계, 기계적 영토성과 지닌 제어 관계는 이행 구성요소들이 지닌 욕망 관계들과 엮여 있다. 분열분석은 바로 욕망 관계의 흐름을 이 삼각관계(예속 관계, 제어 관계, 욕망 관계)에 입각하여 파악해 내면서 기계적 핵의 움직임을 파악해 냄으로써 새로운 배치의 생산을 의도하는 것이다.

이때 주체는 특히 구조주의적 정신분석이 주장하듯이 기표작용 위에 입각해 있는 것은 아니다. 오히려 주체는 언어가 아니라 이질적인 다양한 구성요소에 의해 구성되는 것(주체성)으로 파악된다.

따라서 분열분석적 지도 그리기의 목적은 의미화하고 소통하는 것이 아니라, 어떤 상황의 특이점들을 파악할 수 있는 언표행위 배치를 생산하는 것이다. 이러한 전망 속에서 정치적이거나 문화적인 성격의 모임들은 분석적으로 될 사명을 지닐 것이며, 반대로 정신분석적인 작업은 다양한 미시정치적 등록기(작용 영역) 속에 기반하도록 요청된다.[25]

특히 가타리는 이러한 다중 구성요소적인 지도 그리기의 방법이 주체화 과정과 공존할 수 있고 주체성의 생산수단의 재전유, 자기생산을 가능하게 할 수 있느냐[26] 하는 점이 중요하다고 지적한다.

이러한 분열분석 방식에 입각하여 전개하는 무의식 연구에서 가타리가 추구하는 것은 무엇인가? 아마도 가타리의 가장 중요한 관심인 자율적인 주체의 생산이란 문제를 해명하려는 시도였다고 생각된다. 물론 가타리는 우리가 흔히 얘기하는 전체 사회에 대비되는 어떤 개인이 아니라 타자의 복합체이자 사회 속에 있는 하나의 작용점인 주체성을 얘기한다. 주체화의 배치를 설명하려는 것이다.[27]

가타리는 분열분석은 '정신분열증을 흉내 내는 데 있는 것이 아니라, 화석화된 모델화 체계를 바꾸는 유일한 방식인 비기표적 주체화의 핵에 접근하는 것을 가로막는 장벽을 뛰어넘는 데 있다'[28]고 한다. 결국 분열분석은 지배적인 배열 장치들 속에서 이질

• • •

25. Guattari, *Chaosmose*, Editions Galilée, 1992, pp. 175~176. 『카오스모제』, 164~165쪽.
26. Guattari, *Chaosmose*, Editions Galilée, 1992, p. 27. 『카오스모제』, 24~25쪽.
27. Guattari, *Soft Subversion*, Semiotext(e), 1996, pp. 269~270.
28. Guattari, 1992, *Chaosmose*, Editions Galilée, pp. 98~99. 『카오스모제』, 194~195쪽.

발생적으로 주체성을 생산해 내며 그와 더불어 새로운 배치를 구성해 나가려는 것이다.

결국 분열분석의 목표는 바로 '(욕망의) 흐름'을 해방하는 것이다. 사회든 기계든 우리,를 둘러싼 모든 것에 — 당연히 살아있는 것[생명]에도 — 다양한 기능 양식이 존재한다. 프로이트가 말하는 일종의 항상성의 원리에 의존하는, 충 상태를 이루면서 원시 상태로 되돌아가려는 기능 양식이 있는 한편, 프리고진의 표현을 빌리면 불균형적인 기능 양식이, 평형계에서는 꽤 먼 비평형계의 기능 양식이 있다. (욕망의) 흐름은 의미작용이든 구조이든 상황이든 어떤 것이든 그때까지의 균형이 단절되는 것, 그리고 이 단절이 파국을 불러오는 것이 아니라 증식·창조·새로운 가능성을 만들어내는 것이다. 결국 욕망 분석(분열분석)은 인간 주체의 탈영토화 과정을 탐색하려고 한다. 폐쇄하거나 틀 지우는 것이 아니라, 횡단적으로 개방하도록 하면서.

4. 맺음말

가타리는 이처럼 의식과 언어가 구현하는 독재와 사유 통제에서 벗어나 무의식과 기호를 강조하며 민주주의와 사유 해방을 향해 나갈 수 있는 과정을 탐색하였다. 무의식과 관련해서는 정신분석(구조주의)의 무의식(원망, 수학소)에서 분열분석(기계, 분자)적 무의식으로 나아갈 것을, 기호와 관련해서는 화용론을 강조하고

기호학을 비판하면서 기표적 기호학에서 비기표적 기호계로 나아
갈 것을 주장하였다.

이러한 색다른 사유 실험에 이어서 가타리는 이질생성적인
주체성 생산 과정을 카오스모즈의 과정으로 설명하려고 시도한
다. 그 결론은 주체성은 '주체' 외부에서 생산된다는 것이다.

여기서 주체 철학과 카오스모즈(분열분석 방법에 의한 구성론)
을 대조시켜 극단적으로 말하자면, 주체 철학은 의식의 철학이며
언어의 철학이다. 사회적으로는 소유권자에게 걸맞는 철학이며
자본주의에 최적화된 철학이다. 물론 일자─者의 철학이기도 하다.
기호와 관련해서는 기표적 기호학에 근거하며, 명확한 의미를
지닌 기표를 움켜쥐고 비기표와 무의미를 제압하는, 권력(독재,
국가이성)으로 치닫는 철학이다. 보일 수 있고 대표화할 수 있는
표상을 강조하는 권력의 철학이다.

그에 비해 분열분석(카오스모즈)은 무의식의 철학이자 기호의
철학이다. 기호와 관련해서는 비기표적 기호계를 강조하는 비언
어 / 비기표 / 무의미의 철학이다. 탈주체 철학이자 주체성 생산에
대한 사유이며, 광범한 대중(소수자들)의 철학이자 복수(복잡성)
의 철학이다. 볼 수 없고 대표화할 수 없으며 표상으로 드러나지
않는 것을 끊임없이 드러내고 구성해 나가는 절대적 민주주의의
철학이다. 프루스트의 리좀 그리기처럼.[29]

• • •

29. 프루스트, 김창석 옮김, 1998, 『잃어버린 시간을 찾아서』, 1-11, 국일미디어.

자기 중심적 사람, 그리고 노동력과 능력

박종성

1. 에고이스트는 자기 중심적 사람이다

우리는 에고이스트의 의미를 흔히 일반적으로 '이기적인 사람',
'자기의 이익만을 꾀하는 사람'으로 이해하고 '이타주의자'와 대
립하는 의미로 알고 있고 이러한 의미로 통용되고 있다. 그런데
슈티르너는 『유일자와 그의 소유』[1]에서 에고^{ego}와 같은 의미로
'egoistisch, persönlich, eigen'이란 단어를 사용한다. 여기서 알 수
있듯이 그에게 에고와 관련된 의미는 '나다운, 자기 중심적, 나답
게, 자기다운, 자기만의, 자신의' 등으로 옮길 수 있다. 따라서
그가 말하는 에고이스트를 이해하기 위해서는 다른 눈이 필요하
다. 그는 일반적이고 굳어진 개념보다는 새로운 의미로 에고를
이해하고 있다. 사소하다고 할 수도 있지만 아주 흥미롭고 중요한
문제의식이라고 생각한다. 에고이스트는 자기다운 사람이다.

• • •

1. Max Stirner: *Der Einzige und sein Eigenthum*. Leipzig: Otto Wigand 1845.
아래의 모든 인용문의 쪽수는 독일어 원문의 쪽수이다.

어떤 사람들은 살면서 한 번쯤 "너 참, 인간답지 않다."라는 말을 듣는 경우가 있다. 또는 이런 말을 남에게 해본 사람도 분명 있을 것이다. 슈티르너가 볼 때, 왜 이런 일이 생겼을까? '인간답지 않은 인간'이 '인간다운 인간'을 꿈꾸었기 때문이다. 여기서 알 수 있듯이 그는 인간다운 사람과 자기다운 사람Egoist[2]을 대조한다. 이러한 관점에서 보면, 인간답지 않은 인간이 자기다운 사람이다. 또한 자기다운 사람은 유일자이다. 우리는 이러한 점을 그가 사용하는 아래의 문장을 통해서 확인할 수 있다.

" — 유일자로서의 자기다운 사람"[3], "인간답지 않은 인간, 즉 자기다운 사람"[4], '인간답지 않은 인간', 혹은 '자기다운 인간'[5]

이제 분명한 것은 에고이스트는 '자기다운 사람'이란 뜻이다. 이와 관련하여 에고이즘도 이기주의가 아니라 자기중심성으로 번역하였다. '자기중심성'은 '자기 찾기', '자기에게 유용함'[6]과

• • •

2. 필자는 슈티르너의 『유일자와 그의 소유』를 번역하면서 이 단어를 '자기 중심적 사람'으로 거의 통일시켰다. 왜냐하면 그에게 'Egoismus'은 '이기주의'보다는 '자기중심성'으로 옮기는 것이 타당하기 때문이다. 그런데 여기서는 인간다운 사람과 대조하는 것을 강조하기 위하여 자기다운 사람으로 옮겼다.
3. *Der Einzige und sein Eigenthum*, S. 162.
4. 같은 책, S. 142.
5. 같은 책, S. 376.
6. 같은 책, S. 376.

같은 의미이다. 그렇다면 도대체 '자기답게'[7] 사는 것은 어떤 것인가? 그것은 "너의 모든 힘, 너의 능력을 가져와서 자신을 가치 있게 만드는"[8] 것이다. 그리고 "자신을 소중히 여기는 것을 알고 있는"[9] 것이다. 또한 자기중심성은 나다움과 같은 의미로 쓰이고 있다. 따라서 자기중심성은 "개성이라든가 개별화에 거주하는 일치하지 않은 비동등성과 자기다운 비동등성"[10]을 의미한다고 볼 수 있다. 결국 자기답게, 자기 중심적으로 사는 것은 개성과 개별화 즉 비동등성, 곧 차이에 대한 인정이다. 나아가 자기다운 사람은 관념의 어떤 도구 혹은 신의 그릇으로 살아가는 것이 아니라 자신의 삶을 살아가는 것이다. 그의 말을 확인해 보자.

> 자기다운 사람은 자신을 관념의 어떤 도구 혹은 신의 그릇으로 간주하지 않고, 어떤 소명도 인정하지 않으며, 인류가 더 발전하는 목표를 위해 자신이 존재한다고 상상 따위도 하지 않기에 그러한 목표를 위해 눈곱만큼도 기여할 생각이 없다. 그는 그저 스스로의 삶을 살아나가고 펼쳐 나갈 뿐, 그로써 인류가 잘될지 나쁘게 될지 따위에는 전혀 신경 쓰지 않는다.[11]

• • •

7. 같은 책, S. 350.
8. 같은 책, S. 350.
9. 같은 책, S. 208.
10. 같은 책, S. 108.
11. 같은 책, S. 339.

과연 우리는 관념의 도구로 살아가고 있지는 않은지 자문해야
할 것이다. 다시 말해 다른 자아의 그릇으로 살아가고 있지는
않은지 말이다. 관념의 도구, 신의 그릇으로 살아가는 것, 인류를
위해 살아가는 것, 그것은 자기다운 감정이 아니다. 그래서 그는
두 가지 감정을 구분하면서 자기다움에 대해 다음과 같이 말한다.

차이는 감정이 나를 고취하였던eingegeben 것인지, 단지 감정
이 나를 자극하였던angeregt 것인지이다. 나를 자극하였던 감정
들이 자기 자신의 감정, 자기다운 감정들이다. 왜냐하면 나를
자극하였던 감정들은 나에게 감정을 각인하지 않았고, 받아쓰
거나 따라 하도록 불러주지 않았으며, 강제하지 않았기 때문이
다.[12]

그러니까 고취하는 감정과 나를 자극하는 감정을 구분하면서
후자를 자기다운 감정으로 간주한다. 그의 글에서 고취하는 감정
은 어떤 현실의 내가 어떤 "자유로운 시민", 어떤 "국가의 시민",
어떤 "자유로운 혹은 진정한 인간"으로 존재하기 위하여, 국가를,
국민을, 인류를 그리고 그 밖의 유사한 모든 것을 자기 내면에
받아들여야만 한다고 그럴싸하게 거짓말을 하는 것을 믿는 것이며
'어떤 낯선 나'를 받아들여서, 그리고 바로 그와 같은 '어떤 낯선
나eines fremden Ichs를 위한 헌신'을 받아들여서 진리를 보고 나 자신의

• • •
12. 같은 책, S. 70.

현실성을 본다고 그럴싸하게 거짓말을 하는 것을 믿는 것이다.[13] 대체로 민족의식은 고쳐되지 않는가? 고쳐하는 감정은 무엇을 의미할까? 그것은 신들림이다. 그것은 미친 것, 선입관, 열광, 황홀, 광신이다.

> 만약 '신들림'이라는 말이 당신을 불쾌하게 한다면, 그렇다 면 이 말을 선입관이라고 부르자, 그렇다, 그 이유는 정신이 당신을 사로잡기 때문이고 모든 '고쳐'는 정신으로부터 나오기 때문에, — 열광Begeisterung 그리고 황홀이라 부른다. — 부진하 고 철저하지 못한 방법으로 멈출 수 없기 때문에, 나는 완전한 황홀은— 광신이라 불어야 한다고 덧붙인다.[14]

잠시 슈티르너가 언급하고 있는 '열광Begeisterung'이라는 단어에 주목해 보자. 맑스는 『자본』에서 "노동의 불길이 죽은 사물에 새로운 '영혼'을 불어 넣고begeisten'"[15]라고 쓴다. 맑스가 사용한 이 단어는 헤겔도 사용하였다. 메럴드 웨스트팔에 따르면 'begeisten'는 헤겔이 만든 단어이다. 학문적 노고를 통해 진리에 이르는 정신적 활동이 'begeisten'이다. 이와 달리 열정에 휩싸인 상태Begeisterung는 진리를 인식할 수 없는 열정에 휩싸인 상태, 열정 에 휩싸여 정신이 혼미해진 상태를 비판하기 위해 사용하고 있는

• • •

13. 같은 책, S. 247.
14. 같은 책, S. 48.
15. 맑스, 『자본 I -1』, 강신준 옮김, 길, 2008, 292~293쪽.

단어이다. 슈티르너에게 이 단어는 앞서 확인할 수 있듯이 신들린 사람Besessener과 연결된다. '인간다운 사람'이라는 관념의 도구로 살아가는 것이 신들린 사람, 미친 사람이다. 신들린 사람과 대립하는 사람은 유일한 사람, 자기 중심적 사람, 자기다운 사람이다. 슈티르너는 "자기중심성과 인간다움이 같은 의미이었어야만 했다"[16]고 아쉬워하며 말한다. 여기서 알 수 있듯이, 슈티르너는 새로운 인간성을 주장하고 있다. 그에게 새로운 '인간성'은 자기중심성인 것이다. 자발적이고 자신을 소중히 여기며, 더 높은 본질에 신들리지 않은 사람이다. 에고이스트는 자기 중심적 사람이고 에고이즘은 자기중심성이다. 자기다운 사람이 유일자이며, 더 이상 인간다움이 아니라 자기다움으로 살아가는 사람이다. 자기중심적 사람과 노동력, 능력의 관계를 살펴보자.

2. 노동력Arbeitskraft과 능력Vermögen

화폐에 대한 갈망을 추구했던 탐욕스러운 사람은 모든 양심의 독촉, 모든 명예심, 모든 관대와 모든 동정Mitleid[17]을 부인한다.

• • •

16. *Der Einzige und sein Eigenthum*, S. 200.
17. 경건함을 뜻하는 라틴어 pietas가 어원인데, 타인의 불행한 모습이 불러일으키는 공감, 전통적으로 철학은 동정에 중요성을 부여하지 않았으나, 루소에게 동정은 자연스러운 것으로 문명화된 인간이 간직하고 있는 원초적 본성이다. 자신과 비슷한 존재가 겪는 고통에 대한 연민은 이기주의와 이해관계의 다양성에도 불구하고 사회적 유대의 가능성을 확립한다. 지배의 욕망을 누를 수

탐욕스러운 사람은 모든 배려를 고려하지 않는다. 탐욕이
그를 쏠어간다.[18]

맑스는 1844년부터 국민경제학을 공부했는데, 노동과 노동력을
구분한 것은 한참 시간이 지나서였다. 1857~1858년에 쓴『정치경
제학 비판 요강』에서 자본가가 지불해서 얻은 상품은 노동자의
능력Vermögen이며, 일종의 잠재성 내지 재능이라고 했다.[19] 노동과
노동력의 구분은 자본의 착취의 비밀을 밝히는 데 중요한 것이다.
왜냐하면 가치 증식의 비밀은 노동이 아니라 노동력에 있기 때문
이다.『자본』(1869)에 이르러서야 노동 능력Arbeitsvermögen 대신 노
동력Arbeitskraft이란 말을 사용한다. 능력vermögen과 힘kraft은 다음과
같이 구분할 수 있다. mögen은 잠재성을 가진 힘이고 kraft는 잠재성
이 없고 특정한 방향으로 행사되는 일정한 양의 힘이다. 니체가
kraftforce와 구분해서 애용한 힘Macht도 mögen에서 유래한 것이다.
그리고 mögen은 그리스어 디나미스dynamis나 라틴어 포텐치아potentia
와 통한다.[20]

그렇다면 맑스가 가혹하게 비판했던[21] 슈티르너는 이 단어들을

• • •
있는 것도 동정이다. 이후 쇼펜하우어가 중요하게 다룬 주제이다.
18. *Der Einzige und sein Eigenthum*, S. 64.
19. 칼 맑스,『정치경제학 비판 요강』I, 김호균 옮김, 그린비, 2007, 266쪽.
20. 고병권,『성부와 성자 자본은 어떻게 자본이 되는가』, 천년의상상, 2019,
    166쪽.
21. 맑스의『독일 이데올로기』1권(한글 번역본(칼 맑스,『독일 이데올로기』
    1권, 이병창 옮김, 먼빛으로, 2019))은 전체 쪽수 908쪽 중 215쪽~908쪽까지가

어떻게 사용했을까?

　　그러나 내 능력Vermögen은 단순히 내 노동에 있지 않기 때문
에, 나는 내가 내 노동 능력Arbeitsvermögen으로 애써 조달하는
얼마 안 되는 것에 만족할 수 없다.[22]
　　그러나 나는 노동하는 것을 "당신의 능력Vermögen을 실현하
도록 하는" 것이라고 부르지 않는다.[23]

　　인용문에서 알 수 있듯이, 먼저 능력이 노동 능력보다 더 다면적
내용을 포함하고 있다. 능력 중에 일부가 노동 능력이라고 이해할
수 있다. 아주 명확하지는 않지만 슈티르너는 노동력과 능력을
구분하고 있다. 그는 사회주의를 비판하면서 '화폐가치'를 인간의
'능력Vermöge'으로서 인정하지 않는다. 이렇게 보면 화폐가치는
노동 능력의 가치에 못 미치고 있는 것이다. 또한 그는 능력과
구분하여 "노동력"[24]이란 용어를 사용한다. 그런데 그는 노동력의
사용에 만족하지 않는다. 그래서 그는 노동력을 능력과 구분하고
있는 것으로 이해할 수 있다. 노동력의 사용만이 자신을 가치
있게 만들지 않는다는 것이다. 그럼 그에게 '능력'이란 무엇인가?

● ● ●
　　슈티르너에 대한 비판이다.
22. *Der Einzige und sein Eigenthum*, S. 304.
23. 같은 책, S. 305.
24. 같은 책, S. 293.

"네가 할 수 있는vermagst 것이 너의 능력이다!"[25]

"내가 소유할 능력이 있는vermag 것, 그것이 내 능력이다."[26]

"우리는 바로 우리가 할 수 있는 만큼 물건들을 사용한다."[27]

한마디로 말하면 그에게 능력은 네가 할 수 있고 소유할 능력이 있는 것이다. 그런데 그는 가능성과 현실성을 함께 일어나는 것으로 보고 있다. "가능성과 현실성은 항상 함께 일어난다."[28] 사람은 할 수 있는 것을 하는 것이다. 이렇게 보면 가능성=현실성=능력이다. 우리가 할 수 있는 것을 하지 못한다면, 그것은 능력이 아닌 것이다. 할 수 있는 것은 할 수 있어야만 그것이 능력이다.

가능태와 현실태의 고전적 구별은 아리스토텔레스에서 유래하는데, 한편으로 현실다운 것은 물질에 대립되는 형상을 뜻하며(모양을 갖춘 대리석), 다른 한편 가능태나 잠재태에 대립되는 활동성 자체를 뜻한다(말할 수 있음과 실제 말하고 있음). 이와 달리 가능성과 현실성을 같은 것으로 이해하고 있는 슈티르너에게 가능성, 예를 들어 말할 수 있음이 곧 실제 말하고 있음으로 이해할 수 있다.

우리는 앞서 mögen은 그리스어 디나미스dynamis와 통한다고 했는데, 슈티르너는 추상적 인간이 아니라 구체적 개인들이 소유할

• • •

25. 같은 책, S. 294.
26. 같은 책, S. 294.
27. 같은 책, S. 377.
28. 같은 책, S. 369.

'지배Herrschaft'를 '디나미스'와 같은 의미로 사용한다.[29] 아리스토
텔레스에서 유래하는 의미에서 dynamis는 현실태와 대립되는 가
능태란 어떤 형상으로 결정되지 않은 경향, 단순한 잠재성을 가리
킨다. 다른 한편 현대에 이르러 잠재력을 뜻하게 되었으면, 능동적
에너지 곧 어떤 현실적 결과를 생산해 낼 수 있는 힘을 뜻하게
되었다. 슈티르너가 지배와 디나미스를 같은 의미로 사용하고
있다는 점에서 현실적 지배, 곧 현실태는 잠재태라는 점을 추론할
수 있다. 이렇게 보면, 슈티르너의 능력 개념은 단순한 잠재성이
아니라, 오히려 현실에서 결과를 생산할 수 있는 현실적 힘을
의미하는 것으로 보인다. 나아가 가능성과 현실성을 함께 일어나
는 것으로 보고 있는 슈티르너는 힘과 능력을 같은 의미로 사용하
면서 노동력과 구분한다.

> 당신은 연합으로 너의 모든 힘Macht, 너의 능력Vermögen을
> 가져와서 자신을 가치 있게 만든다. 그러나 사회에서 당신은
> 당신의 노동력Arbeitskraft을 사용한다.[30]

정리하면 슈티르너에게 능력은 가능성=현실성=힘=디나미스
이다. 그리고 연합 속에서는 힘, 능력이 발휘되지만 사회에서
사용되는 것은 노동력이다. 그는 사회보다는 연합체를 주장한다.
따라서 그에게 노동력의 사용이 삶의 목적이 될 수 없다. 그보다는

• • •

29. 같은 책, S. 151.
30. 같은 책, S. 350.

자신의 능력, 그 가능성을 현실성으로 만드는 잠재적 힘을 현실로 만들어내는 연합이 에고이스트의 삶이다. 맑스도 노동 능력이란 단어를 사용한다. 그에게 노동 능력은 온갖 사물(정신적인 것을 포함해서)을 생산하는 인간의 신체적, 정신적 능력이다.[31] 그렇다면 자본주의 생산양식에서 노동력은 어떤 의미를 갖는가? 노동력은 자본주의 생산양식에서 유용성을 인정받은 인간의 행위 능력, 다시 말해 가치 증식에 기여하는 인간의 생산 능력이라고 할 수 있다. 가치 증식에 기여하는 인간의 생산 능력은 "인간의 전반적 노동 능력의 희생을 대가로 일면화된 전문성"[32]이 된다. 다면적인 잠재 능력 중 특정 재능만을 발전시키는 것이다. '달인의 경지'는 다면적인 잠재 능력이 아니다. 슈티르너가 노동력과 능력을 구분한 것도 이러한 눈으로 읽을 수 있을 것이다. 보다 전면적인 능력을 실현할 수 있는 곳은 사회가 아니라 연합이기 때문이다.

3. 자신을 가치 있게 만들어라

슈티르너는 인간이, 더 정확히 말하면 유일자, 에고이스트가 가지고 있는 잠재성을 강조하면서 자신을 가치 있게 만들라고 주장한다. 그렇다면 슈티르너가 비판하는 노동의 현실은 어떠한

• • •
31. 고병권, 『성부와 성자 자본은 어떻게 자본이 되는가』, 천년의상상, 2019, 167쪽.
32. 카를 마르크스, 『자본 I-1』, 강신준 옮김, 길, 2008, 483쪽.

가? "거의, 아니면 전혀 자신의 노동이 아니라, 자본의 노동Arbeit des Kapitals과 공순한 노동자의 노동"[33]일 뿐이다. 결국 자본을 위한 노동이지 나를 위한 노동이 아니다. 또한 자본을 위한 노동자의 태도 또한 공순恭順한 것인데, 이는 노동자라는 주체를 공손하고 온순한 노동자로 형성하고자 하는 현실을 드러내고 있다. 노동 가치설에 따르면 노동력은 노동자의 소유이다. 그러나 소유는 "돈과 재물을 마음대로 처리할 수 있는 자, 즉 자본가[34]의 수중에 놓이게 된다. 노동자는 향유를 위해 노동이 가지고 있는 가치의 척도에 맞추어 자신의 노동을 가치 있게 만들 수 없다."[35] 이러한 상황에서 "다른 사람에게 봉사하는 이런 노동자에게는 교양 있는 정신의 향유라는 것은 결코 존재하지 않으며, 기껏해야 조잡한 오락만이 존재할 뿐이다. 그에게 있어서 교양이라는 것은 봉쇄되어 있다."[36] 다시 한번 확인할 수 있듯이, 여기서도 슈티르너는

• • •

33. *Der Einzige und sein Eigenthum*, S. 125.
34. 자본가에 대한 느슨한 정의인데, 맑스의 개념과 비교 가능하다. "화폐 소유자는 이 운동[가치의 증식; 옮긴이]을 의식적으로 수행하는 담당자(*Träger*)로서 자본가가 된다. 그의 몸 또는 그의 주머니가 화폐의 출발점이자 귀착점이다. 그리고 그 유통의 객관적 내용, 곧 가치의 증식이 그의 주관적 목적(subjektiver Zweck)이다. 자신의 모든 행동의 동기를 단지 추상적 부를 더 많이 벌어들이는 데 두는 한 그는 자본가로 기능하는 것이며 또한 인격화된 자본으로, 곧 의지와 의식을 부여받은 자본으로 기능한다. 따라서 사용가치는 결코 자본가의 직접적 목적으로 취급되어서는 안 된다. 개별적 이익 또한 자본가의 직접적 목적이 아니며, 오히려 이익을 얻기 위한 쉬지 않는 운동만이 자본가의 직접적 목적이다." (카를 마르크스, 『자본 I-1』, 강신준 옮김, 길, 2008, 232~233쪽), 필자가 약간의 수정을 하여 옮김.
35. *Der Einzige und sein Eigenthum*, S. 126.

노동자의 일면적 노동을 비판하고 있기 때문에, 그는 궁극적으로 인간의 다면적 잠재 능력을 강조하고 있다고 볼 수 있다.

다시금 현실에서의 노동을 살펴보자. "그는 다른 어떤 사람의 손아귀에서만 노동하게 되고, 그러한 사람이 그를 이용한다(착취한다)." "노동이 낮게 지불되고 있는 것이다!"[37] 노동력을 소유한 사람의 노동력을 자본가에게 판매함으로써 노동력의 사용권, 이용권은 노동자의 것이 아니라, 오히려 자본가의 것이 된다. 바로 자본가의 노동력의 사용, 이용은 착취이다. 맑스의 언어로 말하면, 잉여가치는 착취와 같은 말이다. 잉여가치의 비밀은 노동력이다. 이러한 상황을 전복시키고자 슈티르너는 노동자의 엄청난 힘을 믿고 있다. 그가 보기에 노동자가 자신을 가치 있게 만들 수 있는 것은 파업이다.

노동자는 엄청난 힘을 소유하고 있다. 그리고 만일 언젠가 그들이 자신의 힘을 제대로 소유하게 되었고 그것을 사용할 수 있었다면, 어떤 것도 그들에 저항할 수 없다. 이를테면 그들은 아마 동맹 파업을 하기만 하면 될 것이고, 노동의 산물을 자신의 것으로 간주하면서 그것을 향유하기만 하면 될 것이다. 곳곳에서 발발하는 노동자 소요의 의미란 바로 이러한 것이다.[38]

● ● ●

36. 같은 책, S. 131.
37. 같은 책, S. 126.
38. 같은 책, S. 127.

자기 중심적 사람은 자기를 희생하는 사람이 아니다. 그렇다면 자신을 희생하는 사람은 누구인가? "재물을 모으기 위하여 모든 것을 단념하는 탐욕스러운 사람Geizige"[39]이 자신을 희생하는 사람이다. 이 구절은 탐욕Geiz이라는 점에서 맑스가 자본가를 설명하는 것과 유사하다.[40] 슈티르너가 보이기에 여러 가지 욕망 중에 "하나의 것, 곧 하나의 목적, 하나의 의지, 하나의 열정 등등에 다른 모든 것을 거는 그런 사람",[41] 곧 "화폐에 대한 갈망Geldurst을 추구했던 탐욕스러운 사람"은 "탐욕이 그를 쓸어간다".[42] 이는 자신이 욕망을 지배하는 것이 아니라, 오히려 욕망이 자신을 지배하는 것이다. 에고이즘은 자율주의인데, 이는 탐욕이 주체가 되어 지배하는 것이 아니다. 그러므로 '화폐 욕망'은 '병적 욕망'이고 '자기 극복'[43]을 하지 못한 것이다.

조금 전 우리는 슈티르너가 화폐에 대해 갈망하는 사람을 희생하는 사람으로 이해하고, 이러한 예로 재물을 모으기 위하여 모든 것을 단념하는 '탐욕스러운 사람'을 언급하였다는 점을 확인하였

• • •

39. 같은 책, S. 81.
40. 맑스는 『자본』에서 자본가를 다음과 같이 설명한다. 그는 금욕의 복음을 성실하게 준수한다. (…) 그러므로 근면과 절약 그리고 탐욕(Geiz)이 그의 주요한 덕목이 되었고, 많이 판매하고 적게 구매하는 것이 그의 정치경제학의 전부가 되었던 것이다." 카를 마르크스, 『자본 I-1』, 강신준 옮김, 길, 2008, 147.
41. *Der Einzige und sein Eigenthum*, S. 81.
42. 같은 책, S. 64.
43. 같은 책, S. 379.

다. 물론 탐욕스러운 사람의 행위는 명확히 자기 이해관계, 자기
중심적 행위로 볼 수 있다. 자기 자신을 부유하게 하는 행위이기
때문이다. 그렇다면 그 사람의 행위는 자기중심성이라 할 수 있는
가? 물론 그렇다. 그러나 그 사람의 행위는 슈티르너가 거부하는
편협 고루한 자기중심성이다. 그들의 모든 행위와 행동은 자기
중심적이다. 그럼에도 불구하고 그것은 "어떤 한쪽으로 치우친,
마음이 열려 있지 않은, 편협 고루한 자기중심성bornierter Egoismus이
다."[44] 그러니까 그는 자신이 주장하는 에고이즘과 구분하여 편협
고루한 에고이즘을 설명하는데, 이것은 "신들린 상태"이다.[45]

편협 고루한 에고이즘은 하나의 목적에 모든 것이 종속되어
있고, 이 하나의 목적은 우리를 고취시키고, 열광시키며, 공상에
빠지게 하므로 하나의 목적이 우리의 '지배자'가 된다. 하지만
자기중심성은 '나'다움이고 자율성이며 자기 지배로 볼 수 있다.
슈티르너는 자신을 희생하는 자기중심성, 곧 편협 고루한 자기중
심성은 거부한다. 왜냐하면 그것은 나다움을 침해하기 때문이다.
자기 지배는 외적이고 내적인 영역이다. 자기 중심적 사람, 곧
유일자는 스스로가 타자에 종속되는 것에서 벗어나길 요구할
뿐만 아니라, 자기 자신을 욕구나 목적에 복종시키는 것을 피하길
원한다. '관념'에 대한 그의 입장을 들어보자. 어떤 관념이 "내
마음 속에서 점점 더 굳어져 가고 있고 그것이 용해될 수 없게
된다면", 그때 나는 "관념의 포로이고 노예, 예컨대 어떤 신들린

• • •
44. 같은 책, S. 82.
45. 같은 책, 같은 곳.

사람이 될 것이다."[46] 마치 신앙심이 깊은 사람이 신의 도구로 존재하는 것을 명예로 생각하는 것처럼 도덕적 사람은 "자신을 선이라는 관념의 도구"[47]로 만든다.

이러한 관념에 대한 비판에서 간과하지 말아야 할 점이 있다. 자기 중심적 사람이 더 이상 관념을 가져서는 안 된다는 것이 아니라, 오히려 자기 중심적 사람은 자신을 "생각의 실현을 위한 도구"[48]로, "관념의 어떤 도구"[49]로 만드는 것을 결코 허용하지 않아야만 한다는 것으로 이해할 수 있다. 자신이 관념과 이념의 주인이 되는 것이다. 에고이스트가 실행하는 힘은 "세계의 무리한 요구와 무법 행위"[50]를 능가하는 것이고, "내 본성을 능가하는 힘"[51]을 실행해야만 한다. 뿐만 아니라 에고이스트는 "내 욕구의 노예"[52]로 존재하는 것을 벗어나야만 한다. 이것이 나다움을 위해서 자신을 가치 있게 만드는 것이다. 그의 말을 다음과 같이 변형할 수 있다. 자본가는 가치 증식의 실현을 위한 도구이다. 탐욕스러운 사람은 화폐에 대한 갈망의 도구이다. 그래서 그들은 관념의 포로이고 노예이며 신들린 사람이다.

나는 어떤가? 당신은 어떤가? 우리는 어떤가?

• • •

46. 같은 책, 157.
47. 같은 책, 362.
48. 같은 책, 385.
49. 같은 책, 411.
50. 같은 책, 373.
51. 같은 책, 374
52. 같은 책, 같은 곳.

포퓰리즘의 정치 경제 사회적 발흥 배경과
대의 민주주의에 대한 대응

정병기

1. 서론

포퓰리즘populism은 현상 형태뿐만 아니라 그 논의조차 천일야화
만큼 다양하다. 하지만 발생적 기원을 이루는 러시아 브나로드
운동을 제외한다면 모두 자본주의 사회에서 발생했다. 브나로드
운동은 차르 전제정치에 대항해 인민의 권익을 주장함으로써
인민주의의 기원이 되었다는 점에서 유사할 뿐 현대 포퓰리즘과는
성격을 달리한다. 반면 유사한 시기에 발흥한 미국 인민당 운동은
자본주의가 정착한 사회에서 발생했다는 점에서 현대 포퓰리즘의
본격적 기원으로 인정된다. 이후 현대 포퓰리즘은 정치 경제적으
로 자본주의에서 생겨났으며, 정치 사회적으로는 민주주의 질서
에서 발흥했다. 그에 따라 포퓰리즘을 이해하는 관점은 크게 정치
경제적 입장과 정치 사회적 입장으로 나뉜다.

정치 경제적 관점에서 포퓰리즘은 경제적 위기의 산물로 이해되
는 반면 정치 사회적 관점에서는 자유 민주주의 위기의 산물로

이해되었다. 특히 정치 사회적 입장은 민주주의에 대한 관점이
다양한 만큼 포퓰리즘에 대한 이해방식도 다양하다. 자유 민주주
의 입장과 급진 민주주의 입장으로 대별할 수 있는데,[1] 좌파 포퓰리
즘 옹호로 뚜렷하게 나타나는 급진 민주주의 입장과 달리 자유
민주주의 입장은 자유주의, 헌정주의, 대의 민주주의 등과 관련해
더욱 복잡한 양상을 보인다.[2] 그러나 방대한 논의에도 불구하고
정치 경제적 측면과 정치 사회적 측면을 포괄해 포퓰리즘을 입체
적으로 규명하려는 시도는 보이지 않는다. 이 글은 자본주의 구조
와 민주주의 질서의 변화를 함께 천착함으로써 정치 경제적 시각
과 정치 사회적 시각을 종합해 포퓰리즘을 이해하고자 한다. 정치
경제적 배경과 현대 민주주의 체제의 흐름을 포퓰리즘 변화의
주요 요인으로 보고, 이 두 요인을 중심으로 포퓰리즘의 변화를
추적한다는 것이다.

현대 포퓰리즘은 2000년대 이후 남부 유럽에서 '좌파 포퓰리즘'
이라는 새로운 형태로 나타남으로써 기존 논의에 충격을 던졌다.

• • •

1. 급진 민주주의의 대표적 주창자는 라클라우와 무프이다. Laclau, Ernesto. 2005.
   On Populist Reason, London and New York: Verso; Mouffe, Chantal, 2005,
   "The 'End of Politics' and the Challenge of Right-wing Populism," Francisco
   Panizza (ed.), *Populism and the Mirror of Democracy*, London and New York:
   Verso, pp. 50~71; Mouffe, Chantal, 『좌파 포퓰리즘을 위하여』, 이승원 옮김,
   문학세계사, 2019.
2. 진태원, 「포퓰리즘, 민주주의, 민중」 진태원(편), 『포퓰리즘과 민주주의』, 소명출
   판, 2017, 48~49쪽; 홍철기, 2020, 「포퓰리즘-반포퓰리즘 논쟁에 던지는 두
   가지 질문: 포퓰리즘은 정말로 반-헌정주의적이고 반-자유민주주의적인
   가?」, 『시민과 세계』 34호, 참여연대 참여사회연구소, 62쪽.

그렇지만 이 새로운 유형에 대한 논의도 좌파성이나 급진성만을 부각하는 데 그쳐 기존의 자유 민주주의와 급진 민주주의의 대립 속에 편입되고 말았다. 새로운 현상이 제기하는 속성 변화를 고찰해 포퓰리즘의 역사적 변화를 올바로 짚어내는 작업이 필요하다. '좌파 포퓰리즘'은 유럽이라는 공간적 배경과 신자유주의 시기라는 시간적 배경에서 생겨났다. 이 글은 '좌파 포퓰리즘'을 포함해 포퓰리즘의 총체적 이해를 도모하며, 신자유주의 시기 유럽의 포퓰리즘을 구체적 대상으로 한다.

현대 민주주의는 대의 민주주의로 현상하며, 그 주요 행위자는 의회를 중심 무대로 하는 정당이다. 그러므로 정치 경제적 배경에 따른 포퓰리즘 유형의 변화를 추적한 후, 정당 체제를 중심으로 대의 민주주의 변화에 대한 포퓰리즘의 대응을 살펴본다. 그리고 그에 앞서 논의의 혼동을 방지하기 위해 포퓰리즘의 접근법과 개념을 먼저 정리한다.

2. 포퓰리즘의 접근법과 개념

1967년 여러 나라에서 모인 43명의 전문가들이 런던에서 포퓰리즘에 관한 일반 이론을 도출하려고 시도했으나 그 보편적 핵심 개념을 찾는 데 실패했다고 한다.[3] 게다가 1970/80년대와 2000년대

• • •

3. 서병훈, 『포퓰리즘: 현대 민주주의의 위기와 선택』, 책세상, 2008, 30~31쪽; Taggart, Paul, 2000, *Populism* (Buckingham, etc.: Open University Press), p.

를 주요 기점으로 포퓰리즘은 변화를 거듭해 그 양상이 더욱 복잡해졌다. 하지만 새로운 변화가 생긴다는 것은 더 많은 사례들을 통해 보편적 핵심을 찾을 기회가 많아진다는 것을 의미하기도 한다. 그에 따라 포퓰리즘 접근 방법은 1970/80년대를 계기로 나타난 신포퓰리즘neopopulism을 포괄할 수 있도록 경험적 일반화, 역사주의적 고찰, 사회적 대립의 징후적 독해로 세분되었다.[4] 또한 2000년대 이후 나타난 남부 유럽의 새로운 형태들을 포괄할 수 있도록 행위 주체 접근법, 사회 경제 정책 접근법, 정치 전략 접근법, 정치 스타일 접근법, 이데올로기 접근법으로 분화했으며,[5] 커뮤니케이션 연구자들에 의해 담론 접근법이 포함되기도 한다.[6]

특히 2000년대 이후 정리된 접근법들은 포퓰리즘 개념 정의를 기준으로 나뉘어 각각 포퓰리즘을 특정 정치 행위자, 사회 경제 정책, 정치 전략, 정치 스타일 혹은 이데올로기나 담론 및 수사rhetoric로 규정한다. 이러한 발전은 포퓰리즘 개념의 최소화를 통해 보편적 핵심에 한 걸음 더 다가갈 수 있도록 했는데, 무데와 로비라

• • •

15, p. 22.

4. Panizza, Francisco, 2005, "Introduction: Populism and the Mirror of Democracy," Francisco Panizza (ed.), *Populism and the Mirror of Democracy* (London and New York: Verso), pp. 1~31.

5. Mudde, Cas and Cristóbal Rovira Kaltwasser, 『포퓰리즘』, 이재만 옮김, 교유서가, 2019.

6. 백영민, 「커뮤니케이션 관점으로 본 포퓰리즘의 등장과 대의 민주주의 위기」, 『커뮤니케이션 이론』 제12권 4호(한국언론학회), 2016, 5~57쪽.

칼트바서Mudde and Rovira Kaltwasser의 정의가 대표적이다. 이데올로기
접근법을 따르는 그들에 의하면, 포퓰리즘은 "사회가 궁극적으로
서로 적대하는 동질적인 두 진영으로, 즉 '순수한 민중'과 '부패한
엘리트'로 나뉜다고 여기고 정치란 민중의 일반 의지의 표현이어
야 한다고 주장하는, 중심이 얇은thin-centered 이데올로기"다.[7]

이 최소 정의는 서로 다른 정치 경제적 배경에서 다양하게
나타나는 포퓰리즘의 정치 행위자와 정책 및 전략과 스타일뿐
아니라 민주주의와의 관련성도 잘 파악할 수 있게 한다.[8] 그러나
이들의 정의도 의도와는 달리 2000년대 이후의 새로운 포퓰리즘
에 적용하는 데에는 한계를 드러낸다. 무엇보다 인민의 일반
의지volonté générale를 변하지 않는 속성으로 간주해 포퓰리즘을
집단주의 사고에 묶어 두었기 때문이다. 2000년대 이후 남부
유럽에서 발흥한 '좌파 포퓰리즘'은 인민에 대한 단일성 테제를
포기하고 개인주의적 다원성도 수용했으며, 심지어 우파 포퓰리
즘조차 이러한 양상으로 변하는 모습을 보이고 있다. 따라서 이
글에서는 무데와 R. 칼트바서의 최소 정의를 다시 최소화해 포퓰리
즘을 "사회를 인민과 엘리트라는 두 진영의 적대 구도로 파악하며,
정치는 인민의 의사를 가능한 한 직접적으로 반영해야 한다고
주장하는 이념"이라고 정의한다.[9]

• • •

7. Mudde and Rovira Kaltwasser(2019), 15~16쪽.
8. Mudde and Rovira Kaltwasser(2019), 35~37쪽.
9. 포퓰리즘의 개념과 유형에 대해서는 정병기, 「포퓰리즘의 개념과 유형 및
역사적 변화: 고전 포퓰리즘에서 포스트포퓰리즘까지」, 『한국정치학회보』
제54집 1호(한국정치학회), 2020, 93~98쪽; 정병기, 『포퓰리즘』, 코뮤니케이션

이 정의는 사회관과 정치관으로 나눌 수 있으며, 양쪽에 걸친 인민관을 다시 분리해낼 수 있다. 곧, 포퓰리즘은 인민과 엘리트의 대립 구도라는 사회관, 가능한 한 인민 직접 정치를 추구한다는 정치관 그리고 엘리트에 대립되는 보통 사람들로 구성된다는 인민관을 보편적 핵심으로 한다. 이때 정치관은 '가능한 한'이라는 수식어에서 보듯이 대의 정치를 수용할 수 있음을 유보 요건으로 하며, 인민관은 '보통 사람들'의 구체적 규정에 따라 변할 수 있음을 내포한다. 포퓰리즘의 역사적 유형은 이 정치관과 인민관의 변화에 따라 양상을 달리해 왔다. 아래에서는 정치 경제적 배경에 따라 변해온 역사적 유형을 정치관과 인민관을 중심으로 살펴본다.

3. 정치 경제 사회적 배경과 포퓰리즘의 유형 변화

기원에 해당하는 고전 포퓰리즘(러시아 브나로드 운동과 미국 인민당 운동)을 제외하고 양차 세계 대전 전간기 이후의 포퓰리즘을 현대 포퓰리즘이라 할 때 그 역사적 유형은 〈표〉와 같다. 현대 포퓰리즘은 이 시기 이후의 정치 경제 사회적 배경 변화에 따라 다시 세 유형으로 나타난다. 첫째 유형이 1920~40년대에 발흥한 구포퓰리즘paleopopulism이며, 둘째 유형이 1970~80년대에 생겨난

• • •
북스, 2021, 제1장과 제5장을 참조.

〈표〉 포퓰리즘의 역사적 유형 변화와 성격

	현대 포퓰리즘		
	구포퓰리즘	신포퓰리즘	포스트포퓰리즘
등장 시기	1920~40년대	1970~80년대	2000년대 이후
정치 경제 사회적 배경	· 제1차 포디즘 위기(경제 대공황) · 자유 민주주의 위기	· 제2차 포디즘 위기(케인스주의 실패와 포스트포디즘 등장) · 사회 민주주의 위기	· 신자유주의 세계화의 약화 · 신자유 민주주의 약화
대의제와 인민에 대한 인식과 태도	· 직접 정치 추구 · 집단주의 인민관	· 대의정치 수용 · 집단주의 인민관	· 대의정치 수용 · 개인주의 인민관

※ 정병기(2020), 97쪽의 표를 변형

신포퓰리즘이고, 마지막 셋째 유형이 2000년대 이후 발흥한 포스트포퓰리즘postpopulism이다.

구포퓰리즘은 경제 대공황으로 현상한 제1차 포디즘fordism 위기를 정치 경제적 배경으로 했으며, 초기 자유주의 경제와 결합된 대의 민주주의를 의미하는 자유 민주주의를 정치 사회적 배경으로 했다. 구포퓰리스트는 자유주의 경제를 위협한 제1차 포디즘 위기를 해결하기 위해 강력한 국가 개입 정책을 폈으며, 자유 민주주의 대의 정치를 부정해 의회를 해산하고 경쟁 정당 체제를 와해시켰다.

구포퓰리스트 지도자는 대의나 매개를 허용하지 않고 자신이 인민의 화신임을 주장하며 인민 직접 정치를 실현하고자 했다. 독일 나치즘과 이탈리아 파시즘에서 전형적으로 보이는 것처럼, 이들의 인민관은 단일성을 전제한 것으로서 최고 통치자로 인격화되어 오로지 그의 해석과 표출에 근거한다. 그러나 이러한 시도들은 제2차대전으로 독일 나치즘과 이탈리아 파시즘이 몰락함으로써 정치적 의미가 사라지거나 아주 미미한 세력으로 축소되었다.

신포퓰리즘은 정치 경제적으로 케인스주의keynsianism의 실패와 포스트포디즘postfordism의 등장을 배경으로 하고 정치 사회적으로 사회 민주주의의 위기를 배경으로 생겨났다. 대량 생산에 따른 제1차 포디즘 위기에 대한 대응은 파시즘적(이때의 파시즘은 나치즘을 포괄하는 광의의 개념) 국가 개입과 케인스주의적 국가 개입이었다. 파시즘적 해결을 시도한 구포퓰리즘이 실패한 반면, 케인스주의적 해결을 시도한 자유주의 진영이 승리했다. 그리고 이것은 전후戰後 복구에까지 이어져 복지 국가 수립으로 연결되었다. 유럽의 경우는 주로 자유 민주주의 진영이 사회 민주주의적 해법인 케인스주의를 수용함으로써 전후 복구 이후 1960년대 말까지의 시기를 케인스주의적 동의 구조 혹은 사회 민주주의적 동의 구조라고 부른다. 그런데 1960년대 말 이후 포디즘 체제는 케인스주의로 해결할 수 없는 새로운 위기(제2차 포디즘 위기)에 부딪혀 포스트포디즘 체제로 전환한다. 신자유주의 체제로 전환하는 과도기라고 할 수 있는 이 시기에 사회 민주주의 동의 구조가 위기에 처했음이 드러났으며, 그에 대한 대응으로 새로운 성격을 가진 신포퓰리즘이 등장했다.

신포퓰리즘은 구포퓰리즘이 가지고 있던 카리스마적 지도자로 인격화된 전일적 직접 정치 추구가 약해지고 대의 민주주의를 수용했다. 그러나 인민관은 여전히 단일한 일반 의지를 가정한 집단주의 성격을 유지했다. 그에 따라 프랑스 국민전선FN(2018년 국민연합 RN으로 개명)과 오스트리아 자유당FPÖ, 이탈리아 북부동맹LN 등에서 보듯이 신포퓰리스트는 집단주의 인민관에 따라 단일한 인민의 의사를 대변하는 조직 체계를 갖지만, 의회 민주주의 테두리 내에서 경쟁하는 정당으로 변하고 지도자의 카리스마적 성격도 약해졌다.

포스트포퓰리즘은 2000년대 금융 위기로 정점에 이른 신자유주의 세계화에 대한 대응으로 발생했다. 신자유주의는 1970년대에 제2차 포디즘 위기가 포스트포디즘으로 전환한 후 1970년대 말과 1980년대 초 영국 대처Margaret Thatcher 총리와 미국 레이건Ronald Reagan 대통령 및 독일 콜Helmut Kohl 총리로 대표되는 신보수주의 정치와 맞물려 등장해 복지 국가 체제를 축소하고 시장에서 물러나 자유주의를 회복하는 강력한 개입을 추진했다. 이 시기는 사회민주주의 시기 이전의 초기 자유주의와 달리 신자유주의가 지배하던 시기이므로 민주주의와 결부해 신자유 민주주의 시기라고 부를 수 있다.

포스트포퓰리스트의 전형적인 예는 남부 유럽을 중심으로 일어난 좌파 혹은 중도 좌파 포퓰리즘[그리스 시리자SYRIZA, 스페인 포데모스PODEMOS, 이탈리아 오성운동M5S]인데, 이들은 대의 민주주의 수용에서 더 나아가 집단주의 인민관을 버리고 인민의 다원성을 인정하는 개인주의 인민관으로 전환했다. 특히 개인주의 인민관 수용은 포퓰리즘의 보편적 사회관을 벗어날 가능성이 있어 기존 포퓰리즘과는 일정한 단절성을 갖는다. 하지만 엘리트와 인민의 대립 구도라는 기본 전제를 온전히 벗어나지는 않고 있어 연속성도 가지고 있다. 이런 의미에서 단절성과 연속성을 동시에 갖는 '포스트post'라는 접두사는 적절하다.

제2차대전 이후 유럽에서 현재까지 의미 있는 정치 세력(연정 구성에 변수로 작용할 정도의 세력)으로 활동하는 포퓰리스트는 신포퓰리스트와 포스트포퓰리스트다. 발흥 당시의 정치 경제 사회적 배경을 기준으로 볼 때 포스트포퓰리스트들은 2000년대 이후 발생한 동일한 유형으로 포괄할 수 있다. 하지만 신포퓰리스트들은 1970/80년대에 생겨나거나 이전의 구포퓰리즘이 변한 것으로서, 2000년대에 신자유 민주주의가 정점에 이르자 그에 대한 대응으로 또 한 번의 변화를 겪는다. 그 결과는 두 가지 방식으로 나타났는데, 신자유주의를 수용하는 방식과 세계화를 거부하고 민족주의를 강화하는 방식이 그것이다. 신자유주의를 수용하는 방식은 주로 남아메리카의 전통적 민중주의자가 선택한 방식으로서 신자유주의 경제 정책을 통해 세계화 수준을 높이려 했다. 반면 서유럽 신포퓰리스트는 세계화를 부정하고 유럽 통합에도 반대하며 민족 국가 테두리 내에서 신자유주의 정책을 추진하는 방향을 선택했다.

4. 대의 민주주의의 변화와 포퓰리즘의 대응

포퓰리즘은 사회 운동으로 출발하더라도 대부분 정당 정치로 귀결된다. 현대 민주주의 정치가 대의 민주주의(의회 민주주의)와 다르지 않고, 그 핵심은 다시 정당 민주주의와 연결되기 때문이다. 정당 민주주의는 선거를 통해 정권 교체가 가능한 경쟁적 정당 체제가 존재할 때 가능하다. 그런데 경쟁 정당 체제는 양대 정당을 중심으로 의회에 진입한 기성 정당들이 새로운 정치 세력의 의회 진입을 가로막고 자신들만의 카르텔 구조를 수립해 대의 정치를 왜곡하는 방향으로 전개되었다. 그 구체적 과정은 계급 정당의 국민 정당화, 포괄 정당화와 선거 전문가 정당화다.[10]

앞 장에서 본 것처럼 신포퓰리즘 등장 이후 포퓰리즘 변화와 관련해 중요한 시기는 세 시기로 나뉜다. ① 제2차대전 이후 1970년대 초반까지의 사회 민주주의 동의 구조 시기, ② 1970년대 이후 2000년대 초반까지의 신자유 민주주의 동의 구조 시기, ③ 2000년대 이후 포퓰리스트 민주주의가 신자유 민주주의를 위협하는 시기다.

립셋과 로칸Lipset and Rokkan의 균열 구조 이론에 따르면, 정당 체제는 중앙 정부와 지방 정부의 균열, 국가와 교회의 균열, 지주 계급과 자본가 계급의 균열, 자본가 계급과 노동자 계급의 균열에 기반을 두고 발전해 왔으며,[11] 여기에 각 나라의 특수성을 반영하는

● ● ●

10. 정병기, 2011, 「정당 정치의 위기와 진보 정치 운동의 전망」, 『진보평론』 제50호, 172~193쪽.

다른 균열(인종·종교·언어·지역)이 작용한다. 그리고 정태적이라고 비판받는 이 이론은 샤츠슈나이더Schattschneider와 다운스Downs의 이론에 의해 보완된다.[12] 샤츠슈나이더는 정당 체제를 정당과 정치 엘리트가 특정 균열을 선택적으로 동원하고 배제한 결과로 설명하며, 다운스는 정당이 특정 이데올로기 노선을 채택해 지지를 호소한다는 점을 강조한다.

현대 정당 체제에서 중요한 균열은 립셋과 로칸의 넷째 균열 유형인 자본가–노동자 계급 균열과 각국의 특수한 추가적 균열이다. 그중에서도 계급 균열이 점차 약화되면서 다른 균열들에 의해 대체되거나 잠식당하는 상황이다. 특정 계급을 대변하는 계급 정당은 2차대전 이후 점차 특정 계급이 아니라 국민 전체의 이익을 대변한다는 '국민 정당Volkspartei'으로 변했다.[13] 자본가 계급의 이익을 대변하는 우파 정당들은 보통 선거권이 도입된 후 처음부터 국민 정당임을 주장했으나, 노동자 계급 정당들은 유권자의 대부분이 노동자 계층이라는 인식에서 오랫동안 계급 정당 노선을 견지해왔다. 그러나 1950년대를 거치며 케인스주의에 입각한 사회

• • •

11. Lipset, Seymour M. and Stein Rokkan, 1967, "Cleavage Structures, Party Systems and Voter Alignments: An Introduction," Seymour M. Lipset and Stein Rokkan (eds.), *Party Systems and Voter Alignments* (New York: The Free Press), pp. 1~64.

12. Schattschneider, Elmer E., 1975, *The Semisovereign People: A Realist's View of Democracy in America*, 2. Ed. (Hinsdale, Ill.: Dryden Press); Downs, Anthony, 1957, *An Economic Theory of Democracy* (New York: Harper & Row).

13. Mintzel, Alf, 1984, *Die Volkspartei: Typus und Wirklichkeit. Ein Lehrbuch* (Opladen: Westdeutscher Verlag), S. 24.

민주주의 동의 구조가 형성됨에 따라 국민 정당화는 좌파 정당에 게까지 파급되었다. 여기에는 유권자의 중도화 경향이 크게 작용 했으며, 이는 다시 양대 정당의 중도화 추세로 연결되었다.

계급 정당의 국민 정당화는 정책 측면에서 포괄 정당화로 이어 지고 조직과 행태 측면에서 선거 전문가 정당화로 이어졌다. 대변 계급 설정이 사라지고 계급 이데올로기가 약화됨으로써 국민 정당들은 득표율 제고를 최고의 목적으로 삼게 된 것이다. 중도화 추세가 강화되어 투표 행태가 평균값을 중앙 정점으로 하는 정규 분포 곡선으로 변해간 상황에서 주요 정당들은 백화점 식 강령으로 중도층을 공략하는 포괄 정당catch-all party[14]과 선거 전문가를 중심으로 당과 선거 조직을 꾸려 나가는 선거 전문가 정당[15]으로 변해갔다.

사회 민주주의적 동의 구조도 이러한 중도화 경향과 함께 이해 할 필요가 있다. 1950년대 이전 서유럽 국민들의 성향이 사회주의 와 자유주의의 대립으로 나타난 것과 달리 1950년대 이후에는 케인스주의적 복지 국가를 핵심으로 하는 현대 사회 민주주의 경향으로 변했다고 할 수 있다. 다시 말해 중도층의 다수가 사회 민주주의 성향을 띠고 있었으며, 이러한 유권자 추세에 주요 정당 들이 적응해감으로써 사회 민주주의적 동의 구조가 생겨난 것이다.

• • •

14. Kirchheimer, Otto, 1966, "The Transformation of the Western European Party System," Joseph Lapalombara and Myron Weiner (eds.), *Political Parties and Political Development* (New York: Princeton Uni. Press), pp. 177~200.

15. Panebianco, Angelo, 1982, *Political Parties: Organization and Power* (Cambridge: Cambridge University Press).

정당 체제 변화가 마지막에 이른 지점은 당내 과두제와 연결된 카르텔 정당 체제다. 이미 20세기 초부터 지적되었던 과두제 현상[16]은 '유권자에 대한 선출된 자의 지배, 위임자에 대한 수임자의 지배, 파견자에 대한 대표자의 지배'를 의미하는 관료적 권위주의를 의미한다. 현대 정당 체제에서 이 현상이 선거 전문가 정당화와 결합해 기성 정당들 간 제휴 체제를 말하는 카르텔 정당 체제로 귀결된 것이다. 의회를 장악한 주요 정당들이 의회 진입 장벽을 높이고 공영 방송 접근권이나 국고 보조금을 자신들에게 유리하게 제정 혹은 개정하여 신생 정당들의 성장을 방해하는 담합 구조를 형성했다.[17]

이와 같은 정당 체제 변화는 68혁명운동에 의해 주요 비판 대상이 되었다. 그러나 68혁명운동이 문화적 성공이라는 평가와 달리 정치적으로는 실패함으로써 정당 정치 변혁은 이루어지지 못했다. 그에 따라 1970년대 이후에는 우파적 도전인 신포퓰리즘이 발흥하는 토양이 형성되었다. 신포퓰리즘은 카르텔 구조화한 정당 정치에 대한 대응이며, 대의 정치 자체에 대한 도전은 아니었다. 신포퓰리즘이 구포퓰리즘과 달리 대의 정치를 수용한 것은

• • •

16. Ostrogorski, Moisei, 1982, *Democracy and the Organization of Political Parties*, ed. by S. M. Lipset (New Brunswick etc.: Transaction Books); Michels, Robert, 1962, *Political Parties: A Sociological Study of the Oligarchical Tendencies of Modern Democracy* (New York: Free Press).

17. Mair, Peter, 1994, "Party Organizations: From Civil Society to the State," Richard S. Katz and Peter Mair (eds.), *How Parties Organize: Change and Adaptation in Party Organization in Western European Party Systems* (London: Sage), pp. 1~22.

이러한 맥락에서 이해할 수 있다.

1970년대에 발생한 새로운 경제 위기는 사회 민주주의 위기의 계기이자 징후였다. 그에 따라 1970년대 말 이후 신자유주의가 등장하고 1980년대에는 대처 총리의 'TINA^There is no alternative' 슬로건이 잘 보여주듯이 신자유주의를 유일한 선택지로 삼는 움직임이 나타났다. 독일 사민당SPD, 프랑스 사회당PS, 이탈리아 좌파민주당 PDS(공산당PCI의 후신으로 1991~1998년까지 존속) 등 주요 좌파 정당들도 1980년대 후반부터 신자유주의 정책을 수용하기 시작했다. 1990년대 중반에 다수 국가에서 집권으로 이어진 이 노선은 케인스주의와 신자유주의의 중간의 길인 '제3의 길'로 불렸다. 하지만 케인스주의도 도입 당시에는 좌파 정당들에게 사회주의와 자유주의의 중간의 길로 인식된 것이었다. 제2차대전 이후(혹은 1950년대 이후) 1970년대까지를 케인스주의(사회 민주주의)로 수렴해 간 사회 민주주의 시기라면, 1970년대 이후는 신자유주의로 수렴해 간 신자유 민주주의 시기라고 할 수 있다.

신자유 민주주의 시기의 정당 체제는 지난 시기에 전개된 카르텔 체제가 더욱 강화되는 성격을 띠었다. 다만 선거 전문가 정당이 미디어 발달과 연결되어 '미디어 매개 인물 정당media-mediated personality-party'[18]으로 변모했다. 그 최초의 대표적 예가 베를루스코니 Silvio Berlusconi의 전진이탈리아FI와 슈뢰더Gerhard Schröder의 독일 사민

• • •

18. Seisselberg, Jörg, 1996, "Conditions of Success and Political Problems of a 'Media–Mediated Personality–Party': The Case of Forza Italia," *West European Politics*, vol. 19, no. 4, pp. 715~743.

당SPD 및 블레어Tony Blair의 영국 노동당Labor Party이다. 미디어 매개 인물 정당은 매스 미디어의 매개와 인물의 상징화를 주요 수단으로 하는 정당을 말하는데, 그 조직과 활동이 미디어의 효율적 활용을 위해 미디어에 적합한 강력한 최고 지도자를 중심으로 위계적으로 전개된다.

2000년대 이후도 신자유 민주주의 시기다. 포스트포퓰리즘이 발흥한 시기이므로 포퓰리즘과 관련해 이전 시기와 구별할 뿐이다. 1970년대 이후 2000년대까지를 신자유 민주주의가 강해지는 시기라면, 2000년대 이후는 정점을 지나 약해지는 시기다. 2000년대 금융 위기 이후 포퓰리즘이 분화하는 것은 신자유 민주주의의 정점에 대한 대응이 다르기 때문이다. 상술했듯이 서유럽에서는 우파 포퓰리즘이 민족주의를 강화해 세계화를 반대하면서 자국 중심적 신자유주의 정책을 추구하는 극우 민족주의 경향으로 변하는 반면, 신자유주의 세계화를 총체적으로 반대하면서 서민과 사회적 소수자를 대변하려는 좌파 포퓰리즘이 급성장했다.

카르텔 구조로 귀결된 정당 체제 변화는 정당 민주주의에 대한 심각한 회의를 초래했다. 정당 혐오증 혹은 정치 혐오증으로 불리는 이 현상은 정당으로 대표되는 대의 민주주의에 대한 환멸이었다. 이것은 유럽의 주요 4개국을 나타낸 〈그림 1〉과 〈그림 2〉에서 보듯이 1970년대 이래 지속적으로 하락해 온 투표 참여율과 기성 정당 지지율을 통해 증명된다. 투표 행태에 영향을 미치는 변수들은 많지만, 그중 가장 중요한 제도적 요건은 선거 제도다. 아래의 그림들은 비록 주요 4개국에 한정되지만, 이 국가들만으로도 각각

<그림 1〉 유럽 주요 국가의 투표 참여율 변화. 출처: 정병기(2011)

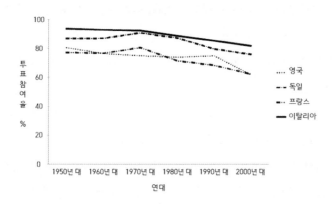

<그림 2〉 유럽 주요 국가의 기성 정당 득표율 합계 변화. 출처: 정병기(2011)

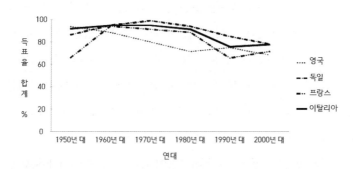

단순 다수제(영국), 절대 다수제(프랑스), 인물화 비례 대표제(독일), 순수 비례 대표제와 혼합 선거제(이탈리아)를 망라하고 있어 선거 제도 효과를 차단할 수 있다.

영국에서 예외적으로 1990년대에 반등했다가 다시 하락하기는 하지만, 투표 참여율은 대체적으로 1970년대 이후 급격히 하락하기 시작했다(〈그림 1〉). 영국도 2000년대 초반에는 60% 이하로 떨어져 2000년대의 평균은 60%를 조금 넘는 수준이었고, 프랑스의 경우에도 1990년대 70% 이하로 떨어졌고 지속적으로 하락 추세에 있다. 상대적으로 투표 참여율이 높은 비례 대표제 국가인 독일과 이탈리아도 1990년대에 각각 80%와 90% 이하로 떨어졌으며, 1970년대를 정점으로 급격히 하락해왔다.

기성 정당 득표율도 약간의 차이를 보이기는 하지만 전반적으로 유사한 경향을 보인다(〈그림 2〉). 프랑스와 영국에서 더 일찍 하락하기 시작했고 프랑스와 이탈리아에서 1990년대와 2000년대에 반등을 보인 것이 대표적으로 다른 점이다. 하지만 1970년대 이전부터 하락하기 시작했다는 것은 정당 혐오증이 더 일찍 시작했다는 것을 의미하는데, 이것이 득표율 왜곡 현상이 심한 다수 대표제 국가에서 나타났다는 것은 이상한 것이 아니다. 1990년대와 2000년대의 일시적 반등도 정당 개혁이나 정당 체제 변화에 대한 기대감에 따른 것으로 볼 수 있다. 결국 2000년대가 지나는 동안 이기대도 무너져 포퓰리즘 발흥으로 연결되고 만다.

주의할 것은 정치 · 정당 혐오증이 대의 민주주의 자체에 대한 부정은 아니라는 것이다. 이 판단은 투표 참여율과 기성 정당 지지율의 절대치가 아직 높기 때문이 아니다. 많은 사람이 적어도 직접 민주주의 요소로 대폭 수정되거나 다른 형태의 대의 정치가 이루어지기를 바라기 시작했다고 보는 것이 더 적절하다. 포퓰리즘과 연결해 거론할 만한 가장 중요한 이유는 정치 · 정당 혐오증을 배경으로 정당 대의 정치를 비판하며 등장한 대표적 대응 방식인 포퓰리즘이 대의 정치를 수용하면서 그 수정을 주장한다는 것이다.

5. 결론

파니자Panizza가 지적했듯이 정치 경제적 위기가 반드시 포퓰리즘 정치로 연결되지는 않는다.[19] 권위주의 정부나 군사 독재, 정치 제도 혁신 같은 다른 결과로 연결될 수도 있기 때문이다. 하지만 포퓰리즘이 자본주의 사회의 정치 경제적 위기와 맞물려 일어난 현상인 만큼 정치 경제적 배경을 배제해서 논의될 수도 없다. 신자유 민주주의 시기에 신포퓰리즘이 생겨나 변해간 것과 포스트포퓰리즘이 발흥한 것은 케인스주의적 사회 민주주의의 위기와 신자유주의 세계화로 표출된 신자유 민주주의의 약화를 이해하지 않고는 설명할 수 없다. 신포퓰리즘은 1970/80년대 포디즘과 케인스주의의 위기에서 생겨나 2000년대 신자유주의가 정점에 이른 후 집단주의 인민관을 유지하면서 세계화에 반대함으로써 신자유주의를 배타적 민족주의와 결합한 극우화 경향으로 변해갔다. 반면 2000년대 이후 등장한 포스트포퓰리즘은 개인주의 인민관을 수용하며 신자유주의에 대항하는 포괄적이고 다원적인 이데올로

• • •

19. Panizza(2005), p. 14.

기로 성장했다.

포퓰리즘이 인민 주권과 핵심적으로 관련되는 한 민주주의 논의도 벗어날 수 없다. 현대 민주주의가 경쟁 정당 체제로 대표되는 대의 민주주의로 정착되면서 정당 체제가 카르텔화하고 정치 엘리트의 독자적인 집단적 이해관계가 형성된 것은 대의 민주주의의 한계로 지적되면서 인민 직접 정치에 대한 요구가 강화되고 이것이 포퓰리즘의 형태로 분출된 것이라고 할 수 있다. 신포퓰리즘이 등장한 1970/80년대는 사회 민주주의 동의 구조로 나타난 대의 정치의 한계가 드러난 시기였다면, 포스트포퓰리즘이 발흥한 2000년대는 신자유 민주주의 동의 구조로 현상한 대의 정치의 한계가 드러난 시기였다.

이러한 대의 정치의 한계는 단지 대의 민주주의의 엘리트주의화라는 왜곡 현상에만 기인한 것이 아니다. 포퓰리즘이 민주주의의 그림자라는 캐노반의 비유[20]는 구세적 민주주의와 실용적 민주주의의 구분을 고려할 때 대의 민주주의의 한계로 이해하는 것이 적절하다. 그림자가 떼려야 뗄 수 없는 존재인 것처럼, 정당 정치와 결합한 대의 민주주의가 선출된 독재로 연결되는 것이 현실 대의 정치의 한계라면 그것은 본질적인 한계일 수 있다.

포퓰리즘과 민주주의의 관계를 두 개의 진영으로 나누어 면밀히 고찰한 김주형과 김도형에 따르면, 자유 민주주의자는 포퓰리즘의 도전을 '대표의 위기'로 보고 집합적 정치 주체로서 인민의

• • •

20. Canovan, Margaret, 1999, "Trust the People! Populism and the Two Faces of Democracy," *Political Studies*, vol. 47, no. 1, pp. 2~16.

범주를 성급히 해체하고자 한다. 반면 좌파 포퓰리즘 이론가는 이 문제를 의제화하는 데 기여하지만, 미분화된 인민의 헤게모니를 구축하기 위해 반민주적 경향성을 극복하지 못하는 한계가 있다.[21] 이들이 동일하게 범하고 있는 오류는 자유와 평등을 동등한 가치로 내포하는 민주주의의 본질을 파악하지 못하고 포스트포퓰리즘이 개인주의 인민관을 수용해 다원주의적 성격을 띤다는 점을 간과한 것이다.

포퓰리즘이 반민주적 현상으로서 민주주의를 위협하거나 긍정적 영향을 미친다고 하더라도 반사적 효과나 의도하지 않은 효과에 그친다는 판단은 구포퓰리즘과 극우 신포퓰리즘에 해당할 뿐 더 이상 유효하지 않다. 적어도 신포퓰리즘 등장 이후의 포퓰리즘은 대의 민주주의 범주 안에 존재하는 다른 하나의 민주주의 유형으로 인식할 필요가 있다. 신자유주의를 수용한 신포퓰리즘이 자유 민주주의의 한 유형이라면, 개인주의 인민관까지 수용한 포스트포퓰리즘은 다원적 민주주의의 한 유형이라고 볼 수 있다.

• • •

21. 김주형·김도형, 「포퓰리즘과 민주주의: 인민의 민주적 정치 주체화」, 『한국정치연구』 제29집 2호, 서울대학교 한국정치연구소, 2020, 58~90쪽.

'표류'에서 코뮌으로:
상황주의 인터내셔널의 대안 사회 구상*

오창룡

1. 서론

1957년 6월에 결성된 상황주의자 인터내셔널Internationale Situationiste 그룹은 여러 얼굴을 갖고 있다. 그들은 예술가 집단으로, 이론가 집단으로, 변혁적인 사회운동 집단으로 1968년 5월 운동뿐만 아니라 70년대 사회 비판 담론에 지대한 영향을 미쳤다.『스펙터클의 사회』의 저자로 잘 알려져 있는 기 드보르Guy Debord는 자본주의 사회의 개인들이 '소외'를 극복하기 위해서는 '상황'의 구성을 통해 스스로를 재전유해야 한다고 주장했으며, 자본주의적 물신주의와 소외 양식을 스펙터클spectacle이라는 개념으로 규정한 바 있다(Brillant, 2003: 69). 상황주의자 인터내셔널이 스트라스부르 대학에서 배포한『비참한 대학생활』은 1968년 5월 운동에 직접적인 영향을 미쳤던 '촉매제'로 평가된다.[1]

• • •

* 『마르크스주의 연구』제14권 3호(2017)에 게재된「상황주의 인터내셔널의 도시 비판과 그 대안」을 수정 보완한 글임.

상황주의는 1960년대 맑스주의의 극단성과 배타성이 부각되던 시기에, 과거와는 다른 맑스주의를 제안하면서 주목받았다. 보드리야르는 "여전히 구시대적인 사고방식에 사로잡혀 있지만, 상황주의자들 덕분에 모든 맑스주의 상부구조가 강하게 요동치게 됐다."라고 평가했다. 바디우는 "1917년 10월 이후 초현실주의자들에 의해, 1960년대 초 상황주의자들에 의해 프랑스에서 두 번 등장한, 화석화된 맑스주의 정치에 대한 새로운 정세의 출현 — 진정한 균열, 전례가 없는 강렬함, 상상을 초월한 반향 — 은 왜 예술적 원천 속에서 나왔는가?'라는 질문을 던졌다. 상황주의자들은 예술적인 문제에서 출발하여 새로운 혁명의 가능성을 구상했으며, '주체'의 문제에 새롭게 접근했다. 상황주의자들은 대문자 '주체-객체' 관계를 설정하는 기존 맑스주의 전통에서 벗어나 개별적인 주체를 혁명 기획의 중심에 위치시켰다. 이와 관련하여 들뢰즈는 상황주의 운동을 "새로운 투쟁 형태의 등장을 새로운 주체 생산과 관련시키는 국제적인 사조의 흐름"으로 평가하기도 했다.[2]

한국에서는 상황주의자 인터내셔널을 소개한 학위논문이 2000년대에 발표됐으며,[3] 예술과 서양사 분야에서 관련 논문이 지속적

• • •

1. 민유기, 「프랑스 68운동의 전주곡: 상황주의자 인터내셔널의 대학생활 비판과 스트라스부르 스캔들」, 『서양사론』 129, 2016.
2. Patrick Marcolini, Le mouvement situationniste: Une histoire intellectuelle. Editions L'échappée, 2012, pp. 238~239.
3. 박노영, 「기 드보르의 스펙터클 이론연구: 스펙터클의 도시 공간에 대한 비판과 실천을 중심으로」, 홍익대학교 미학과 석사논문, 2002; 이승우, 「스펙타클

으로 발표됐다.[4] 상황주의자 인터내셔널의 역사와 이론적 의의, 현실 정치와 공간 예술에의 개입 등은 가장 많은 주목을 받았던 주제이다. 그들이 제시한 표류, 우회, 심리지리 등의 독특한 개념들은 이미 국내 연구에서도 충분히 소개됐다. 프랑스에서도 상황주의자 인터내셔널에 대한 평가는 종료되지 않았으며 2010년도 이후에도 연구서들이 계속해서 출판되고 있다.[5] 2013년 프랑스 국립도서관이 "기 드보르, 전쟁의 기술Guy Debord, un art de la guerre"이라는 제목으로 상황주의자 인터내셔널에 관한 전시회를 개최하고 아카이브를 구축한 것은 추가적인 연구와 재평가의 계기가 됐다. 당시 여러 언론은 상황주의자 인터내셔널이 '프랑스 문화의 전당'에 입성하는 것을 우호적으로 평가했다. 하지만 그들의 활동을 기억하는 이들에게 이는 매우 역설적인 사건이었는데, 스펙터클에 저항했던 상황주의자들이 또 다른 스펙터클로 화석화되는

• • •

　　정치에 대한 도전: 상황주의자 인터내셔널 1957~1972」, 서울대학교 정치학과 석사논문, 2005; 송선화, 「상황주의자 인터내셔널의 일원화 도시계획과 렘 콜하스 건축도시계획과의 연계성에 관한 연구」, 홍익대학교 건축도시대학원 석사논문, 2010.

4. 이영빈, 「기 드보르의 상황주의운동(1952~1968): 일상생활 비판을 위한 예술과 사회혁명의 결합을 중심으로」, 『역사학연구』 40, 2010; 김민지, 「도시공간과 실천적 일상 전술의 예술적 실행」, 『현대미술학 논문집』 16(2), 2012; 박미연, 「상황주의자 인터내셔널의 복원」, 『현대미술사연구』 35, 2014.

5. Louis Janover, Surréalisme et situationnistes. Au rendez-vous des avant-gardes. Sens & Tonka, 2013; Thierry Paquot, Les Situationnistes en ville. Infolio, 2015; Laurence Le Bras, Lire Debord: Avec des notes inédites de Guy Debord. L'Echappée, 2016; Anns Trespeuch-Berthelot, L'Internationale situationiste: De l'histoire au mythe(1948~2013). Press Universitaires de France, 2015.

것을 의미할 수 있기 때문이다.[6]

이글은 상황주의자 인터내셔널이 제시한 대안 사회의 특징을 살펴보기 위해 상황주의자 인터내셔널이 결성된 1957년 저술들, 이후 12호까지 발행된 『상황주의자 인터내셔널』 및 기 드보르의 개인 저술을 분석했다. 상황주의자 인터내셔널 이론과 활동에 대한 기존 관심은 그들이 제안한 '일탈'과 유토피아적 상상력에 초점이 맞춰져 있다. 그러나 필자는 상황주의자 인터내셔널이 새로운 사회의 '구성'과 '결정'에 대한 고민을 동시에 진행했다는 사실에 주목한다. 그들의 이론에는 두 개의 서로 다른 기원을 갖는 유토피아가 존재하고 있었다. 하나는 상황주의자들이 초기에 제시한 '표류'의 기획으로 초현실주의 문예 운동에 뿌리를 두고 있다. 다른 하나는 '코뮨', '노동자평의회' 혹은 '자주관리autogestion'로 평의회 사회주의의 전통을 잇고 있었다. 두 개념 모두 상황주의자 인터내셔널이 오랜 시간 동안 발전시켜온 중심 개념이라 할 수 있으나, 양자 사이에는 분명한 이론적 긴장과 충돌이 존재한다. 전자의 경우 모든 정착된 질서를 거부하고 비정형화된 일탈과 놀이jeu를 지향하는 반면, 후자는 주어진 사회적 관계를 대체하는 대안 조직을 창조하는 집단적 기획이기 때문이다.

• • •

6. 같은 시기 『텔레라마(Télérama)』라는 문화지에도 기 드보르에 대한 심도 있는 기사가 실렸다. 프랑스에서 영향력 있는 저널이긴 하나, 신작 영화와 TV프로그램 소개를 주된 목적으로 하는 잡지에 등장한 기 드보르의 사진은, 기사의 내용과 무관하게 문화상품으로 박제된 혁명가의 얼굴로 비쳐질 수 있었다. (http://www.telerama.fr/livre/guy-debord-un-regard-radical-sur-notre-societe, 95039.php, 검색일: 2017. 6. 15.)

상당수의 기존 연구들은 상황주의자 인터내셔널이 초기에 제시한 도시 비판과 '일원적 도시론'의 대안에 주목했으며, 상대적으로 후기에 등장한 '일반화된 자주관리'와 '노동자평의회' 논의에 대해서는 충분히 조명하지 않았다. 나아가 두 논의 사이에 존재하는 이론적 간극에 문제를 제기한 연구는 극히 드물다. 필자는 상황주의자들이 초기에는 초현실주의 문화운동 조직으로 출발했으나, 후기에는 대안 사회를 실현하기 위한 급진적 정치를 지향했다는 관점에 이의를 제기한다. 이런 방식으로 상황주의자 인터내셔널의 '이론적 이행'을 강조하는 경우, 전기와 후기 이론이 상호 분리되거나 후자에 의해 전자가 부정되는 결과가 발생하기 때문이다. 따라서 이 글은 표류의 철학과 자주관리 이념 사이에 존재하는 간극과 긴장이 이들의 이론 내에서 어떻게 조정되고 연속성을 유지하고 있는가에 초점을 맞출 것이다.

2. 표류: 파편화된 도시에 저항하기

상황주의자 인터내셔널의 이론적 업적 중 현재까지 주목받는 쟁점 중 하나는 그들이 사회이론의 공간적 선회tournant géographiaue를 시도하여 후대의 공간 및 도시이론에 영향을 미쳤다는 점이다.[7] 상황주

• • •

7. 1963년 클로드 파랑(Claude Parent)과 폴 비릴리오(Paul Virilio)가 결성한 '건축원리(Architecture Principe)' 그룹은 상황주의 공간이론의 영향을 받은 대표적 사례이다. 이들은 도시 공간 안에서 더 자유롭고 풍요로운 인간관계가 어떻게

의자 인터내셔널이 도시 비판과 대안 구상에 사용한 일원적 도시주의 urbanisme unitaire, 표류dérive, 심리지리학psychogéographie, 우회détournement 등의 주요 개념들은 1957년 이전에 발간된 『포틀래치*Potlatch*』와 『벌거벗은 입술*Les Lèvres Nues*』 등의 저널에서 이미 소개됐다. 아울러 『상황주의자 인터내셔널』에 기고된 원고들의 상당수가 자본주의 공간과 도시주의urbanisme에 대한 비판을 제시하고 있다.[8] 상황주의자들은 도시주의의 위기가 현대의 사회 위기와 정치 위기를 구체적으로 드러낸다고 보았고, 자본주의적인 도시계획을 "도시적 삶의 모든 가능성에 대한 첫 번째 적"으로 규정했다.[9]

　　도시주의에 대한 모든 담론이 거짓이라는 사실은, 도시주의에 의해 조직된 공간이 사회적 거짓의 공간이며 견고한 착취의 공간이라는 사실만큼 자명하다. 도시주의의 권력에 대해 논하는 사람들은 그들이 권력을 도시주의에게 부여할 뿐이라는

• • •

가능할지 탐구했다. 비릴리오는 이후 이동(déplacement), 여정(parcours), 순환(circulation), 운동과 속도 등의 개념을 발전시켰다. Marcolini, 2012, p. 240.

8. 상황주의자 인터내셔널은 1953년 아스거 요른(Asger Jorn)이 창설한 이미지주의 바우하우스 국제운동(Mouvement international pour un Bauhaus imaginiste; MIBI)과 1952년 질 울만(Gil Wolman)과 기 드보르가 창설한 문자주의 인터내셔널(International lettriste)이 1957년 결합하여 『상황주의자 인터내셔널(International situationiste)』이라는 저널을 발간하면서 출범했다. 상황주의자 인터내셔널 결성 이전의 아방가르드 운동에 대해서는 이승우(2005, 12~25)를 참고할 수 있음.

9. Interantionale Situationiste, "Critique de l'urbanisme." *Interantionale Situationiste* 6, 1961, p. 6.

사실을 은폐하려 한다. 대중의 교육자를 자임하는 도시주의자들은 그들 스스로가 교육받아야 한다. 그들이 최선을 다해 재생산하고 완벽하게 만들고 있는 이 소외된 세상을 통해서 말이다.[10]

상황주의자 인터내셔널은 자본주의적인 도시계획을 현실적으로 존재하지 않는 것을 존재하도록 믿게 만드는 '이데올로기'로 규정했다. 자본주의의 건축물은 코카콜라처럼 실재하지만, 포장된 상품처럼 가짜 욕구를 가짜로 만족시켜줄 뿐이다. 즉, 도시계획은 마치 코카콜라 진열장처럼 스펙터클을 양산하는 이데올로기이며, 대중들이 참여할 수 없는 것에 참여하도록 하는 광고에 불과하다.[11] 이러한 현대의 도시주의를 비판하는 맥락에서, 상황주의자들은 영토, 지도학, 생태주의 등과 관련된 주제를 집중적으로 탐구했으며, 자본주의의 공간을 분석하는 고유한 개념들을 발전시켰다.

상황주의자들은 자본주의 도시에 대한 대안이자 유토피아로 '일원적 도시론urbanisme unitaire'을 제안한다. 이는 파편화된 현대 도시를 종합적으로 재구성하기 위해 예술과 기술을 총체적 사용할 수 있도록 하는 이론이었다.[12] 현대 사회에서 도시를 빠르게 건설해야 한다는 필요에 따라 건축물은 콘크리트로 채워지고, 사람들은

• • •

10. Interantionale Situationiste, 1961, p. 11.

11. Guy Debord, "Programme élémentaire du bureau d'urbanisme unitaire." *Interantionale Situationiste* 6, 1961, pp. 17~18.

12. Interantionale Situationiste, "Définitions." *Interantionale Situationiste., 1957.*

그 안에서 죽도록 지루한 삶을 강요받는다. 상황주의자들은 이윤과 효율성만을 추구하는 도시적 삶이 무슨 소용이 있는지 반문한다.[13] 일원적 도시론은 실천적인 경험과 역동적인 관계를 맺으면서 사람을 특정 장소에 고정시키는 이데올로기에 저항하며, 복종과 노역으로 점철된 일상의 굴레를 분쇄할 수 있는 일원적 공간을 모색한다. 자본주의 경제 시스템의 굴레 안에서 기술은 사회를 파편화시키고, 수동적인 가짜 놀이를 전파하는 데에 동원될 뿐이지만, 일원적 도시론은 진정한 참여와 놀이를 지향한다.[14] 이는 과거의 시간과 공간에 정체된 도시를 버리고 새롭게 재구성하는 운동이며, 사회적 공간 위에서 자연과 도시를 끊임없이 조화시키고 창조적으로 쇄신하는 시도이다.[15]

상황주의자들이 자본주의적 도시 장벽을 허물고 일원적 사회를 지향하는 방법으로 제시한 접근은 바로 '표류dérive'였다. 표류는 당시 기능주의적인 합리성이 가져온 공간 궤적의 획일성에 대한 저항이었으며, 다양한 환경을 가로질러 빠르게 이동하는 기술, 혹은 이 경험이 반복적 실행되는 기간을 의미한다. 상황주의자들에 따르면, 근대 도시는 점차 섬 혹은 소구역들의 총체로 변모하고 있는데, 승강기, 도로 등의 이동 가속 수단이 분할된 공간들을

• • •

13. Constant, "Une autre ville pour une autre vie." *Interantionale Situationiste* 3, 1959, pp. 37~40.

14. Interantionale Situationiste, "Urbanisme unitaire à la fin des années 50." *Interantionale Situationiste* 3, 1959, p. 14.

15. Chris Younès, "Résistances créatrices urbaines via l'internationale Situationniste," Thierry Paquot, (dir). *Les Situationnistes en ville.* Infolio, 2015, p. 23.

가교처럼 연결하고 있을 뿐이다. 따라서 현대 도시에서 대부분의 공간들은 가로지르는 것이 불가능한 구조로 변모했으며, 출발지와 목적지를 제외한 나머지 공간들은 비-장소non-lieux 혹은 죽은 공간expaces morts이 된다.[16] 주거 장소, 노동 장소, 여가 장소 등은 공간상에서 추상적인 점으로 나타나며, 장소 간의 이동은 직선으로만 존재한다. 도시 공간의 이동은 자본주의 시스템의 합리성 아래에 종속되어 있으며, 질적인 공간은 수학적으로 측정되는 양적인 공간으로 변모했다. 따라서 표류는 자본주의적 방식으로 추상적으로 재편되는 도시에 대한 비판이자, 의무적인 목적지를 거부한 채 의도적인 '방황'을 통해 공간을 연구하는 하나의 방법론이었다.[17] 표류는 추상적으로 설정된 개념이 아니었으며, 아래 사례처럼 상황주의자들이 직접 실천한 구체적인 행위였다.

> 1956년 3월 6일 목요일, G.-E. 드보르와 질 J. 울만은 자르당-폴 가에서 10시에 만나 거기서부터 북쪽으로 파리를 가로지를 수 있는지 알아보기 위해 출발했다. 그들은 의도와 다르게 빠르게 동쪽으로 경로를 이탈했으며 파리 11구 북쪽을 지나갔다. 초라하게 상업적으로 규격화된 11구는 불쾌한 쁘띠부르주아적 경관의 좋은 예이다. (…) 20구에 도착했을 때 드보르와 울만은 방치된 공터와 높지 않은 버려진 건물들을 가로질러

• • •

16. Guy Debord, "Positions situationnistes sur la circulation," *Interantionale Situationiste* 3, 1959, p. 36.
17. Marcolini, 2012, p. 92.

메닐몽탕 가와 구론느 가를 연결하는 좁은 파사주 안으로 들어갔다. (…) 그들은 우연과 의식적 선택 사이에서 표류가 연속적인 균형을 이루게 된다는 것을 확인했다. (…) 드보르는 다음 표류 프로그램으로 조레스–스탈렝그라드 중심(혹은 르두 센터)에서 센느강까지 직접 연결해보고 서쪽 방향으로 출구를 찾는 실험 작업을 제안했다.[18]

상황주의 인터내셔널이 제안하고 실천한 표류는 상식에서 벗어난 우스꽝스럽고 변덕스러운 행동으로 보이기도 한다. 단지 정처 없이 떠돌아다니는 행위가 어떻게 자본주의 도시에 대한 급진적 저항과 탐구의 방법으로 이해될 수 있을 것인가? 여기서 상황주의자 인터내셔널이 수용한 초현실주의의 영향을 확인할 수 있다. 드보르와 울만은 상황주의자 인터내셔널 결성 이전에 벨기에의 초현실주의 작가 마르셀 마리앙Marcel Mariën과 교류했으며, 그가 편집을 담당한 『벌거벗은 입술Les Lèvres nues』을 통해 자신들의 주요 개념을 발표했다. 드보르에 따르면, 부르주아 사회 가치를 거부하고 전통적인 예술과 문화 개념을 해체하는 다다이즘이 파괴적이고 부정적인 성격을 가졌던 것과 달리, 초현실주의는 삶의 욕망과 놀라움을 강조하면서 예술의 새로운 가능성을 긍정적으로 제시했다. 드보르는 1930년대 초현실주의가 무의식에 대한 과잉 강조, 자동 기술écriture automatique의 단조로움 등으로 쇠퇴했으

• • •

18. Interantionale Situationiste, "Deux comptes rendus de derive," *Les Lèvres Nues* 9, 1956.

나, 부르주아 사회의 표면적인 논리와 가치를 파괴하는 데에 기여했다고 평가했다.[19]

표류는 일종의 초현실주의적인 여행이었고, 장시간의 방황 속에서 파편화되어가는 도시를 탐구하는 실험이었다. 표류에 참여하는 사람들은 이동하는 동안 스스로의 행동 동기를 인식하지 않는다. 그리고 자신의 관계, 일, 여가 등을 잊고 전적으로 우연에 몸을 맡겨 공간의 요구에 귀를 기울인다.[20] 나아가 표류는 술에 취한 상태에서 걷기를 의미할 수도 있다. 술에 취한 채 배회할 때의 거리는 일상의 거리와 다르며, 직선이 아닌 곡선의 걷기에는 더 많은 시간이 걸린다. 상황주의자들은 이와 같은 표류의 흐름을 통해 특기할 만한 지점을 만들어내고, 차별적이고 이질적인 공간을 형성할 수 있다고 믿었다. 따라서 표류는 격자 모양으로 구획된 도시 공간에서 벗어나 해방의 공간을 만들어내는 게릴라적인 활동을 의미할 수 있었다.[21] 흥미롭게도 '택시'는 표류에 가장 적합한 이동을 상징했다. 택시는 버스나 지하철과 같이 정해진 노선을 다니지 않기 때문에 이동 궤적의 극한적인 자유를 가능하게 한다. 주어진 시간 동안 다양한 거리를 이동할 수 있으며,

• • •

19. Guy Debord, "Rapport sur la construction des situations," 1957, Jean-Louis Rançon, (ed). *Oeuvres, Guy Deboard.* Quarto Gallimard, 2006, pp. 312~313.
20. 상황주의자들은 우연에 따르는 행위가 갖는 위험성에 대해서도 동시에 언급했다. 한정된 대안 혹은 습관으로 이어질 수 있기 때문에, 충분히 경계하지 않으면 우연성에 대한 의존이 반동적인 이데올로기로 전환될 수 있다고 주장했다. Guy Debord, "Théorie de la dérive," *Les Lèvres Nues* 9, 1956, pp. 19~23.
21. Marcolini, 2012, p. 93.

갈아탈 수 있고, 어디서든 내려버릴 수 있고, 우연히 새로 잡을 수도 있어서, 택시는 목적 없는 이동에 적합한 수단이었다.[22]

상황주의자 인터내셔널은 표류의 경험이 도시 공간에서 소통할 수 있는 하나의 '놀이'라고 보았다. 상황주의자들은 현대 도시 비판과 대안의 중심에 '놀이'의 중요성을 배치시키는 이러한 시도의 선구자로 네덜란드의 역사학자 호이징가Johan Huizinga(1872~1945)를 꼽았다. 호이징가는 『호모 루덴스, 놀이의 사회적 기능에 대한 연구』에서 나치즘에 대한 반反 테제로서 축제와 유희가 의미를 가지며, 진정한 놀이jeu가 모든 프로파간다를 지양할 수 있다고 보았다. 놀이의 절정은 즐거움의 고양일 뿐 히스테릭한 열정과 관련이 없다는 주장이었다. 드보르는 호이징가의 분석을 차용하면서 놀이를 삶의 핵심으로 간주했으며, 놀이의 문제를 혁명의 기획으로 확장시키려 했다. 그는 "혁명의 진정한 문제는 여가loisirs" 라 강조했으며, 놀이와 여가의 재구성이 다음과 같이 자본주의 계급투쟁과 불가분의 관계에 있다고 보았다.[23]

보다 일반적인 목표는 삶의 지루하지 않은 부분을 확대하는 것이고, 가능한 무기력한 시간을 축소하는 것이 되어야 한다. 그것은 현재 생물학적으로 연구되는 것보다 더 진지한 방식으로 인간 삶을 양적으로 개선하는 기획이 될 것이다. 또한 예측할

• • •

22. Michèle Bernstein, "La dérive au kilomètre." *Potlatch* 9–11, 1954.
23. Debord, Guy et al., "… Une idée neuve en Europe." *Potlatch* 7, 1954.

수 없을 정도의 발전을 수반할 삶의 질적인 개선을 의미한다. 상황주의적인 놀이는 전통적인 놀이 개념과 구분되는데, 경쟁과 삶의 분리 속에 들어 있는 유희적 측면은 완전히 부정한다. 대신 상황주의적인 놀이는 일종의 도덕적 선택으로 볼 수 있으며, 자유와 놀이가 미래에 대해 갖는 영향력을 확실하게 지지한다. (…) 이는 여가의 투쟁이 우리 눈 앞에 펼쳐지고 있다는 사실과 무관하지 않다. 하지만 여가에 있어서의 계급투쟁은 아직 충분히 분석되지 않았다. 오늘날 지배계급은 혁명적 프롤레타리아들이 전취했던 여가를 성공적으로 이용하고 있다. 지배계급은 광범위한 여가 산업을 발전시켰고, 신비화된 이데올로기이자 부르주아적 취향의 아류를 통해 프롤레타리아를 우둔하게 만드는 수단으로 여가를 탁월하게 활용하고 있다. (…) 프롤레타리아는 투쟁의 역량뿐만 아니라 투쟁의 장소를 확대해야 한다. (…) 우리는 여가의 투쟁에 새롭게 힘을 쏟아야 하며, 거기에 우리의 공간을 확보해야 한다.[24]

3. 자주관리: 평의회 이념의 복원

이상에서 살펴본 표류의 철학은 고전적인 맑스주의에 익숙한 독자들에게 당혹스러울 정도로 낯선 주장이며, 자본주의의 도시

---

24. Guy Debord, "Rapport sur la construction des situations," Jean–Louis Rançon, (ed). *Oeuvres, Guy Debord*. Quarto Gallimard, 2006, pp. 324~325.

와 삶을 과연 표류의 방식으로 변혁하는 것이 가능할지 의문을 제기하게 만든다. 상황주의자들의 자본주의 도시 공간에 대한 비판을 수용할지라도, 목적 없는 방황과 놀이가 다른 세상을 만들어 낼 수 있다는 믿음은 쉽게 받아들이기 어려운 측면이 있다. 현대 도시 공간에 대한 비판을 넘어 파편화된 공간의 재구성을 위해 상황주의자들이 제시하는 대안은 충분하다고 볼 수 있는가?

상황주의자 인터내셔널은 후기에 이르러 일원적 도시론과 상이한 패러다임과 비전을 발전시키고 있다. 노동자평의회 혹은 일반화된 자주관리autogestion généralisée는 상황주의자들이 수용한 또 다른 유토피아였다. 뒤몽티에Pascal Dumontier에 따르면, 상황주의 인터내셔널은 일상생활에 대한 비판만으로는 사회혁명에 이를 수 없다는 인식에 도달하게 됐으며, 당시 일부 지식인 그룹이 지지했던 평의회 사회주의에 주목하기 시작했다.[25] 실제로『스펙터클의 사회』에서 드보르는 미적이거나 공학적인 관념으로 도시주의를 지양할 수 없다고 보고, 반국가적인 평의회 권력에 따라 주어진 공간을 재구성하는 '결단'의 중요성을 다음과 같이 강조했다.

도시주의에 대한 최고의 혁명적 관념 그 자체는 도시주의적이거나, 공학적이거나, 미적이지 않다. 그것은 평의회의 권력, 프롤레타리아트의 반국가적 독재, 집행력을 갖는 대화의 필요에 따라 영토를 재구성하는 결정이다. 평의회의 권력은 기존

• • •

25. Pascal Dumontier, *Les Situationistes* et Mai 68. Ivrea, 1995, p. 36.

조건들의 총체를 변형하는 경우에만 유효할 수 있으며, 이
세상에서 평의회 스스로가 인정받고 스스로를 인정하고 싶다
면 최소의 임무만을 맡을 수 없다.[26]

당시 자주관리 사회의 모델로 간주된 사례는 매우 풍부했다.
1871년의 파리 코뮨, 러시아 혁명 당시의 소비에트와 1920년대
독일, 이탈리아, 헝가리, 폴란드, 불가리아 등지에서 등장한 평의회
운동, 그리고 보다 가깝게는 1950년대 이후 헝가리, 폴란드, 알제리,
체코, 유고슬라비아에서 구성된 노동자평의회가 프랑스 지식인들
의 주요 분석 대상이었다.[27] 상황주의자 인터내셔널이 노동자평의
회 이념을 수용하게 된 데에는 노동자 자주관리와 평의회 운동을
집중 조명했던 '사회주의냐 야만이냐Socialisme ou Barbarie' 그룹의
영향이 있었다. 두 그룹은 교조주의적 맑스주의와 관료화된 소비
에트 체제에 대한 비판을 공유했다. '사회주의냐 야만이냐'의
카스토리아디스Cornélius Castoriadis와 르포르Claude Lefort는 소련 공산
당의 관료화와 '당 중심 테제'를 거부하고 자발성 개념을 강조했다.
특히 이들은 1956년 소련에 저항하여 헝가리 전 지역에서 공장을
점거하고 평의회를 건설했던 노동자의 시도를 자주관리 사회주의

• • •

26. Guy Debord, "La société du spectacle." Jean-Louis Rançon. (ed.) *Oeuvres,
Guy Deboard.* Quarto Gallimard, 2006, p. 842. (『스펙타클의 사회』, 이경숙
옮김, 현실문화연구, 143쪽.)

27. Marie-Geneviève Dezès, "L'utopie réalisée: les modèles étrangers mythiques
des autogestion français," Frank Georgi, (ed.) *L'autogesiton: La dernière utopie?*
Publication de la Sorbonne, 2003, pp. 30~32.

에 있어서의 핵심 사건으로 간주했다.[28] 상황주의자 인터내셔널 역시 전위 정당 중심의 볼셰비키혁명이 소비에트의 자발성을 억눌렀으며, 결국 자본주의적 시장경제를 회복시키는 반혁명으로 귀결됐다고 비판했다(Dumontier, 1995: 50~53).

하지만 '사회주의냐 야만이냐'와 상황주의자 인터내셔널의 관계는 오래 지속되지 못했다. 카스토리아디스가 발표한 『현대 자본주의하에서 혁명운동*Le Mouvement révolutionnaire sous le capitalisme moderne*』에서 맑스주의의 한계를 지적하고 자본주의의 안정성과 프롤레타리아트의 수동성을 긍정한 사건이 결별의 원인이었다.[29] 그리고 상황주의자 인터내셔널이 자신들의 저널에서 노동자평의회 문제를 본격적으로 다루기 시작한 것은 아이로니컬하게도 『사회주의냐 야만이냐』가 폐간된 1965년 이후였다. 그들이 평의회와 자주관리 논의를 통해 고민한 것은 바로 사회 변혁을 가능하게 할 노동자의 '조직' 문제였다. 상황주의자들은 혁명적 조직의 유일한 목표는 새로운 사회 분리를 가져오지 않으면서 현존하는 계급을 폐지하는 것이라 보았으며, 노동자평의회 건설을 추진했던 모든 조직의 혁명성을 계승한다고 밝혔다.[30] 상황주의자들은 1917년 상트페테

• • •

28. Bernard Brillant, 2003, *Les Clercs de 68,* Presses Universitaires de France, 2003, p. 65.
29. Frédéric Thomas, "Le Rencontre de Guy Debord avec Socialisme ou barbarie." Laurence Le Bras, (dir.) *Lire Debord: Avec des notes inédites de Guy Debord,* Editions L'échappée, 2016, p. 296.
30. Interantionale Situationiste, "Définition minimum des organisations révolutionnaries." *Interantionale Situationiste* 11, 1967, pp. 54~55.

르부르크의 러시아 소비에트, 1920년 이탈리아 튀린의 공장 점거, 1919년 베를린의 스파르타쿠스 봉기, 1921년 크론슈타트의 코뮌을 평의회 운동의 모델로 제시했다. 나아가 노동자평의회는 현존 질서를 붕괴시킬 수 있는 유일한 운동이며, 프롤레타리아 해방이라는 역사적 임무를 가졌다고 평가했다.[31] 『스펙터클의 사회』에서 드보르가 재차 강조하는 평의회 이념은 다음과 같다.

"노동의 경제적 해방이 실현될 수 있는, 마침내 발견된 정치적 형태"는 금세기에 혁명적 노동자평의회들에서 명확한 윤곽을 획득했다. 이 평의회들은 그 내부에 결정과 집행의 모든 기능을 집중시키고, 하부에 대한 책임을 지며 언제든지 소환될 수 있는 대표들을 통해 연합해 왔다. (…) 노동자평의회들의 선출된 권력은 해결책을 제공하기보다는 오히려 "문제를 제기한다." 하지만 바로 이 권력 속에서만, 프롤레타리아 혁명의 문제들이 진정한 해결책을 발견할 수 있다. (…) 이곳이야말로 직접적인 능동적 의사소통이 실현되는 장소이자 기존의 조건들이 "통일의 조건들로" 변형되는 장소이다.[32]

그런데 상황주의자 인터내셔널의 평의회 관련 저술들을 살펴보면, 그들이 노동자평의회 건설을 단순한 이상으로 제시하기보다

• • •

31. Laurent Chollet, *Les Situationnistes: L'utopie incarnée*, Découvertes Gallimard, 2004, pp. 41~42.
32. Debord, 2006, p. 817. (이경숙 옮김, 99쪽.)

는, 그러한 시도가 반복해서 실패할 수밖에 없었던 원인을 분석하는 데에 집중했다는 사실을 확인할 수 있다. 드보르는 "평의회의 등장은 금세기의 첫 사반세기 동안 프롤레타리아 운동에서 나타난 최고의 현실이었지만, 그 현실은 이해되지 못하거나 희화화되고 말았다."라고 언급했다.[33] 여러 평의회 운동의 반복되는 실패 역사와 함께, 특히 동시대 알제리에서 시도된 노동자평의회의 좌절은 상황주의자 인터내셔널이 자주관리의 객관적 한계를 인식하는 계기가 됐다. 당시 알제리는 1956년부터 8년간의 독립전쟁을 거쳐 1962년 프랑스로부터 독립했으나, 약 90만 명의 알제리 거주 유럽인들이 알제리를 떠나게 되자, 알제리 노동자의 85%가 실업 상태에 빠지게 됐다. 정부가 수립되지 않은 상태에서 알제리 노동총연맹Union générale des travailleurs algériens은 버려진 공장, 농장, 상업시설을 점거하고 직접 운영하는 기획에 착수했으며, 노동자들은 관리위원회를 구성하여 공장과 기업을 직접 운영했다.[34] 그러나 초대 정부를 구성한 벤 벨라Ben Bella 정권(1963~1965)은 노동자 자주관리를 국가적으로 통제하는 작업에 착수했으며, 뒤이어 부다미엔 Houari Boumediene 정권(1965~1978)은 자주관리 경험을 완전히 청산하는 탄압 정책을 폈다. 상황주의자 인터내셔널은 벤 벨라 정권 당시 등장한 '자주관리 국가L'Etat de l'autogesiton'라는 개념이 매우 모순적이었다는 점을 지적하고, 국가와 평의회가 나란히 존재할

• • •

33. Debord, 2006, p. 818. (이경숙 옮김, 100쪽.)
34. Jean Ziégler, L'autogestion ouvrière en Algérie: problèmes et perspectives. *Revue syndicale suisse* 56, 1964, pp. 349~350.

수 없다는 사실을 강조했다.[35]

상황주의자 인터내셔널은 노동자 스스로와 분리된 결정이 자주
관리 운동을 파국으로 이끈다는 역사적 교훈을 강조했다. 평의회
조직은 국가가 행하는 바와 마찬가지로 분리와 위계의 조건들을
재생산해서는 안 되며, 지배 사회의 스펙터클 속에서 자신이 변형
되지 않도록 줄기차게 투쟁해야 한다는 것은 동시대 알제리의
경험이 남긴 역사적 교훈이었다. 그리고 상황주의자들은 반국가
적인 자주관리의 실현을 위해 노동자평의회의 원리를 정치와
경제 영역 외부로까지 확장시켜야 한다는 주장을 폈다. 자주관리
가 모든 일상으로 확산될 때, 새로운 사회조직 건설이 가능하게
되고 프롤레타리아는 모든 인간의 프롤레타리아화를 종식시킨다.
따라서 '일반화된 자주관리'란 노동자평의회가 개인과 집단의
영구적 해방 위에 건설하게 될 생활양식의 총체에 다름 아니게
된다.[36]

구성원들의 결정과 분리된 어떠한 권력도 사용하지 않기
때문에, 평의회는 자신 이외의 권력을 허용하지 않는다. 반국가
시위를 촉구하는 것은, 확장된 공간에 대한 절대 권력을 박탈당
하고, 일반화된 자주관리와 분리되며, 필연적으로 공허하고

• • •

35. Interantionale Situationiste, "Les luttes de classes en Algérie," *Interantionale Situationiste* 10, 1966, pp. 12~20.
36. Raoul Vaneigem, "Avis auc civilisés relativement à l'autogestion généralisée," *Interantionale Situationiste* 12, 1969, p. 75.

모든 이데올로기로 가득 채워질 그러한 평의회 건설과 혼동될 수 없다. 공장, 사무실, 거리, 집, 병영에서 우두머리에 대한 경멸이 새로운 현실을 그려내고 있다. (…) 이제부터 노동자들의 합의된 주도에 따라, 그 경멸은 노동자들의 구체적인 지도자들이 단지 비난받을 만할 뿐만 아니라 필요가 없으며, 그들이 없어도 아무 지장이 없다는 논리적 결말로 나아가야 한다(강조는 필자).[37]

즉 일반화된 자주관리는 기존 노동자평의회 이념의 시간적, 공간적 확장을 의미할 수 있었다. 생산영역뿐만 아니라 일상의 모든 영역에서 억압적인 스펙터클에 저항하고 지속적인 주체성의 실현을 정초하기 위한 시도였다. 상황주의자들은 자주관리 사회에서 직접 민주주의의 실현을 낙관했다. 그들은 자주관리 사회에서 평의회 총회가 유일한 권력기관이 될 것이며 새로운 관료주의가 등장하지 않도록 조직의 단순성을 유지할 필요가 있다고 보았다. 그리고 전신, 전화, 텔레비전 등의 새로운 통신 기술의 등장으로, 대표자들에 대한 아래로부터의 통제가 더욱 수월해지고 모든 수준에서의 결정을 확인, 수정, 철회할 수 있는 조건이 창출될 것이라 주장했다.[38]

• • •

37. Vaneigem, 1969, pp. 75~76.
38. 같은 책, p. 77.

4. 표류와 자주관리 사이의 간극과 일관성

이상에서 상황주의자 인터내셔널이 사회 변혁의 수단이자 이상으로 제시했던 표류와 자주관리의 이념을 살펴보았으며, 두 이념의 내용적 특성이 선명하게 구별된다는 것을 확인할 수 있었다. 표류는 모든 고정된 시간과 장소에서 벗어나는 무정형의 흐름이고 특별하고 구체적인 지향점을 전제하지 않는다. 반면 자주관리는 자본 질서와 국가 통제에 맞서는 노동자의 혁명적인 조직을 지향하며, 주어진 공간과 시간을 대중 스스로 관리하는 새로운 사회 질서를 의미한다. 따라서 목적 없는 방황과 놀이, 혹은 '술 취한 배회'가 새로 점거한 공장과 영토를 스스로 통제하고 관리하는 목적 지향적 행위와 어떤 관계가 있는가라는 의문을 제기할 수 있다.

상황주의자 인터내셔널이 일원적 도시론과 자주관리의 이념을 발전시킨 시기는 서로 다르다. 전자의 논의는 1957년 상황주의자 인터내셔널이 본격적으로 결성되기 이전에 이미 확립되어 있었으며, 후자의 논의는 주로 1960년대 중반 이후의 저술에서 강조되고 있다. 이러한 관점에서 양자를 질적으로 완전히 다른 담론으로 파악할 수 있으며, 상황주의자 인터내셔널이 일상생활 비판에서 사회혁명에 대한 고민으로, 문화운동에서 정치 운동으로 이행했다고 보는 시각이 존재한다. 앞서 인용했듯이, 1967년 발표한 『스펙터클의 사회』에서 드보르는 도시주의에 대한 혁명적 관념을 미적 영역에서 찾을 수 없다고 지적했으며, 평의회 권력에 따르는 공간의 재구성을 강조했다. 상황주의자들 스스로가 전기와 후기 이념 사이의 간극을 인지했다고 볼 수 있으며, 표류의 철학과 노동자평의회에 대한 담론은 상호 관련이 없는 개념으로 평가하거나, 전자에서 후자로 이행하는 이론적 발전에 주목하는 접근이 가능할 수도 있다.

하지만 상황주의자 이론의 중심을 가로지르는 하나의 테마가 바로 '소외'의 문제였다는 사실을 강조할 필요가 있다. 표류와 평의회, 일원적 도시론과 자주관리는 자본주의 사회에서의 소외 지양을 위한 이론이자 방법으로 제시된다는 측면에서 공통점이 있다. 드보르는 『스펙터클의 사회』를 기술하기 훨씬 이전부터 교조적 맑스주의에 대한 비판의 연장선상에서 청년 맑스 저술들에 대한 면밀한 분석을 수행했었다. 드보르는 노동 착취 개념에 배타적으로 집중하는 맑스 독해를 지양했으며, 초기 맑스 저술이 발전시킨 소외 개념을 통해 보다 광범위한 자본주의 비판을 수행할 수 있다고 믿었다. 드보르에 따르면, 프롤레타리아는 자본주의 시스템에 의해 착취당하는 개인인 동시에 '소외된' 개인이었다. 지식인의 전위는 자신 스스로도 노동자와 마찬가지로 소외의 병폐를 겪고 있다는 사실을 인지하고 이를 폭로하는 역할을 맡아야 했다.[39]

인간의 소외, 분리와 고립의 문제는 상황주의자 인터내셔널의 도시주의 비판, 스펙터클에 대한 분석, 자주관리의 대안 사회

• • •

39. Le Bras, 2016, pp. 22~23.

구성 전반에 걸쳐 등장하는 핵심적인 비판 대상이다. 그들은 자본주의 사회의 도시가 사람 간의 만남과 참여를 가능하게 하는 에너지를 흡수해버린다고 진단했다. 현대 자본주의는 모든 사회적 삶을 스펙터클로 축소시키고, 우리 자신의 소외에 다름 아닌 스펙터클을 제공할 뿐이다. 이런 맥락에서 "도시주의라는 꿈은 자본주의 최고의 걸작"이다.[40]

나아가 생산 현장에서도 노동자와 생산물의 분리와 함께, 생산자들 간의 직접적인 소통은 상실된다. 자본주의 경제는 고립의 생산을 순환시키며, '분리'는 스펙터클의 알파이자 오메가가 된다. 자동차부터 텔레비전까지 스펙터클의 시스템이 선별한 상품은 '고독한 군중'을 고립시키는 조건을 영구히 강화한다.[41] 이처럼 자본주의 소외가 모든 차원에서 실현되어 노동자들 스스로가 자신의 비참함을 인식하지 못하는 상황에서 소외에 투쟁하는 것은 불가능해진다. 따라서 혁명 조직은 분리된 형태의 권력과 타협해서는 안 되며, 소외된 사회적 삶의 모든 측면에 반대하는 비판을 수행해야 한다.[42] 상황주의자들은 '일반화된 자주관리'를 구현한 1968년 5월 혁명이 소외에 대한 프롤레타리아 투쟁의 역사에 한 획을 긋는 사건이라고 평가했다.[43]

• • •

40. Atila Kotanyi and Raoul Vaneigem., "Programme élémentaire du bureau d'urbanisme unitaire," Interantionale Situationiste 6, 1961.

41. Debord, 2006, pp. 772~774. (이경숙 옮김, 1996: 20~21쪽.)

42. Debord, 2006, pp. 818~819. (이경숙 옮김, 102~103쪽.)

43. Vaneigem, 1969, p. 75. 소외에 대한 비판으로서의 자주관리는 상황주의자 인터내셔널 이후 지속된 관련 논의에서도 핵심적인 쟁점이었다. 르페브르는

물론 소외에 대한 비판 논의만으로 상황주의자 인터내셔널의 초기와 후기의 비전이 결합될 수 있다고 주장하는 데에는 여전히 부족함이 있다. 놀이, 유희, 여가 등의 가치를 중심으로 초기에 제시된 자본주의 도시민의 소외와, 노동과정을 중심으로 후기에 제시된 프롤레타리아의 집단적 소외 개념이 과연 동일한 것인지 여전히 의문이 남기 때문이다. 소외의 지양 방식도 상이한데, 표류의 방식으로 도시의 구획을 넘고 여가를 통해 완전한 놀이의 상태에 들어가는 대안과, 소외된 프롤레타리아 계급 전체의 자각을 통해 스펙터클에서 벗어난 진정한 자주관리를 달성하는 대안은 분명히 구분된다.

그런데 이러한 의문에서 상황주의자 인터내셔널의 초기 도시주의 비판을 다시 독해할 때 발견할 수 있는 사실은 당초 '일원적 도시론'의 기획이 사회적이고, 집단적인 욕구의 구현을 지향하고 있었다는 점이다. 놀이와 유희, 표류에 관한 개념에는 개인화된 행동의 이미지가 강하게 결부되어 있으며, 집단적 결정을 거부하는 일시적이고 개인적인 행위라는 인상을 준다. 하지만 상황주의자들의 저술을 자세히 독해하면, 이들의 최종적인 지향이 도시의 네트워크, '집단적' 창조성의 자연스러운 발현, "개인주의의 문화적 기초를 붕괴시킬 때 등장하는 집단의 역량"에 있음을 발견할

• • •

소외에 의해 상실된 인간성을 회복하는 것이 현대 사회에서 가장 중요한 문제라고 주장했으며, 자주관리를 통한 '인간의 자기–생산'을 핵심적인 대안으로 제시하였다. 이러한 '인간 소외의 해결책으로서의 자주관리'라는 개념은 프랑스에서 맑스주의, 기독교주의, 무정부주의 등 다양한 이념적 조류들이 하나의 개념으로 결집할 수 있는 계기를 마련한 것으로 평가된다.

할 수 있다. 상황주의자들은 표류 기획이 '사회적'이라고 강조했다. 일원적 도시론의 유토피아는 다음과 같이 매우 공동체적인 지향을 내포하고 있었다.

우리는 녹색 도시ville verte 관념에 반대한다. 거기서 서로 떨어져 고립된 마천루는 인간 공동의 행동과 직접적 관계를 필연적으로 축소시킨다. 환경과 행동 간의 긴밀한 관계가 형성 되기 위해서는 주거 공간의 응집이 필수적이다. (…) 대부분의 현대 건축가들이 받아들이는 녹색 도시 이념과 반대로, 우리는 매끈한 도시ville couverte의 이미지를 그린다. 거기서 도로와 건물의 분리된 지도는 땅에서 벗어나, 연속되는 공간 구성으로 대체된다. 거기에는 주거지뿐만 아니라 공적 공간도 충분히 반영된다. (…) 교통은 기능을 고려하여 지하로 들어갈 것이고, 지상의 테라스 위에서 도로는 사라질 것이다.[44]

드보르가 제시한 '표류'의 방법은 순간적 일탈 그 자체가 아니라 파편화된 인간관계의 복원을 지향했다. 표류는 만남의 확장 가능 성을 전제로 했으며, "사랑과 우애 같은 감정의 역사적 발전에 영향"을 미칠 수 있는, 그리고 "인간관계의 모든 형식에 확대될 수 있는" 창조적인 의지를 지향했다. 그들은 새로운 상황의 창출이 집단적 활기ambiances collecitves를 구성할 수 있다고 믿었다.[45] 즉,

• • •

44. Costant, 1959, pp. 37~40.
45. Debord, 2006, p. 325.

상황주의자 인터내셔널이 초기에 제시한 도시주의 비판에 이미
공동체적 대안 사회의 구성에 대한 고민이 깊게 침투해 있다는
것을 확인할 수 있다.

아울러 자주관리의 이념 역시 기존의 평의회 운동과 다소 다른
방식으로 강조됐다는 사실에 주목할 필요가 있다. 상황주의자
인터내셔널이 제시한 자주관리의 대안에는 공동의 여가와 놀이에
대한 강조가 반복적으로 등장하고 있다. 그들에게 '일반화된 자주
관리'는 노동의 신성한 가치를 지향하기보다는 "일은 싫고 즐거움
이 좋다Travail non, jouissance oui"는 원칙을 구현하는 것이었다. 평의회
도입을 통해 근로 시간을 단축하고 여가를 확보하는 것은 주요한
쟁점으로 제시됐다.

> 평의회는 매력적인 형태의 사역corvée을 실험할 것이다. 사역
> 의 고된 측면을 숨기기보다는 여가 조직을 통해 고단함을
> 보상해줄 것이며, 창조적 방식으로 그것을 제거해 나갈 것이다.
> 세상의 변화가 삶의 구성과 일체가 될수록, 필요 노동은 역사의
> 즐거움 속으로 사라질 것이다.[46]

이상의 논의를 통해 상황주의자들의 전기와 후기 논의가 상호
배타적이고, 단절적인 담론으로 구성되었다기보다는, '일원적 도
시론'과 '표류'의 방법이 공백으로 남겼던 대안 사회의 조직 문제를

• • •

46. Vaneigem, 1969, p. 78.

'일반화된 자주관리' 및 '평의회' 논의가 채웠다고 보는 것이 타당할 것이다. 상황주의자들에게 놀이와 관리, 이탈과 구성의 논리는 상호 분리되어 있지 않으며, 상호 모순적이지 않고, 자본주의 사회 일상의 소외 극복을 위해 동시에 요청되는 두 개의 지향점이었다. 상황주의자 인터내셔널의 이러한 입장을 수용한 르페브르는 '축제로서의 코뮌' 개념을 제시하며, 일상과 단절하는 혁명의 기능은 바로 축제이고, 파리 코뮌은 19세기의 가장 위대한 축제였다고 주장했다.[47]

1968년 5월 혁명 당시 공권력에 맞선 학생과 노동자들이 어떠한 방식으로 점거한 공간을 향유했는가를 고찰하면, 상황주의자 인터내셔널의 이러한 논의가 이론적 차원뿐만 아니라 실천적 차원에서도 적용되었다는 것을 알 수 있다. 당시 형식적인 참여 기회만으로 대학 공간의 향유를 지속할 수 없다는 인식이 확산됐으며, 대학을 점거한 학생들은 모여서 대안적인 대학 조직의 가능성만을 토론하며 매일의 축제를 진행했다.[48] 1973년 "우리는 스스로 벌고, 판매하고, 관리한다."라는 슬로건을 내걸고 자주관리 이념을 보다 본격적으로 실천한 프랑스 LIP 시계공장 사례에서도 마찬가지였

• • •

47. Henri Lefebvre, *La proclamation de la commune*. Gallimard, 1965. Michel Trebitsch, "Henri Lefebvre et l'autogestion." Frank Georgi, (ed.) *L'autogesiton: La dernière utopie?* Publication de la Sorbonne, 2003에서 재인용.

48. Jean-Phillippe Legois, "l'autogestion universitaire en mai-juin 1968: portée et limite discours et pratique," Frank Georgi, (ed.) *L'autogesiton: La dernière utopie?* Publication de la Sorbonne, 2003.

다. 점거한 공장을 스스로 운영한 노동자들은 소외의 종식, 참여의 자유, 광범위한 연대 속에서 축제와 환희를 경험할 수 있었다.[49]

상황주의자 인터내셔널이 제안한 두 방향의 대안을 종합적으로 파악하는 것은 1968년 5월 운동이 내포했던 '일탈'의 측면과 '구성'의 측면을 동시에 이해하는 데도 중요한 의미가 있다. 1968년 자본주의 사회의 일상을 중단시키고 체제의 새로운 정비를 불가피하게 만들었던 새로운 흐름은 '표류'와 '자주관리' 어느 하나의 우위를 통해 설명될 수 없다. 단순한 표류와 유희를 지향하면서 자본주의 도시 공간의 점유를 지속할 수 없었을 것이며, 역사적으로 등장했던 평의회 이념의 무비판적인 반복만으로 스펙터클의 일상과 단절할 수 없었을 것이기 때문이다. 상황주의자들이 제안한 '진지한 놀이' 혹은 '집단적 욕망의 정치로서의 자주관리'는 지루한 일상을 파괴하고 소외된 사회를 창의적으로 재구성하는 데에 필수적인 방법이자 대안이었다. 단순한 참여의 확장만으로 공간의 진정한 향유와 삶의 즐거움을 끌어낼 수 없다는 메시지는 여전히 유효한 통찰이며, 대안 사회 가능성에 대한 논의에서 반드시 되짚어 보아야 할 쟁점으로 남아 있다.

5. 결론

• • •

49. Joëlle Beurier, "La mémoire Lip ou la fin du mythe autogestionnaire?" Frank Georgi, (ed.) *L'autogesiton: La dernière utopie?* Publication de la Sorbonne, 2003, p. 456.

이상에서 살펴보았듯이 상황주의자 인터내셔널은 현대 자본주의 도시 비판을 통해, 공간을 구획하고 추상화시키는 이데올로기에 저항했다. '일원적 도시론'은 질적으로 다양한 공간의 특성을 복원시키려는 시도이며, 고립된 도시민들을 소외로부터 해방시키려는 기획이었다. 상황주의자들이 채택한 저항의 기술은 표류의 일탈이었으나, 그것은 직선으로 구성된 도시 공간에 대한 비판이었고, 분리된 인간들이 상호 소통할 수 있는 놀이이기도 했다. 초기 상황주의자 인터내셔널은 착취에 저항하는 계급투쟁뿐만 아니라 여가 쟁취를 위한 투쟁이 동시에 중요하다는 점을 강조했다. 반면 상황주의자 인터내셔널이 후기에 제시한 '일반화된 자주관리'는 평의회 사회주의의 역사를 계승하고 있으며, 반국가적인 조직 구성의 대안으로 논의됐다. 1950년대 알제리 평의회 운동의 와해는 상황주의자들이 자주관리의 의미와 한계를 객관화시킬 수 있는 계기가 됐다. 이들은 생산영역에 국한되는 자주관리를 모든 일상의 구성 원리로 확대하고자 했으며, 공장, 거리, 집에서, 지도자 없이 스스로의 삶을 만들어 구성해 나갈 수 있다는 이상향을 그려냈다.

일원적 도시론과 일반화된 자주관리는 개념적으로 상호 충돌하는 것으로 보이나, 자본주의 소외 극복을 위한 기획으로 제시됐다는 측면에서 일차적인 공통점이 있다. '일원적 도시론'은 파편화된 도시 공간에서의 소외를 지양하기 위한 대안이었으며, '일반화된 자주관리'는 생산 및 일상에서의 분리를 극복하고 자기 결정권을 회복하기 위한 이상이었다. 상황주의자 인터내셔널은 초기 이론에서부터 공동체적이고 사회적인 관계의 복원을 분명하게 지향하고 있었으며, 그 연장선상에서 '유희적 인간'의 가능성을 발현할 수 있는 자주관리 이념을 발전시켰다. 그렇다면 일원적 도시론과 일반화된 자주관리 중 어떤 이상이 먼저 달성되어야 하는가? 상황주의자 인터내셔널이 강조한 여가와 놀이의 향유는 대안적인 사회의 도래 이후에 가능한 것이 아니라, 대안 사회로 가는 과정에서 힘을 발휘할 수 있는 혁명의 방법이었다. 상황주의자 인터내셔널은 실천을 통해 놀이와 혁명의 결합 가능성을 실험했으며, 부단한 긴장감 속에서 자본주의 스펙터클에 저항할 수 있는 대안을 고민했다.

물론 상황주의자 인터내셔널이 스스로 교조적이라 평가했던 맑스주의를 진정으로 극복했는가라는 질문에 대해 쉽게 긍정하기 힘든 부분이 있다. 1968년 5월 운동의 결과는 축제로서의 혁명이 오래 지속되기가 쉽지 않으며, 축제가 멈추었을 때 자주관리의 개념조차도 체제 친화적인 형태로 전환될 수 있다는 것을 드러냈다. 상황주의자 인터내셔널은 체계적이고 정교한 이론 제시를 목표로 한 조직이 아니었으며, 내적인 갈등으로 1972년 해체되고 만다. 그러나 이들은 "내가 춤출 수 없다면 혁명이 아니다."라는 단순한 경구로 환원될 수 없는 '진지한 유희의 투쟁'을 깊게 분석하고 실천했다. 촛불시위가 한국 사회의 본질적 모순을 지양하고자 했던 새로운 혁명의 흐름이었는지, 혹은 단순히 정권 교체를 시도한 제한된 형태의 사회 운동이었는지 여전히 평가가 엇갈린다.

분명한 것은 광장의 대중 축제가 현재 멈추었다는 사실이며, 이
시점에서 대한민국 사회에서 '축제로서의 투쟁'이 어떠한 가치를
갖는지 논의할 필요가 있다. 상황주의자들의 주장을 따른다면,
현재 대한민국 사회의 착취 구조에 대한 분석만큼이나, 소외의
집단적 극복을 매개하는 놀이와 축제의 가능성을 타진하는 작업이
동등하게 중요할 수 있기 때문이다.

해방된 사회는 '생산력의 진보'를 수반하는가?: 아도르노와 탈성장 담론[*]

한상원

1. 들어가며: 탈성장 담론과 아도르노

현대 자본주의 사회는 '생산을 위한 생산'과 이를 통한 맹목적인 성장의 논리에 의해 추동되고 있다. 대량생산–대량 소비–대량 폐기라는 순환 구조가 경제적 성장을 뒷받침하는 과정에서 지구의 자원을 약탈적으로 수탈하고 생태계에 대한 막대한 파괴가 수반되었다. 이는 결국 지구 온난화를 비롯한 생태 위기로 이어지고 있다. 따라서 현재의 인류에게는 '더 적게 생산하고, 더 적게 노동하고, 더 적게 소비하는 삶'이라는 대안만이 남아 있는 것처럼 보인다. 이러한 삶의 방식은 '노동 중독에서 벗어나는 삶'이라는 새로운 삶의 가치로서 필요할 뿐만 아니라, '성장에 대한 물신적 숭배'라는 현존 사회의 논리에서 벗어나기 위해서도 필요할 것이다. 동시에

● ● ●
[*] 이 글은 『인문과학연구논총』 43권 1호(2022)에 실린 필자의 글 「아도르노의 자연지배 비판과 탈성장 담론: 해방된 사회는 '생산력의 진보'를 수반하는가?」를 수정·보완한 것이다.

그것은 인류와 지구의 생존 자체를 위해 필요한 것이기도 하다. 이러한 맥락에서 오늘날의 사회는 탈성장이라는 새로운 과제 앞에 직면하고 있다.

세르주 라투슈에 따르면 탈성장이란 "경제성장 우선 사회, 즉 성장 이외의 목적을 가지지 않는 경제에 의해 구축된 사회와의 결별의 필요성을 주장하기 위해 고안된 도발적인 슬로건"[1]이다. 탈성장은 1970년대 초 프랑스에서 décroissance라는 개념이 유통되기 시작하고, 1972년 로마 클럽에 제출된 보고서 『성장의 한계The Limits to Growth』가 베스트셀러가 되면서 본격적으로 시작된 담론으로, 오늘날 과학적 담론과 사회 운동의 모토 사이에 널리 사용되고 있다.[2]

탈성장 담론을 촉발한 『성장의 한계』는 '기하급수적 성장'이라는 개념을 널리 확산시켰다. 예컨대 커다란 천 한 조각을 한 번 접으면 두께가 두 배가 되고 그것을 다시 접으면 네 배가 된다. 만약 이 천을 33번 접게 된다면 그 두께는 보스턴에서 프랑크푸르트까지 닿을 정도로 길 것이다. 이러한 기하급수적 증가의 속도가 실제로 일어날 때 이것을 통제하는 것은 결코 쉽지 않다. 연못에 자라는 수련이 매일 두 배씩 증가하며 30일 동안 연못을 꽉 채워

• • •

1. 세르주 라투슈, 『탈성장 사회: 소비사회로부터의 탈출』, 양상모 옮김, 오래된 생각, 2015, 59쪽.

2. Panos Petridis, Barbara Muraca, Giorgos Kallis, *Degrowth: between a scientific concept and a slogan for a social movement*, in: Joan Martínez-Alier and Roldan Muradian (ed.): *Handbook of ecological economics*, Cheltenham: Edward Elgar Publishing, 2015, p. 180.

다른 모든 생명체들을 사라지게 만든다고 가정해볼 경우, 인간은 처음에는 수련의 수가 적어 앞으로 시간 여유가 있다고 생각한다. 수련은 21일째 되는 날 연못의 0.2퍼센트만을 차지할 뿐이고, 25일째가 되는 날에는 3퍼센트를 차지할 뿐이지만, 어느새 연못을 절반을 채웠을 때, 연못이 수련 때문에 망가지는 것을 막을 수 있는 시간은 단 하루뿐이다. 저자들은 이러한 사례들을 통해 기하급수적 성장이 급속도로 시스템의 한계를 벗어날 것이라고 경고한다.[3] 저자들은 이 책이 발간된 지 30년이 지난 시점에 이렇게 말한다. "한때 성장의 한계는 먼 미래의 얘기였다. 그러나 이제 그것은 우리 눈앞에 있다."[4] 이 저작이 발간된 지 50년이 흐른 지금, 인류는 더 이상 풍요로운 미래와 지구의 붕괴 사이에서 선택할 수 있는 위치에 서 있지 않다. 지금은 피할 수 없는 환경 대재앙과 파국적인 미래로부터 조금이나마 벗어나기 위해 근본적인 대책이 필요한 상황이다.

탈성장은 마이너스 성장이나 경기 침체로의 전환으로 오해되기도 한다. 이 때문에 탈성장은 실업, 경기 파산 등의 이미지와 등치되기도 하며, 이로 인해 거부감을 갖는 사람들도 존재한다. 그러나 탈성장의 진정한 핵심은 '성장을 위한 성장', '이윤을 위한 이윤'의 논리와 작동 방식을 중단시켜 지속 가능한 사회체제로 전환하는 데에 있다. 주느비에브 아잠은 "탈성장은 에너지와 자원

· · ·

3. 도넬라 H. 메도즈·데니스 L. 메도즈·요르겐 랜더스, 『성장의 한계』, 김병순 옮김, 갈라파고스, 2012, 61~65쪽.
4. 같은 책, 30쪽.

이용에 있어서 자발적이고 계획적으로 축소를 지향하고, 우리의 필요와 선택을 '검약한 풍요frugal abundance'로 재정의할 수 있게 하는 정치적 선택[5]이라고 말한다. 그러한 선택은 오늘날 불가피한 것이 되었다. 자본주의와 기후변화의 연관성을 주장하는 데렉 월은 성장의 논리를 넘어서는 "낭비 없는 번영"이 필요하다고 주장하면서, "생산과 소비를 증가시키면서 영원히 경제성장을 유지할 수 있다고 가정하는 것"[6]은 이제 불가능하다고 경고한다. 성장이라는 목표 자체가 문제의 해결책이 아니라 원인이기 때문이다. 사이토 고헤이 역시 이윤 중심의 자본주의 체제를 넘어서는 탈성장 사회로의 진입이 필요하다고 본다. 그에 따르면 탈성장은 상품과 이윤 중심의 시장경제를 넘어 지구 전체를 공통의 것common으로 삼아 관리하는 사회의 논리를 말한다.[7] 오늘날 성장을 위해 더 많은 탄소가 소비되고, 더 많은 에너지가 사용되며, 더 많은 열대우림이 파괴되고 있는 현실에서 이제 성장이라는 목표에 대한 반성적 성찰이 시급히 필요하다.

그럼에도 여전히 경제의 양적 성장과 팽창은 사회 전체를 위한 선인 것처럼 인식되고 있다. 정치권과 사회 기관들은 성장을 제1의 목표로 설정하며, 성장의 둔화를 사회의 퇴보와 동일시하고 있다. 그러는 사이, 성장에 대한 맹목적인 추구가 낳는 결과들은 은폐되

• • •

5. 주느비에브 아잠, 「탈성장」, 파블로 솔론·크리스토프 아기똥 외, 『다른 세상을 위한 7가지 대안』, 김신양·김현우·허남혁 옮김, 착한책가게, 2018, 76~77쪽.
6. 데렉 월, 『그린 레프트』, 조유진 옮김, 이학사, 2013, 73쪽.
7. 사이토 고헤이, 『지속 불가능 자본주의: 기후 위기 시대의 자본론』, 김영현 옮김, 다다서재, 2021, 146~147쪽.

어버린다. 라투슈는 '발전', '경제성장' 등의 개념들은 "맑스가 이데올로기에 부여한 임무를 완벽하게 해내고 있다'고 지적한다. 즉 이러한 개념들은 "사회 일반의 이익이라는 환상 뒤에 자본의 이익을 은폐하고 희생자들의 저항 운동을 마비시키는" 기능을 수행하고 있다는 것이다.[8]

이러한 상황에서 아도르노의 철학, 그중에서도 자연 지배에 대한 그의 비판은 탈성장 담론에 대한 철학적 성찰을 수행하는 데에 도움을 줄 수 있을 것이다. 여기에는 아도르노 이론이 갖는 장점이라고 할 수 있을 두 가지 요소들이 결부되어 있다. 첫째로 아도르노의 자연 지배 비판이 갖는 근본적 특징은 자연 지배와 인간 지배를 결합시킨다는 점이다. 이 점에서 그의 사유는 인간 / 자연을 대립시키고 자연을 낭만화하는 소박한 자연주의에서 벗어나 있다.[9] 둘째로 그의 사유는 자본주의뿐만 아니라 전통적 맑스주의 역시 공유하고 있는 '생산력 중심주의'에 대한 근본적이고 급진적인 반성을 포함하고 있다. 이러한 점에서 그의 철학적 사유는 탈성장 담론으로 연결될 수 있는 계기들을 내포하고 있다. 이를 살펴보기 위해 본 논문은 『계몽의 변증법』에 전개된 자연 지배 개념을 살펴보고, 이를 성장과 생산력 중심 사고에 대한 아도르노의 비판과 연결시킬 것이다.

• • •

8. 세르주 라투슈, 『탈성장 사회: 소비사회로부터의 탈출』, 양상모 옮김, 오래된 생각, 2015, 64쪽.
9. Deborah Cook, *Adorno on nature*, London: Routledge, 2014, p. 134.

2. 『계몽의 변증법』에서의 자연 지배 비판

아도르노와 호르크하이머는 서구 근대성의 가장 발전된 범주들 (계몽, 진보, 합리성)을 '자연 지배'라는 관점에서 비판한다. 이때 이들은 자연 지배를 단지 은유로 사용한 것이 아니라, 자연 세계에 대한 인간의 지배와 통제 속에서 발생한 실제 역사적 과정으로 이해한다. 따라서 아도르노와 호르크하이머의 자연 지배 비판은 자연과 인간의 관계 속에서 지배와 억압의 근원사를 읽어내려 한다는 점에서, 인간들 사이의 상호 소통만으로 해방이 성취될 수 있다는 담론 윤리가 갖는 반자연주의를 넘어서는 요소를 내포하고 있다.[10] 동시에, 그럼에도 이들의 자연 지배 비판은 인간 / 자연을 대립시키는 소박한 자연주의 벗어나, 자연 지배와 인간 지배의 연관성을 추적한다.

아도르노와 호르크하이머의 계몽 비판은 지배로 전락한 계몽에 대한 자기반성적 비판으로 이해될 수 있다. 『계몽의 변증법』 서문에 등장하는 "어째서 인류는 진정한 인간적 상태에 진입하는 대신 새로운 종류의 야만으로 전락하였는가"[11]라는 유명한 문장은 오늘날 자연과의 신진대사 위기라는 관점에서 새로운 의미로

• • •

10. Eric S. Nelson, 'Revisiting the Dialectic of Environment: Nature as Ideology and Ethics in Adorno and the Frankfurt School', *Telos* 155, 2011, p. 121.

11. Theodor W. Adorno, Max Horkheimer, *Dialektik der Aufklärung*, Gesammelte Schriften Bd. 3, Frankfurt/M, 2003, p. 11.

해석될 여지를 남긴다. 아도르노와 호르크하이머에 따르면 계몽
은 공포를 제거하고 인간을 주인으로 세우는 목표를 추구해왔다.
이를 위해 계몽적 사유는 자연과 세계의 탈마법화를 추구했다.
즉 계몽은 자연의 주술적, 신화적인 힘을 제거하고 합리성 속에
종속시키기 위해 자연에 대한 지식을 수립하였다. 자연에 대한
지식은 "인간의 우위"[12]로 귀결되었다. '아는 것(지식)이 힘(권력)
이다'라는 베이컨의 명제가 보여주듯, 자연에 대한 지식은 결국
자연에 대한 힘의 지배로 귀결되었다. "인간이 자연으로부터 배우
는 모든 것은 자연과 인간을 완전히 지배하기 위해 자연을 사용하
는 것"이며, 따라서 "권력과 인식은 동의어"가 되었다.[13]

계몽은 계산 가능성이나 유용성에 굴복하지 않는 것을 의심하고
배제해왔는데, 이는 사유에 체계를 부여하려는 시도에서도 드러
난다. 자연을 체계 속에 종속시키고 추상화시킴에 따라서 자연은
계산 가능성의 도식에 종속되었다. 그에 따라 계몽은 자연에 통일
성을 부여했으며, 이러한 통일성 속에서 자연은 지배의 재료로
전락하게 되었다. 마찬가지로 인간은 자연법칙을 부과하고 자연
을 대상화하면서 자신을 (법칙을 부과하는) 주인이자 지배자로
세우고자 하였다. 그러나 아도르노와 호르크하이머에 따르면 실
은 이러한 의미의 자유로운 주체는 망상에 불과하다. 오히려 이러
한 과정은 인간이 자기보존에 예속된 존재라는 사실을 보여주는
것일 뿐이다. 결국 인간은 자연과의 물질대사를 넘어서는 초월적,

• • •
12. 같은 책, p. 19.
13. 같은 책, p. 20.

주권적 주체일 수 없다.

이러한 사유는 자연에 대한 지배와 인간에 대한 인간의 (사회적) 지배 사이의 연관성이라는 테제로 이어진다. 사회적 지배는 인간이 자연에 대해 가지고 있는 두려움을 이용해 다른 인간을 지배하는 것을 뜻한다. "자연의 폭력으로부터 빠져나오는 모든 걸음마다 더욱 점증하는 인간에 대한 체계의 폭력이라는 상태의 부조리"[14]는 이러한 과정에서 발생하며, 따라서 결국 자연에 대한 지배는 "자연에 대한 사회적 지배"[15]라고 말할 수 있다.

여기서 지적되고 있듯이, 인간의 인간 지배, 즉 사회적 지배란 '자연적'이라고 규정되는 인간에 대한 지배를 승인하는 것에서 비롯한다. 예컨대 부르주아 계급에 의한 노동계급의 지배의 경우, 부르주아 계급은 교양을 갖춘 이성적 계급으로, 노동계급은 육체적 노동에 종사하는 계급으로 간주되면서, 지성 대 육체, 곧 '이성 대 자연'이라는 지배의 구도가 확인된다. 서구 백인이 제3세계를 식민지화하고 착취, 수탈할 때에도 이성과 문명을 가진 서구 백인 대 원시적 자연 상태의 식민지 원주민들이라는 구도 속에 이러한 '이성 대 자연'의 대립이 나타나며, 남성에 의한 여성의 지배에서도 합리성을 갖춘 남성 대 감성적이며 출산, 양육 등 자연적인 활동에 종사하는 여성이라는 '이성 대 자연'이라는 구도가 재차 등장한다. 이처럼 계몽적 근대의 초기부터 인간에 대한 지배는 자연에 대한 지배와 연결되어 있었던 것이다. 따라서 아도르노와 호르크하이

• • •

14. 같은 책, p. 56.
15. 같은 책, p. 52.

머의 자연 지배 비판이 겨냥하는 핵심은 자연에 대한 억압적 지배의 종식은 인간에 대한 지배 종식의 조건이기도 하다는 사실에 있다.

이러한 자연 지배와 인간 지배의 결합 테제는 『오디세이아』에 대한 아도르노와 호르크하이머의 해석 속에서도 드러난다. '오디세우스 또는 신화와 계몽'이라는 제목이 달린 『계몽의 변증법』 보론에서 아도르노와 호르크하이머는 귀향의 노정에서 마주치는 신화적 역경을 지략을 통해 극복하는 오디세우스를 계몽적 주체의 원형으로 해석한다. 자기보존을 위해 자연의 신화적, 비합리적, 주술적 힘을 극복하는 과정에서 이성은 자연에 대한, 그리고 타자에 대한, 나아가 자기 자신에 대한 지배의 수단이라는 기능을 수행하게 된다.

인간의 자기보존을 위협하는 자연의 신화적 힘을 상징하는 대표적인 사례는 여인의 얼굴과 몸통에 새의 날개와 발톱을 가지고 있는 요정 세이렌이다. 세이렌은 아름다운 노래로 인간을 꾀어낸 뒤 물에 빠져 죽게 만든다. 세이렌의 치명적 유혹을 극복하기 위해 오디세우스는 선원들의 귀에 밀랍을 부어 노래를 들을 수 없게 하고, 자신은 귀를 개방하여 노래를 듣는 대신 유혹에 넘어가지 않도록 몸을 밧줄에 묶도록 지시한다. 이 세이렌 에피소드는 자기보존적 이성이 자연의 힘을 굴복시키는 과정을 보여줌과 동시에, 인간이 외적 자연을 극복하는 과정이 곧 내적 자연과 자신의 욕망에 대한 통제와 지배로 이어진다는 점을 나타낸다. 자기보존을 위한 오디세우스의 책략은 귀에 밀랍을 붓고 몸을 기둥에 묶는 것과 같이 자신에게 규율을 부과하고 자신의 신체적 욕망을 통제하는 것을 통해 가능한 것이다.

어째서 계몽적 주체는 자신의 내적 자연을 통제함으로써 외적 자연을 지배하는가? 그에게는 자기보존이라는 달성해야 할 목적이 있기 때문이다. 그런데 자기보존의 목적을 달성하기 위해서는 주체의 자기희생과 체념이 강요된다. 그렇다면 거꾸로 자연과 화해를 이루며 자족적인 풍요 속에 사는 삶은 불가능한 것인가? 외적 자연과 내적 자연에 대한 지배를 통한 자기보존을 맹목적으로 추구하는 계몽적 주체에게 이는 무기력하고 무의미한 삶으로 간주된다. 이것은 로토파겐의 에피소드에서 명시적으로 드러난다.

로토파겐은 연밥을 먹고 사는 풍습을 가진, 노동하지 않는 종족이다. 생산하지 않고 채집 생활을 영위하는 이들은 자신의 땅을 방문한 오디세우스의 선원들에게 연밥을 제공한다. 이들이 먹은 연밥은 일종의 도취감을 자아내며, 로토파겐의 유토피아적인 삶, 즉 태곳적 행복을 연상시키는 삶은 오디세우스 일행의 노동 의욕을 저하시키고 귀향이라는 목적을 망각하게 만든다. 그러나 자기 보존적 이성의 관점에서 노동하지 않고 자연과 어우러져 사는 삶이 주는 행복감은 올바르지 않은 것이다. 계몽적 주체인 오디세우스에게 그것은 "행복의 가상"에 불과하며, "동물의 생존처럼 궁핍한 무의미한 연명"일 뿐이다.[16]

● ● ●
16. 같은 책, p. 81

부하들을 야단치면서 갤리선으로 데려가 노를 젓게 만드는, 즉 노동을 강요하는 계몽적 주체 오디세우스는, 부하들의 귀를 밀랍으로 막아 노를 젓게 만든 것과 마찬가지로 자본주의적 노동 윤리를 철저하게 내면화하고 있다. 베버가 "금욕주의적인 프로테스탄트주의 윤리"[17]라고 부른 자본주의 정신에 따르면, 노동하지 않는 삶은 윤리적이지 않은 삶, 게으른 무위도식을 의미한다. 반면 자연을 가공하여 부를 축적하는 노동, 그리고 노동을 통한 성장과 기술 발전은 인류에게 축복을 선사할 것이다. 그러나 이러한 노동에 대한 찬양은 동시에 그에 수반되는 자연 지배가 낳을 파국적 귀결에 대해 보지 못하게 만든다.

반면 연밥, 즉 꽃을 먹는 로토파겐의 행위는 "의식적인 자기보존에서 벗어난 삶의 재생산, 계획된 영양분의 유용성에서 벗어난 포만감의 행복이라는 상태를 약속"한다.[18] 우리는 자연과 화해된 그러한 삶의 방식이 주는 만족감을 망각한 채 노동 중독, 그리고 그에 결부된 성장 중독의 삶을 살아가고 있다. 다음 절들에서 보겠지만, 아도르노는 이러한 노동을 통한 성장의 논리에 대한 의구심을 지속적으로 표현한다.

지금까지 보았던 『계몽의 변증법』에 제시된 자연 지배와 인간 지배의 상호 결합이라는 테제는, 생태적 위기와 사회적 지배를 구조적으로 연결시켜 사유하는 머레이 북친의 사회생태론과의

• • •

17. Max Weber, *Die protestantische Ethik und der Geist des Kapitalismus*, Hg. v. Klaus Lichtblau, Johannes Weiß, Wiesbaden, 2016, p. 163.
18. Theodor W. Adorno, Max Horkheimer, *Dialektik der Aufklärung*, p. 82.

비교를 가능하게 한다. 북친에 따르면, "사회적 존재로서의 인간의 관계 방식에 대한 고찰이 생태 위기를 다루는 데 핵심"이 되며, 이렇듯 그는 "지배와 정복의 대상으로서의 자연이라는 생각은 위계적 문화와 계급관계에서 비롯되었다는 사실"을 강조한다.[19]

북친은 위계 구조와 지배가 등장함에 따라, 자연 역시 인간에 지배되는 대상이라는 관념이 등장했다고 주장한다. 초기 인간 사회에서의 주술적 세계관에서는 인간과 자연의 분리가 존재하지 않았지만, 점차 인간 내부의 위계질서가 확대됨에 따라, 인간과 자연 역시 분리되었다는 것이다. "자연을 지배해야겠다는 '생각'은 다름 아닌 인간에 의한 인간의 지배에 뿌리를 두고 있다는 점에 주목해야 한다. 인간 사회의 지배 구조는 또한 자연계를 위계적 존재의 연쇄 구조로 바라보게 만들었다."[20]

인간/자연의 분리가 사회적 관계의 위계화의 산물이라는 북친의 사회생태론 테제는 인간의 인간에 대한 사회적 지배가 자연 지배를 낳았다는 관점으로 이어진다. 이에 반해, 『계몽의 변증법』에서 아도르노와 호르크하이머가 제시하는 테제는 인간/자연의 분리가 사회적 지배를 낳는다는 것이다. 즉 이들은 자연 지배가 인간 지배로 이어진다는 관점을 고수한다. 이런 관점에서 양자의 테제는 서로 대립하는 것처럼 보인다. 그러나 자연 지배와 인간 지배 중 무엇이 먼저인가 하는 물음을 대립적으로 고찰할

• • •

19. 머레이 북친, 『사회적 생태론과 코뮌주의』, 서유석 옮김, 메이데이, 2012, 18쪽.
20. 같은 책, 47쪽.

이유는 존재하지 않는다. 북친의 사회생태론과 『계몽의 변증법』은 공통적으로 자연 지배와 인간 지배가 서로 분리될 수 없이 얽혀 있다는 관점을 드러내는데, 이 점에서 양자는 대립하기보다는 오히려 상호 보완적 테제로 읽힐 수 있다. 실제로 『계몽의 변증법』에서 아도르노와 호르크하이머는 다음과 같이, 사회적 지배가 자연 지배로 이어지는 메커니즘에 대해서도 언급하고 있다. "사회는 위협적인 자연을 지속적인, 조직화된 강압이라고 하면서 제거해버린다. 이 강압은 개인들 속에서 일관된 자기보존으로 재생산되면서, 자연에 대한 사회적 지배로서, 자연에 반격을 가한다."[21] 나아가 "자연을 지배의 대상으로 간주하는 '자연 지배'의 관념은 계급과 위계 구조가 없는 사회가 도래해야만 극복될 수 있다"[22]는 북친의 테제는 자연을 지배 대상으로 간주하지 않아야 계급과 위계 구조 없는 사회의 도래가 가능하다는 『계몽의 변증법』의 관점과 조화를 이룬다.

그렇다면 이렇듯 자연 지배의 관점에서 계몽의 지배적인 힘을 비판한 아도르노와 호르크하이머의 관점은 탈성장 담론과 어떻게 연결될 수 있을까? 이를 더욱 구체적으로 이해하기 위해, 생산력 지상주의에 대한 아도르노의 비판을 검토해보기로 한다.

• • •

21. Theodor W. Adorno, Max Horkheimer, *Dialektik der Aufklärung*, Gesammelte Schriften Bd. 3, pp. 205~206.
22. 같은 책, 같은 곳.

3. ‘욕구의 충족’이라는 역설: 생산력 지상주의 비판

생산력 지상주의에 대한 아도르노의 비판은 두 축을 중심으로 전개된다. 하나는 ‘생산을 위한 생산’이라는 산업 자본주의적 생산 개념에 대한 비판이고, 다른 하나는 이러한 자본주의적 생산 개념을 대체하는 맑스주의적 생산력 개념에 대한 비판이다. 특히 아도르노는 맑스의 자본주의 비판에 영향을 받은 이론가로서 당대의 맑스주의적 탈자본주의 담론이 가진 한계를 반성적으로 진단하는 과제를 수행했다. 이 비판은 노동, 성장, 생산, 진보 등 맑스주의가 사용하는 범주들이 그들이 비판하는 자본주의 사회의 그것과 근본적으로 다르지 않다는 것에 초점을 맞춘다. 구소련을 비롯한 동구권의 현실사회주의 국가들은 자본주의보다도 더 자본주의적으로 집약적인 노동, 생산력의 증대, 맹목적인 성장을 추진했으며, 바로 이러한 이유에서 그 실패를 예정하고 있었던 셈이다. 이러한 맥락에서 아도르노는 당대의 주류 맑스주의를 비판하면서, 생산력의 발전을 역사의 진보와 등치시키는 맑스주의가 또 다른 의미의 생산력 지상주의에 빠져있다고 지적한다. 그들은 ‘발전된 생산력’을 해방된 사회의 척도로 제시하는데, 아도르노는 과연 그것이 해방된 사회의 척도일 수 있느냐고 반문하는 것이다. 이러한 논쟁에서 우리는 아도르노가 이미 성장과 생산력의 발전을 진보의 척도로 제시하는 근대성의 논리를 비판하고 있으며, 아도르노가 오늘날 탈성장 담론에서 제기하는 문제의식을 선취하고 있음을 확인할 수 있다. 실제로 그것은 세르주

라투슈의 다름과 같은 주장과 공명한다. "어느 정도 자유로운 자본주의와 생산 지상주의적 사회주의는 인류를 진보 쪽으로 나아가게 한다고 규정된 생산력의 발전에 근거를 둔 성장 사회에 대한 동일한 프로젝트의 두 개 변수다."[23]

이러한 아도르노의 사유는 1942년 작성된 「욕구에 관한 테제들」이라는 짧은 글에서부터 발견된다. 욕구에 대한 우리의 표상 속에는 그것의 충족이 전제되어 있다. 그러나 욕구의 무한한 충족은 불가능하며, 따라서 사람들은 역사의 진보를 통해 언젠가 새로운 사회가 되면 기존의 욕구들이 충족될 수 있을 거라고 기대한다. 아도르노는 이러한 표상 속에 일종의 자기모순이 내포되어 있다고 주장한다. 인간은 '충족되지 않는 것'을 욕구한다. 따라서 인간은 이미 충족된 것에 대해서는 욕구하지 않으며, 기존의 욕구가 충족되면 새로운 욕구를 갖게 된다. 그렇다면 사회의 목표로서 '욕구의 충족'이라는 사고는 그 자체 기만적인 셈이다. 만약 무조건적으로, 무제약적으로 욕구의 충족을 위한 생산이 이뤄지면 결국은 욕구 자체가 변할 것이다. 생산성에 대한 강박적 증대가 목표로 삼는 '욕구의 충족'이란 일종의 신기루인 것이다. 따라서 욕구를 만족시키고 재생산하기 위해 기술적 생산력의 수준이 필요하다는 사고는 물신주의적이라고 할 수 있다. 그것은 맹목적으로 생산과 기술을 예찬하는 사고로 이어진다. 욕구의 충족을 (그리고 이를 위한 생산력 발전을) 예찬하는 산업자본의 목소리뿐 아니라, 생산력

• • •

23. 세르주 라투슈, 『성장하지 않아도 우리는 행복할까』, 이상빈 옮김, 민음사, 2019, 111쪽.

발전을 새로운 사회의 규범으로 세우는 전통 맑스주의자들의 생각은 이러한 점을 보여준다. 그것은 충족되지도 않을 욕구를 계속 환기하며 생산을 추동하는 관념일 뿐이다.

아도르노는 "평의회 민주주의에서는 모든 바퀴가 굴러갈 필요는 없다"[24]고 말하면서, 해방된 사회에 대한 전통적 관념을 비판한다. 사람들은 모든 바퀴가 굴러가야만, 즉 끝없이 생산이 이뤄지고 산업이 가동되어야만 인간의 욕구가 충족될 것이라고 생각하는데, 이는 산업의 중단과 실업에 대한 공포하에 살아가는 사회에서 비롯한 관념인 것이다. 만약 실업을 두려워해야 할 이유가 없는 사회라면 모든 바퀴가 굴러가지 않더라도, 생산이 끝없이 이뤄지지 않는다 하더라도 두려워해야 할 이유가 없다. 아도르노는 "무언가가 유용하지 않다는 것은 더 이상 수치가 아니다"[25]라고 말하며, 이러한 사고가 특히 "자연과의 화해"로 이어질 것이라고 주장한다. 이렇듯 이미 1940년대에 전개된 아도르노의 사고에는 욕구의 충족을 부추기지만, 동시에 결핍만을 낳는 현재의 산업사회에 대한 대안적인 관점들이 담겨 있다. 그것은 "모든 것을 희생하면서 경제성장을 추구하는 사회"[26]에 대한 최근 탈성장론자들의 반성적 평가와 접목될 수 있는 지점들을 보여준다.

대안 사회에 대한 아도르노의 이러한 관점은 그의 후기 사상에서도 이어지며, 전통적 맑스주의의 생산력 지상주의와의 논쟁을

• • •

24. Theodor W. Adorno, *Thesen über Bedürfnis*, Gesammelte Schriften 8, p. 395.
25. 같은 책, p. 396.
26. 세르주 라투슈, 『탈성장 사회: 소비사회로부터의 탈출』, 46쪽.

야기한다. 1966년의 『부정변증법 강의』에서 아도르노는 맑스에게서 "생산력의 형이상학적 실체성"이 발견된다고 본다. 즉 생산력은 맑스에게서 역사를 관통하는 실체적인 힘으로 제시되고 있다. 이에 대해 아도르노는 이렇게 말한다. "나는 이러한 맑스의 사변적 측면과 나 자신을 결코 동일시 하지 않으려 합니다." 이는 그것이 "생산력의 낙관주의"라는 문제를 발생시키기 때문이다.[27] 아도르노는 이러한 맑스의 생산력에 대한 관념이 독일관념론의 잔재라고 본다. 즉 '주체의 활동성'이라는 독일관념론의 범주는 유물론화되어, 정신이 아니라 이를 대체한 노동을 생산의 주체로 보고 이것이 진보의 관념과 결부되었다는 것이다. 마찬가지로 이러한 맑스의 관념 속에서는 "자연 지배의 원칙이 나이브하게 수용되고 있다"[28]는 사실 역시 지적되어야 한다. 아도르노는 그가 맑스와 엥겔스의 학설 중에 어떤 관점에서든 설득될 수 없는 것이 바로 이러한 자연 지배와 결부된 생산력 개념이라고 말한다. 현실사회주의 국가들은 이제 사회관계를 변혁했지만 자연 지배의 형식들은 유지하고 있었다. 이러한 사회형태 속에서는 "어떠한 지배 형태도 재생산되지 않는다는 전제 속에서도 자연 지배의 형태들이 순수하게 관념론적 의미에서, 절대적 주체성이라는 피히테적인 의미에서 지속"되고 있었던 것이다. 이러한 의미에서 동구권 국가들에서는 관료 제도가 존속되고 관료 계급이 새로운 지배계급으로 등장

• • •

27. Theodor W. Adorno, *Vorlesung über Negative Dialektik*, Nachgelassene Schriften Bd. 16, Frankfurt/M, 2007, p. 142.
28. 같은 책, p. 89.

했듯이, 마찬가지로 자연 지배와, 생산력 문제 역시 새로운 형태로 재등장하였다. 산업화에 대한 생산력주의적 표상, 나아가 "완전히 가차 없고 비변증법적으로 수용된 자연 지배에 대한 요구"는 그리하여 사회 전체의 목표로 설정되었다.[29]

이에 반해 아도르노는 "생산력의 진보와 인간 해방 사이의 동일시"는 대안적인 사회에서는 더 이상 적용될 수 없을 것이라고 잘라 말한다.[30] 그는 "언제나 인간과 자연의 관계를 파악하는, 진지한 의미에서 사회에 대한 해방된 표상"이 필요하다고 보며, 이러한 표상 속에서는 "자연 지배에 대한 관계가 사회 내적인 지배 형태들 속에서 계속해서 재생산"되는 것을 막기 위해 "자연 지배에 대한 관계가 변화되어야 한다"라고 주장한다.[31]

이렇듯 대안적 사회가 '생산력의 진보'가 아니라, '자연과의 화해'를 통한 지배의 폐지를 추구함으로써 해방을 달성해야 한다는 아도르노의 사유는 일관되게 자연 지배 원리와 사회적 해방 사이의 연관성에 대한 문제 설정을 보여주고 있다. 아도르노는 비록 해방된 사회에 대한 긍정적 청사진을 거부하는 '우상금지원칙Bilderverbot'을 일관되게 유지하고 있으나, 비판을 통한 해방의 원리를 간혹 짧게 스케치하고 있기도 하다. 다음 절에서 이를 살펴보기로 하자.

• • •

29. 같은 책, p. 90.
30. 같은 책, p. 76.
31. 같은 책, p. 90.

4. "물 위에서": 해방된 삶의 이미지

『미니마 모랄리아』에는 "물 위에서Sur l'eau"라는 제목의 짧은 아포리즘이 등장한다. 이 제목은 기 드 모파상Geu de Mauppasant이 1888년 코트다쥐르Côte d'Azur에서의 선박 유람에 대해 펴낸 여행 보고의 제목에서 차용한 것으로, 이를 통해 우리는 아도르노가 선박 유람과 같은, 자연과 지배적인 관계를 맺지 않고 생산적인 노동에 강박적으로 예속되지도 않는 삶의 의미에 관해 물음을 던진다고 해석해볼 수 있을 것이다. 우리는 아도르노의 이 글을 꼼꼼하게 살펴보면서, 자연 지배에 기반을 둔 해방의 관념을 넘어 서려는 그의 시도를 분석해보고자 한다. 아도르노의 이 글은 다음 과 같은 문장으로 시작한다.

> 해방된 사회의 목표가 무엇이냐는 질문을 던지면, 인간적인 가능성의 실현이나 삶의 풍요와 같은 답을 얻는다. 이 불가피한 질문이 부당하듯이, (…) 이 답변이 갖는 역겨움과 위압적인 자세 역시 불가피하다. 더 이상 그 누구도 굶주려서는 안 된다는 가장 소박한 답변만이 온화해 보일 뿐이다. 그 밖의 모든 것은 인간적 욕구에 따라 규정될 수 있는 하나의 상태, 곧 인간적인 태도를 제시한다. 그런데 그것은 자기 목적으로서의 생산이라 는 모델에 따라 형성된 것일 뿐이다.[32]

아도르노가 보기에, '풍요'와 '욕구의 충족'을 기초로 형성되는 인간적인 상태에 대한 유토피아적 관념은 결국 '자기 목적으로서의 생산', 즉 '생산을 위한 생산'이라는 논리를 내세우는 오늘날의 사회적 상태가 만들어낸 허울에서 비롯한 것이다. 나아가 아도르노는 이러한 '생산을 위한 생산'의 사회적 논리 속에 제시되는 '역동성'이라는 이미지에 대해 의문을 제기한다. 그에 따르면, "자유분방하며 혈기 왕성한, 창조적인 인간의 소망 이미지" 속에도 상품의 물신주의가 스며들어 있다. 여기서 아도르노는 '역동성' 개념이 동일한 상품의 대량생산이라는 성격을 갖는 부르주아 사회의 '무역사성', 즉 '동일한 것의 반복'이라는 상황에 대한 보완물이기도 하다는 과감한 주장을 펼친다. 현대 부르주아 사회에서 역동성은 절대자로 고양되는데, 그러나 그것은 "생산법칙의 인간학적 반영"일 뿐이며, 따라서 "해방된 사회에서는 그 자체가 욕구와 비판적으로 대면해야 하는 무엇일 뿐이다." 이어 아도르노는 다음과 같이 서술한다.

고삐 풀린 행동, 중단없는 생산, 만족을 모르는 욕구, 대호황과 동일시되는 자유의 관념은 부르주아 자연 개념으로부터 자양분을 얻는다. 이 자연 개념은 예전부터 사회적인 폭력을 불가피한 것으로, 일종의 건강한 영원함이라고 선언해버리는 데 이바지해왔다. 맑스 자신은 반대했던 사회주의의 긍정적인

• • •

32. Theodor W. Adorno, *Minima Moralia. Reflexionen aus dem beschädigten Leben*, Gesammelte Schriften Bd. 4, pp. 177~178.

기획들이 야만에 머물렀던 것은 소위 획일주의에서가 아니라, 바로 여기에서였다. 인류가 행복한 삶 속에서 축 늘어지는 것은 두려워할 일이 아니다. 두려워할 것은 완전한 자연이라는 가면을 쓴 사회적인 것의 황폐한 확장, 즉 행위의 맹목적 분노로서의 집단성이다.[33]

'역동성'이라는 이미지는 맑스주의적 역사 유물론이 제시했던, 역사의 '역동성' 개념에도 나타나는 것이었다. 맑스주의자들은 역동성 개념을 혁명과 해방을 향한 역사의 폭주 기관차와 같은 이미지로 상정해왔지만, 아도르노에 따르면 실은 그것은 생산을 위한 생산과 시장의 확대라는 부르주아적 관념의 거울 이미지였다. 이러한 관념에서는 정지, 즉 머물러 있는 것 또는 관조의 삶이란 무기력과 동일시된다. 반면 아도르노는 '무위', 축 늘어지는 것에 대한 '행위의 맹목적 분노'가 집단성의 형태로 등장하는 것이야말로 인류가 경계해야 할, 두려워해야 할 대상이라고 보았다(실제로 그러한 분노는 '노동하지 않는 종족'이라는 이미지로 포장된 유태인에 대한 사회적 폭력으로 이어지기도 했다). '풍요'와 결부된 해방의 관념을 제시한 맑스주의자들은 이러한 부르주아 자연 개념, 그리고 그와 결부된 역동성 개념을 무비판적으로 자신의 목적에 맞게 사용했는데, 이 때문에 그러한 '해방적 사회'의 이미지는 '생산을 위한 생산'이라는 논리를 그대로 수용하여,

• • •
33. 같은 책, p. 178.

총동원 체제의 위계적 억압으로 변질되었다.

아도르노는 자연을 이윤 추구를 위한 생산의 재료로만 간주하는 이러한 부르주아적 자연 개념과, 생산력의 확장을 진보와 동일시하는 생산력 지상주의를 그대로 떠안고 있는 대안 사회 개념은 더 이상 해방적일 수 없다고 공언하면서, 이러한 의미에서의 왜곡된 '진보'와 '성장'의 논리와 단절하는 새로운 해방의 이념이 필요하다고 역설한다. 진정한 진보란 물질적 욕구의 충족이나 양적 생산력의 확장이라는 의미에서가 아니라, 인간의 삶이 물질적 법칙에 예속되어 있는 상태 그 자체로부터 인간이 해방되어 진정한 자기실현을 이루는 것을 의미해야 한다는 것이 그의 문제의식이다. 반면 "소박하게 가정된, 생산의 증대를 향한 발전 경향이라는 명료함"이라는 현재의 사회적 원칙은 "총체성으로 응축되어, 수량화에 의해 지배되면서 질적 차이에 대해 적대적"일 뿐이다. 아도르노는 "해방된 사회를 바로 그러한 총체성으로부터의 해방이라고 사고하게 되면, 소실점이 보이게 될 것"이라고 지적하면서, 이러한 상태는 생산의 성장과 무관한 것이라고 주장한다. 오히려 "참된 사회"는 이러한 수량화와 총체성의 원리를 넘어서, 자연을 소진하는 대신 그 "가능성들을 소진해버리지 않고 남겨두는" 사회여야 한다.[34] 따라서 아도르노는 다음과 같이 주장한다.

더 이상 궁핍을 알지 못하는 인류에게는, 궁핍으로부터 벗어

• • •
34. 같은 책, pp. 178~179.

나기 위해 이제까지 충족되었던, 그리고 부를 통해 궁핍을 확대 재생산해왔던 모든 기획들이 가진 광기와 덧없음에 대한 희미한 깨달음이 미칠 것이다. 향유 자체도 이로부터 영향을 받을 것이다. 이는 마치 향유에 대한 현재의 도식이 근면, 계획, 의지를 갖는 것, 정복과 분리될 수 없는 것과 같다. 짐승처럼 아무것도 하지 않기, 물 위에서 누워 평화롭게 하늘을 바라보기, '모든 더 이상의 규정과 실행을 넘어서 존재하기, 그게 아니면 차라리 무'와 같은 것들은 과정, 행위, 실행의 자리를 차지할 수 있을 것이며, 그리하여 그 근원으로 종합된다는 변증법적 논리의 약속을 참되게 실현할 수 있을 것이다. 추상적인 개념들 중에 어떤 것도 영원한 평화라는 개념보다 더 실현된 유토피아에 근접하지 못했다.[35]

무분별한 개발과 이를 통한 성장, 발전은 결코 궁핍을 해소하고 욕구의 충족을 이루는 것이 아니라, 해방의 가능성을 소진하고 인간을 성장의 논리에 종속시키는 광기에 불과한 것이다. 이러한 논리에서 벗어날 때 '향유'의 개념도 변화될 것이다. "짐승처럼 아무것도 하지 않기, 물 위에서 누워 평화롭게 하늘을 바라보기"는 근면 성실함과 이를 통한 부의 축적만을 예찬하는 자본주의적 노동 개념과 생산력의 상승만을 진보의 척도로 규정하는 전통적 맑스주의의 논리에서는 결코 진지하게 검토되지 않을 삶의 방식이

• • •
35. 같은 책, p. 179.

다. 그러나 앞서 「욕구에 관한 테제들」에서 아도르노가 지적했듯, "무언가가 유용하지 않다는 것이 더 이상 수치가 아닌" 사회에서는 노동을 통한 성과가 아니라 존재 그 자체가 의미를 갖는 삶이 가능해질 것이다. 또한 그러한 사회는 성장으로 인한 자연에 대한 지배와 착취를 종식시킬 것이다. 기독교 신학에서 언급되는 "영원한 안식"은 이러한 쉼, 휴식이 노동만큼이나 중요함을 나타내고 있으며, 칸트 철학이 강조하는 "영원한 평화"는 이렇듯 모든 존재가 어떠한 유용성의 논리에서 벗어나 그 자체로 '목적'으로 대우받는 조건이 창출되는 것을 전제로 하고 있다.

'행위하지 않음'이라는 표상은 이처럼 사회적 해방에 대한 아도르노의 관점에서 큰 중요성을 갖는다. 아무것도 하지 않는 것은 삶의 '무기력'을 의미하지 않는다. 그것은 오히려 아리스토텔레스가 말한 '관조적인 삶'에 가까운, 정신적 평화와 행복을 추구하는 삶의 모습을 의미할 수도 있다(아도르노는 아리스토텔레스의 '사유의 덕'이 "행복한 관조의 지평"을 열었다고 평가한 바 있다[36]).

이러한 사고는 '게으름'을 비난의 대상으로 삼는 노동 윤리에 맞서서 '게으를 수 있는 권리'를 예찬하는 폴 라파르그를 연상시킨다. 맑스의 사위이기도 한 라파르그는 '게으를 수 있는 권리'가 "고귀하고 신성한" 권리로 선언되어야 하며, 그 내용은 "하루에 세 시간만 일하고, 나머지 낮과 밤 시간은 한가로움과 축제를 위해 남겨두는" 것이어야 한다고 지적한다.[37] 라파르그의 논리가

• • •

36. Theodor W. Adorno, *Marginalien zu Theorien und Praxis*, Gesammelte Schriften Bd. 10.2, p. 769.

단순한 유토피아주의로 취급될 수 없는 이유는, 산업과 기술 발전이 고도에 달한 오늘날에도 여전히 '노동 중독'과 '성과에 대한 집착'이 현대인들의 삶을 지배하고 있으며, 나아가 그러한 사회의 논리가 결국은 자연 지배라는 수단을 통해 달성되는 생산과 풍요에 대한 강박으로 이어지기 때문이다. 이러한 이유에서 오늘날 탈성장론자들이 라파르그에 재주목하고 있듯이, '물 위에서 평화롭게 하늘을 바라보는' 삶에 대한 아도르노의 묘사 역시 탈성장을 위한 현대인들의 사고방식의 혁신을 위한 교훈을 줄 수 있을 것이다. 이러한 아도르노의 대안적인 사고는 다음과 같은 라투슈의 언급과 유사한 전망을 공유한다. "현재의 생산 지상주의적이고 노동 지상주의적인 시스템으로부터의 탈출은 완전히 다른 조직을 전제로 한다. 그 조직에서 여가와 유희는 노동과 함께 가치를 지니며, 쓸모없는 데다 유해하기까지 한 일회용 상품의 생산과 소비보다 사회적 관계가 우위를 차지한다."[38] 풍요와 과잉에 대한 집착이 근본적으로 '생산을 위한 생산'의 논리와 성장 중심의 경제가 낳은 사고방식이라면, 그러한 논리에서 벗어나기 위해서는 '유용성'을 잣대로 인간의 활동을 평가하지 않고, 무위, 그리고 이에 연계된 여가, 유희[39]에 새로운 의미를 부여하는 관점이 필요

• • •

37. 폴 라파르그, 『게으를 수 있는 권리』, 조형준 옮김, 새물결, 2018. 51쪽.
38. 세르주 라투슈, 『성장하지 않아도 우리는 행복할까?』, 106~107쪽.
39. 물론 여기서 여가와 유희라는 범주는 조심스럽게 사용해야 한다. 일상생활마저 상품화된 세계에서 여가(Freizei)는 진정한 자유(Freiheit)에 도달하는 것이 아니라, 오히려 고단한 노동의 기억을 잊게 만들고 현재의 체제가 지속될 수 있는 위로라는 방식으로 사물화될 수 있으며, 유희(Spiel) 역시 기분전환을

하다.

5. 나가며: 탈성장 사회와 자연과의 화해

최근 자연과학과 인문과학 영역 모두에서 인류세^{Anthropocene}에 관한 논의가 활발하게 진행되고 있다. 지질학 용어에서 출발한 인류세 개념은 인간에 의한 지구의 변형과 파괴를 인식하게 만드는 효과를 내고 있다. 현재 지구상의 생물다양성이 줄어들고, 생물학적 전멸^{biological annihilation}을 낳을 수도 있다는 위기의식 속에서 지구에 대한 파괴를 멈춰야 한다는 목소리 또한 등장하고 있다. 해리엇 존슨에 따르면, 인류세는 헤르더, 칸트, 헤겔, 실러, 맑스가 전개한 '보편사'의 이념이 부정적인 형태로 등장한 사건이다. 그에 따르면, 19세기에 등장한 보편사란 네 가지 요소를 내포한다. 첫째로 보편사는 사변적인 역사, 즉 관념적으로 구성된 역사이며, 둘째로 인간 종, 정신, 프롤레타리아 등 집합적 행위자를 전제한다. 셋째로 보편사는 긍정적인 의미에서 해석되며, 마지막으로 (맑스를 제외한다면) 자연을 극복의 대상으로 삼는다. 이제 인류세 개념은 이러한 보편사의 의미를 전복했을 때 이해될 수 있다.

• • •

위한 오락으로 전락하는 순간 대중의 비판적 사고를 마비시킬 위험이 존재한다. 따라서 탈성장에 대한 고민은 상품화와 사물화의 논리를 벗어나는 방식의 여가와 유희에 대한 물음으로 연결되어야 할 것이다. Theodor W. Adorno, Freiheit, Gesammelte Schriften Bd. 10.2 참조.

인류세는 사변적으로 구성된 역사 개념이며, 인간 종이라는 집합적 행위자를 전제하고, 긍정적이지 않은, 부정적인 의미에서 파악되며, 자연에 대한 극복, 즉 파괴와 지배를 낳는다. 이러한 맥락에서 인류세는 뒤집힌 의미의 보편사, 즉 아도르노적인 의미에서 '부정적 보편사의 이념'에 해당하는 것이다.[40]

아도르노와 호르크하이머가 『계몽의 변증법』에서 지적하듯, 인간은 자기보존을 위해 자연을 지배한다. 인간에게 자연은 두려움의 대상이었으며, 자기보존을 위해 인간은 합리성을 통해 자연의 두려움을 극복해야 했다. 그런데 인간이 집합적 자기보존을 추구하는 과정에서 등장한 자연 지배는 생태계의 막대한 파괴를 낳았고 이는 이제 인간 자신의 생존을 위협하는 수준에 이르렀다. 다시 말해, 자기보존을 위해 자연을 지배한 인류는 역으로 자연의 역습에 의해 자기보존에 실패하고 절멸의 위협 속에 내몰리게 된 것이다. 이러한 '자기보존의 모순'이 계몽의 역설의 출발점을 이룬다.

현대 사회에 대한 아도르노의 주된 비판은 경제적 교환 원칙이 개인의 소멸을 낳았다는 것이다. 그런데 한발 더 나아가, 아도르노는 이러한 교환 원칙 속에서 소멸되는 개인들과 마찬가지로 자연 역시 교환 대상으로 전락한다는 사실 역시 지적한다. 주체의 자기보존이 실은 개인의 소멸, 주체의 탈주체화로 귀결되듯, 자기보존을 위한 자연 지배는 인간 자신의 종속과 지배로 귀결된다. 이처럼

• • •

40. Harriet Johnson, 'The Anthropocene as a Negative Universal History', *Adorno Studies* Vol.3 Iss.1, 2019, pp. 49~54.

인간과 자연 사이에는 일종의 '주인과 노예의 변증법'이 성립하는 셈이다. 인간은 자기보존을 위해 자연을 지배하지만, 자립적 주인인 인간은 실제로는 거대한 규모의 자연적 파국 앞에서 나약할 뿐인, 비자립적 형상에 불과하다. 물론 헤겔 자신은 그의 주인과 노예의 변증법에서 자연에 대한 예속을 부정적으로 기술하며, 노동을 통한 이로부터의 탈출을 기획하지만, 아도르노에게서는 이처럼 인간과 자연 사이의 주인과 노예의 변증법이 다르게 서술될 수 있을 것이다. 데보라 쿡이 지적하듯, "아도르노 버전의 주인과 노예의 변증법에서는 노예는 그 자신을 완전히 자연과 구분되는 존재로 봄으로써가 아니라, 그가 자연에 의존하는 만큼 충만한 공감을 획득함으로써 그의 자유를 쟁취할 것이다."[41]

이처럼 오늘날 자연 지배의 극복은 "변화된 자기보존 개념"을 요청한다. 그것은 자연을 지배하지 않으면서 자연에 대한 두려움에서 벗어나는 것을 전제로 한다. 그리고 자연의 위기가 인류의 생존을 위협하는 현 상태에서 벗어나야만 자연과의 화해가 가능하며, 그러한 화해 안에서 새로운 형태의 자기보존이 가능해질 것이다.[42] 여기서 자연과의 화해는 자연과의 새로운 동일성을 의미하지 않는다. 그것은 자연과 이성의 비동일성을 통한, 차이를 존중하는 화해일 것이다. 그리고 그것은 자연과 화해할 수 있는 역사적 조건을 요청한다. '생산을 위한 생산'을 넘어선, 이윤보다 생명과

• • •

41. Deborah Cook, *Adorno on Nature*, p. 89.
42. Alastair Morgan, 'Reconciliation with Nature: Adorno on Reason, Nature, and Critique', *Adorno Studies* Vol. 3, Iss. 1, 2019, p. 30.

자연이 우선시되는 탈성장 사회로의 진입은 그러한 역사적 조건을 의미할 것이다.

『계몽의 변증법』은 그러한 자연에 대한 공감과 자연과의 화해를 이성이 자기 내의 자연에 대해 기억하고 회상하는 방식으로 묘사하고 있다. 아도르노와 호르크하이머에 따르면, "계몽은 계몽 이상의 것이며, 소외된 가운데 그 흔적이 감지되는 자연이다."[43] 따라서 계몽적 사유는 자신을 망각된 자연으로 반성함으로써 자연과 화해하고, 지배의 분열을 폭로함으로써 지배의 비진리를 고발해야 한다. 이것이 '도구적' 이성에서 벗어난 '반성적' 이성의 과제이며, 그것은 계몽적 주체가 "주체 내 자연의 회상Eingedenken" 을 통해 지배와 대립할 때 가능할 것이다.[44] 오늘날 인간과 자연이 모두 근본적으로 절멸 위기에 봉착한 상황에서 그러한 '자연에 대한 회상'은 더 이상 사변적인 과제만을 의미하는 것이 아닌, 우리의 경험적 현실 조건을 근본적으로 규정하는 과제가 되었다고 말할 수 있을 것이다.

• • •

43. Theodor W. Adorno, Max Horkheimer, *Dialektik der Aufklärung*, p. 57.
44. 같은 책, p. 58.

중세 코뮌: 코뮤니즘의 역사적 기원
중세 도시의 사회철학적 해석의 시론[*]

이성백

1. 아테네와 피렌체

"거인의 어깨 위에 서면 거인보다 더 멀리 볼 수 있다"[1]는 중세의 격언은 스스로를 난장이로 낮춘 중세가 거인으로 높이 추켜세우면서 고대를 찬양하기 위해 만들어진 것이다. 12세기 이후 중세가 선대보다 더 새로운 것을 볼 수 있는 것은 중세 자신의 위대함이 아니라 고대의 거대한 위업 위에 올라타 있기 때문이라는 것이다. 이러한 고대 찬양은 현대에도 여전히 계속되고 있다. 그리스 철학과 신화, 페리클레스와 아테네 민주주의, 아폴론과 디오니소스, 소크라테스, 플라톤과 아리스토텔레스, 파르테논 신전 등 고대의 모든 것들이 서양의 위대한 역사적 원천이

• • •

[*] 이 글은 『시대와 철학』 2022 Vol. 33 No. 3(2022. 9. 30.)에 게재된 것을 수정, 보완한 것이다.

[1] 이 격언은 12세기에 성 베르나르 샤르트르가 만든 것이라고 한다. 크리샨 쿠마르, 『탈산업사회에서 포스트모던 사회로 — 현대 사회의 새로운 이론들』, 이성백·신재성·신승원 옮김, 라움, 2012, 167쪽.

자 위업으로 받들어지고 있다. 그리고 특히 민주주의를 자신이 달성한 최고의 가치로 내세우고 있는 현대 서구에게는 바로 아테네가 민주주의의 역사적 원천이기에 고대 그리스가 더욱 위대하다. 현대 서구는 아테네를 자신의 친부라 생각한다. 이에 비해 중세는 그저 "암흑의 시대"일 뿐이다. 농노를 수탈하는 봉건 영주가 지배하는 세계 그리고 종교적 지배 속에서 인간의 자기 비하, 바로 중세 하면 떠오르는 기본 이미지이다. 현대의 시선에서도 고대는 거인으로 중세는 난장이로 보인다. 그래서인지 중세는 그 속에서 뭔가 다른 것을 찾아보려는 아무런 관심도 주어지지 않았다. 아테네가 아니라 중세 도시 피렌체가 자신의 친부일지도 모른다는 생각조차 하지 못하였다.

그런데 중세를 들여다보면 이런 이미지와 맞지 않는 다른 것들이 보인다. 이런 다른 것들을 들여다보면 중세도 또한 역사적 거인으로 보인다. 중세가 고대 속에서 거인을 보았지만, 그 거인은 실제로는 고대에 비추어진 자기 자신의 모습이었다. 중세 도시는 지금까지 당연시해온 중세의 이미지를 벗어나는 다른 것들이 있으며, 이제 그 다른 새로운 측면들을 여기에서 고찰해 보고자 한다. 중세 도시는 중세 시대의 도시이기는 하지만, 중세적이지 않다. 중세 도시는 중세 시대 속에서 발생하여 성장하여 간 탈중세적인 것이며, 현대 사회의 역사적 기원이다. 중세 도시는 중세 암흑 속에서 이 암흑을 거두어가는 모던적인 '자유의 빛'이었다.

로마 몰락 이후 정체 상태 속에 있던 중세 유럽에는 11세기경이 되면서 이탈리아 북부 지역과 서유럽 저지대(플랑드르)에 도시가 성장한다. 이 중세 도시들은 봉건 영주들의 간섭에 대항하여 자치권을 획득해 나간다. 이 자치권을 획득한 도시들을 '코뮌Kommune'이라고 불렀다. 여기에서 바로 이 중세 코뮌과 "파리 코뮌" 사이에 어떤 관계가 있지 않을까 하는 물음이 제기된다. 칼 맑스는 파리 코뮌을 코뮤니즘의 사회 정치적 원리로 해석하였다. 만일 파리 코뮌이 중세 코뮌에서 비롯된 것이라면, 이것이 의미하는 것은 중세 코뮌이 코뮤니즘의 역사적 기원이라는 것이다. 칼 맑스가 파리 코뮌에서 정식화한 "자유로운 개인들의 자유로운 연합"은 중세 코뮌에서 구현된 것이었다. 그렇다면 중세 코뮌은 사회론적인 관점에서 완전히 새롭게 조명되어야 한다. 중세 코뮌은 단지 막연히 현대 시민사회의 역사적 기원 정도로만 보았던 기존의 견해를 넘어서서 좀 더 구체적으로 현대 코뮤니즘의 역사적 기원으로 선명화된다. 이는 중세 도시와 중세 시대를 이제와는 전혀 다른 관점에서 해석해야 한다는 것을 의미한다. 중세 도시는 현대 도시와 사회의 역사적 발전에 있어 고대 그리스보다 결정적으로 중요한 동인이 되었다. 현대의 역사적 발전에 있어서 공을 돌려야 할 것은 아테네가 아니라 피렌체였다. 그리고 다른 한편으로 중세 코뮌에 대한 사회론적인 연구는 현대 코뮤니즘의 문제를 더 심층적으로 보게 만든다. 중세 코뮌에서 정형화된 코뮤니즘의 원리가 "개념적으로 파악되었더라면", 20세기 소련이 권위주의적이고 전체주의적인 공산당 독재를 코뮤니즘의 정치적 원리로 오해하는 오류는 일어나지 않았을 것이다. 코뮤니즘의 사회정치적 원리를 논구하였던 레닌의 『국가와 혁명』과 칼 맑스의 『프랑스에서의 내전』을 중세 코뮨에 의거하여 새로이 재독해하게 되면, 코뮤니즘 사회는 20세기 동구와는 전혀 다른 식으로 정식화된다.

중세 도시에 대한 연구는 코뮤니즘을 재조명하게 할 뿐만 아니라, 나아가서 현대 사회의 본원적 성격에 대해서도 새로이 조명하게 한다. 현대 사회를 이전 사회와 구별 짓는 일차적인 구성적인 특징은 "개인das Individuum"의 역사적 출현에 있다. 개인의 출현은 인간의 존재 방식의 대전환이라 할 수 있다. 현대 사회는 개인(사회적 규정성으로서는 시민)이 주체가 되고, 이 주체인 개인에 의해 구성되는 사회이다. 현대 이전의 시대에는 동양과 서양을 막론하고 인간은 개인으로 존재하지 않았다. 인간은 전체 의 한 구성 부분이었을 뿐이고 아직 독립적인 주체적 개인이 아니었다. 이 개인의 존재 방식에 대한 해명이 현대 사회를 새로이 조명할 수 있는 키워드이다. 현대의 역사적 위대성이 고전적인 견해처럼 단지 이성적인 것의 실현에 있는 것이 아니라, 인간이 개인이 되었다는 것에, 모든 인간이 개인으로서 자신의 삶의 주인 이 될 수 있다는 가능성이 역사적으로 처음 열리게 되었다는 데에 있다. 개인의 역사적 출현, 부분에서 독립적 주체로의 인간의 존재 방식의 전환은 바로 중세 도시에서 비롯되었다. 농촌에서 도시로 도망쳐 온 농노는 영주와 농촌 공동체의 이중적 구속으로 부터 벗어나 자유로운 개인이 되어 자신의 삶을 추구해 나간다. 이 개인에 대한 새로운 존재론적 해명은 현대 사회를 이전과 다르게 조명하는 관점을 제공한다.

2. 맑스와 레닌의 코뮤니즘론

칼 맑스는 코뮤니즘의 사회정치적인 근본 원리를 "자유로운 개인들의 자유로운 연합"으로 정식화하였다.[2] 그가 이 원리를 본격적으로 다루고 있는 글은 파리 코뮨을 분석한 『프랑스에서의 내전』이다. 그런데 이미 『독일 이데올로기』에서부터 코뮤니즘이 자개자연으로 정식화되고 있다. "진정한 공동체에서 개인들은 서로의 연합 속에서 그리고 연합을 통해 그들의 자유를 획득한다. (⋯) 개인들의 자유로운 발전과 운동의 조건들을(물론 이는 오늘날 발전한 생산력을 전제로 한다) 통제하는 것은 다름 아니라 바로 개인들의 연합체이다."[3] 칼 맑스는 이미 그가 코뮤니스트가 되었던 청년 시절부터 코뮤니즘을 자개자연으로 이해하고 있었다. 다음으로 『공산당 선언』에서도 코뮤니즘에 대한 동일한 원리가 언급되고 있다. "계급과 계급 대립이 있었던 낡은 부르주아 사회 대신에 각인의 자유로운 발전이 만인의 자유로운 발전의 조건이 되는 하나의 연합이 나타난다."[4] 이어서 『자본』에서도 이 연합의 원리

• • •

2. 이 글에서는 communism을 공산주의가 아니라 코뮤니즘으로 표기하고자 한다. 공동으로 생산한다는 의미만을 담고 있는 공산주의라는 번역은 communism의 본래 의미를 제대로 담아내지 못하고 있기 때문이다. 그리고 "자유로운 개인들의 자유로운 연합"은 이하에서는 자개자연으로 줄여 쓰기로 한다.

3. 칼 맑스·프리드리히 엥겔스, 『독일 이데올로기』 1권, 이병창 옮김, 먼빛으로, 2019, 150~151쪽.

4. 칼 맑스·프리드리히 엥겔스, 『공산주의당 선언』, 칼 맑스·프리드리히 엥겔스 선집 1권, 최인호 옮김, 박종철출판사, 1991, 421쪽.

가 제시되고 있다. "각 개인의 완전하고 자유로운 발전이 (자본주의 보다— 필자 첨가) 더 높은 사회형태의 기본 원칙이다."[5] 그런데 여기까지는 아직 이 원리는 원론적인 수준에서만 언급되었을 뿐이다. 이에 대한 본격적인 구체화 작업은 『프랑스에서의 내전』에서 이루어지게 된다. 맑스는 1871년 프랑스 노동자 계급이 중심이 되어 수립된 파리 코뮌을 부르주아 국가를 대체하는 사회주의 정부 형태로 보았다. 이 파리 코뮌을 분석하면서 맑스는 이전의 원론적인 수준을 넘어서서 이제 코뮤니즘의 구체적인 정치 형태를 제시하게 된다.

『프랑스에서의 내전』에 의거하여 레닌은 『국가와 혁명』에서 프롤레타리아 국가론으로서 "소비에트론"을 발전시켰다.[6] "제정에 대한 직접적 대립물은 코뮌이었다. 파리 프롤레타리아트가 2월 혁명을 수행할 때의 '사회 공화국'이라는 구호는 계급 지배의 군주제적 형태뿐만 아니라 계급 지배 자체를 제거해야 하는 공화국에 대한 모호한 주장을 표현하였을 따름이다. 코뮌이 이러한 공화국의 명확한 형태였다."[7] 맑스는 코뮌을 자본주의 국가보다 더 높은 코뮤니즘 정치의 명확한 형태로 제시하고 있고, 이 구절을

• • •

5. 칼 맑스, 『자본론』 I(상), 김수행 옮김, 비봉출판사, 1989, 749쪽.
6. 『국가와 혁명』이 『프랑스에서의 내전』의 핵심에 대한 인용과 해석이기 때문에, 『프랑스에서의 내전』을 따로 요약하지 않고, 레닌의 『국가와 혁명』을 위주로 하여 서술해 갈 것이다.
7. 칼 맑스, 『프랑스에서의 내전』, 칼 맑스·프리드리히 엥겔스 선집 4권, 이수흔 옮김, 박종철 출판사, 1995, 64쪽; 레닌, 『국가와 혁명』, 문성원·안규남 옮김, 돌베개, 1992, 80쪽.

인용하면서 레닌도 코뮌을 "프롤레타리아 사회주의 공화국"의 구체화된 형태로 제시한다.

코뮌이 사회주의 국가 형태임을 확인한 다음 이에 이어 그것을 구성하는 특징들이 제시된다. 파리 코뮌이 첫 번째로 포고한 법령이 군대 대체였기 때문에, 이 문제가 첫 번째로 제시된다. "코뮌의 첫 번째 포고는 (…) 상비군을 진압하고 그것을 무장한 인민으로 대체하는 것이었다."[8] 노동자를 주로 하여 조직된 국민 방위군을 코뮌 정부의 군대로 포고한 것이고, 이로부터 레닌은 인민이 스스로 조직한 인민군을 사회주의적인 군사 제도로 확인한다. 군사 제도에 있어서도 인민의 주체적인 자기 조직화가 기본 원리가 되고 있다.

첫 번째 법령이었던 군대에 이어 다음으로 코뮌의 구성에 대해 일반적인 특징들이 제시된다. 여기에서도 맑스와 레닌은 인민의 자기 통치("생산자들의 자치정부"[9])를 기본 원리로 확인하고 있다. "코뮌은 파리의 여러 구에서 보통선거권을 통해 선출된 시평의원들로 구성되었다. 그들은 직무에 대해 책임을 지며 언제든지 경질될 수 있었다. 그들의 대다수는 물론 노동자들이거나 노동자 계급의 공인된 대표자들이었다. 코뮌은 의회가 아니고, 행정과 입법을 동시에 수행하는 일하는 기관이었다."[10] 이어서 맑스는 경찰이나 다른 모든 행정 관리들이 정치적 특성을 잃어버

• • •

8. 맑스, 위의 책, 64쪽; 레닌, 위의 책, 80쪽.
9. 맑스, 위의 책, 65쪽.
10. 같은 책, 같은 곳.

리고 인민에게 봉사하는 코뮌의 도구가 되었다고 확인한다. 여기에서 맑스가 부각시키고자 하는 것은 평의원에서부터 아래로 코뮌의 모든 공직자들은 인민의 공복이며, 어떤 특권도 인정되지 않는다는 것이다. 이 점에서 맑스는 특히 이들이 "노동자 임금에 해당하는 대우를 받았다"는 것을 강조하고 있다. 이를 통해서 국가의 고위 공직자들에게 주어졌던 특권과 업무 추진비가 사라져 버렸다.

맑스는 코뮌을 인민의 자기 통치가 구체화된 정부 형태로 파악하였고, 이를 레닌이 부르주아 국가기구를 대체할 소비에트 국가와 정부의 형태로 받아들임으로써, 코뮌은 최초의 사회주의 국가의 기초가 되었다. 러시아의 소비에트soviet는 평의회(council[영], Rat[독])와 같은 것이다. 평의회는 근본적으로 인민이 스스로 자신이 속한 공동체를 직접 운영하거나 통치하기 위해 만든 자치 정부 조직을 말하며, 맑스가 파악한 파리 코뮌도 바로 이 평의회에 해당하는 것이다.

맑스는 1871년 수립된 파리 코뮌을 경험하면서 이를 새로운 인민의 정부 형태로, 코뮌의 규정인 "자유로운 개인들의 자유로운 연합"으로 해석하였다. 그런데 이 파리 코뮌은 중세의 코뮌들과 어떤 관계에 있는 것인가? 중세 코뮌이 이미 파리 코뮌과 마찬가지로 "자유로운 개인들의 자유로운 연합"이었던 것인지, 아니면 코뮌이라 표현되고 있지만, 파리 코뮌과 다른 것인가? 이제 "자유로운 개인들의 자유로운 연합"이란 파리 코뮌의 정치적 원리가 중세 코뮌에서부터 기원한 것인지 아닌지에 대해서 따져 보아야 한다. 맑스의 파리 코뮌에 대한 해석은 중세 도시와 코뮌에 대한 고찰로 이어지지 않았다. 맑스는 이에 대해 별로 관심을 갖지 않았다. 중세 도시에 대해서는 『독일 이데올로기』와 『공산당 선언』에 어느 정도 그의 견해가 개진되고 있는데, 중세 코뮌에 대한 언급은 지극히 드물다. 서신까지 포함하여 MEW 저작 전체에 걸쳐 코뮌이란 단어는 열몇 번 나올 뿐이고, 그나마 코뮌에 대한 그의 견해를 읽을 수 있는 언급은 단 두 구절뿐이다.

3. 중세 도시와 코뮌에 대한 맑스의 언급들

우선 『독일 이데올로기』와 『공산당 선언』에 피력되고 있는 견해를 살펴보면, 맑스는 중세 도시를 현대 자본가 계급인 부르주아지의 역사적 출현의 맥락에서 바라보고 있다. "현대 부르주아지 자체가 장구한 발전 과정의 산물"[11]이며, 역사적으로 거슬러 올라가면 바로 중세의 시민이 "부르주아지의 최초의 형태"라는 것이다. "중세의 농노로부터 초기 도시의 성외 시민Pfahlbürger[12]이 생겨났다; 이 성외 시민층으로부터 부르주아지의 최초의 형태가 발전하였

• • •

11. 칼 맑스·프리드리히 엥겔스, 『공산주의당 선언』, 1991, 402쪽.
12. 중세 도시 부르구스(Burgus, Burg, borough, bourg)가 원래는 영주와 군대가 거주하는 성채였기 때문에 새로 이주해 온 사람들이나 상인들은 부르구스 바깥에 거주하게 되었다. 이들이 성외 시민이라 불리게 되었다. 이 성외 시민에 서 성외가 생략되고 도시민을 의미하는 부르주아지(Bourgeoise, Bürger)로 통용되게 된 것이다.

다.'(ibid, 401) 농촌에 살고 있던 농노가 도시로 도망 와서 (도)시민이 되고, 부르주아지라는 표현이 출현하게 된 것이다. 그런데 이 중세의 부르주아지는 문자 그대로 도시에 거주하는 주민이란 의미에서의 부르주아지였을 뿐이고, 유산 계급이란 변모된 의미에서의 부르주아지는 "장구한 발전 과정"을 거치면서 만들어진 것이었다.

그렇다면 이 중세의 시민은 신분적으로 어떤 지위나 상태에 있었을까? 맑스의 다른 언급들은 이 물음과 관련된 것들이다. 자유롭게 된 농노들로 형성된 중세의 도시들에서 이들은 장인에게 뽑혀 도제나 직인이 되거나, 길드 노동을 할 기회가 없어 일용노동을 해야 하는 이들은 조직되지 않은 천민으로 머물러야 했다(맑스, 2019, 110). 이 언급에 따르면 중세의 시민은 세부적으로 장인–직인–도제–천민의 4가지 계층으로 구분되는데, 이 네 계층은 자유롭고 평등한 관계인가, 아니면 이들 사이에는 지배와 억압의 관계가 있는가? 이 가운데에서 맑스는 중점적으로 장인과 직인의 관계를 거론하면서 이 둘 사이의 관계를 지배와 피지배의 계급적 대립 관계로 보고 있다: "지금까지 모든 사회의 역사는 계급투쟁의 역사이다. 자유민과 노예, 귀족과 평민, 영주와 농노, 장인과 직인, 요컨대 억압자와 피억압자는 끊임없는 대립 속에서 마주 서 있다."(맑스, 1991, 400) 계급투쟁의 역사 설정 속에서 중세 시대의 봉건적 농촌 장원에서 영주와 농노의 대립에 병행하여 도시에서의 장인과 직인을 억압자와 피억압자의 관계로, 구체적으로는 "가부장적인 관계"[13]로 규정하고 있다. 개별적으로 도시로 도망 온 농노들이었던 직인들은 아무 힘도 가질 수 없었기 때문에 길드 장인은 이들은 자신에게 종속시키고 자신의 이익에 따라 조직하였다. 이러한 직인과 도제가 장인과 맺는 가부장적인 관계는 장인들에게 이중적인 권력을 부여했다. 한편으로 직인들의 생활 전체가 장인들의 직접적인 영향력하에 있었고, 다른 한편으로 한 장인 밑의 직인들은 다른 장인 밑의 직인들과 대립하게 한다. 그리고 맑스는 직인이 장인에게 종속되는 마지막 이유를 "이미 이 직인들이, 그들이 가지고 있었던 스스로 장인이 된다는 이해를 통하여 현존 질서에 연결되어 있었기 때문"(ibid)이라고 한다.

다음으로 중세 코뮌에 대한 맑스의 언급으로 넘어가면, 첫 번째 언급은 "코뮌에서는 무장한 스스로 통치하는 연합"[14]이다. 『공산당 선언』의 이 구절에 대해 엥겔스가 주를 달고 있다. "'코뮌'이란 프랑스에서 발생하고 있던 도시들이 자신들의 봉건 영주들 및 지배자들로부터 지방 자치와 '제3신분'으로서의 정치적 권리를 획득하기 이전부터 불리던 이름이다. (…) 이탈리아와 프랑스의 도시 시민들은 그들의 봉건 영주들로부터 최초의 자치권을 사들이거나 혹은 빼앗은 뒤에 자신들의 도시공동체를 그렇게 불렀다."(ibid) 코뮌에 대한 두 번째 언급은 『프랑스에서의 내전』에 나온다. "새로운 역사적 창조물들에게는, 과거의 심지어 쇠퇴해버린 사회 제도들과 어느 정도 유사하기만 하면 그것과 같은 유형으

• • •

13. 칼 맑스·프리드리히 엥겔스, 『독일 이데올로기』 1권, 2019, 111쪽.
14. 칼 맑스·프리드리히 엥겔스, 『공산주의당 선언』, 1991, 402쪽.

로 오인되는 것이 일반적인 운명이다. 현대 국가를 파괴한 이 새로운 코뮌이 그러했는데, 국가권력보다 앞서 출현하여 후에 그것의 기초가 된 중세 코뮌들의 재생으로 보였던 것이다."[15]

중세 도시와 코뮌에 대한 맑스의 언급들은 중세 코뮌이 파리 코뮌의 역사적 기원이라는 연속성에서 출발하여 중세 코뮌을 사회 이론적인 관점에서 새로이 해석해보려고 하는 본 연구의 목적에 대체적으로 불리한 '증언'이다. 장인과 직인의 가부장적 관계를 근거로 들어 중세 시민들을 지배와 피지배의 관계로 제시하고 있다. 이렇게 되면 중세 시민들은 "자유로운 개인들"이 아니게 되고, 중세 도시는 출발점에서부터 "자유로운 개인들의 자유로운 연합"이 될 수 없다. 그리고 코뮌에 대한 두 번째 언급은 이보다 더 결정적으로 불리한 증언이다. 파리 코뮌은 중세 코뮌과 완전히 다른 "새로운 역사적 창조물"이기 때문에, 파리 코뮌을 중세 코뮌이 재생된 것으로 보아, 후자로부터 파리 코뮌과 유사한 무엇인가를 찾아내려는 것은 헛된 생각이라는 것이다. 이에 비해 코뮌에 대한 첫 번째 언급은 본 연구의 시도에 유리한 증언이라 할 수 있다. "무장한 스스로 통치하는 연합"은 파리 코뮌의 정치 조직과 일치하는 것은 아닐까? 봉건 영주들의 간섭으로부터 방어하기 위해 자신들의 군대를 조직하고 스스로 도시를 통치하는 연합체를 결성하였다는 것은 파리 코뮌의 정부 조직과 그리 달라 보이지 않는다. 이탈리아와 프랑스의 도시 시민들이 자치적으로 통치한

• • •

15. 칼 맑스, 『프랑스에서의 내전』, 1995, 66쪽.

도시공동체를 코뮌이라 불렀다는 엥겔스의 주석은 중세 코뮌을 자개자연의 기원으로 볼 수 있는 개연성을 더 높여준다.

중세 도시와 코뮌에 대한 맑스의 언급들은 매우 파편적인 것들이다. 그래서 맑스의 언급들을 그것들만 놓고 옳고 그름을 따질 수 없다. 그것을 따질 수 있기 위해서는 중세 도시와 코뮌에 대한 전체적인 파악이 필요하다. 장인과 직인의 관계만을 가지고 중세 시민들이 자유인이 아니라 지배와 예속의 관계에 있다고 논할 수 없다. 장인과 직인의 관계를 가부장적 지배 관계로 볼 수 있는지에도 이론의 여지가 클 뿐만 아니라, 중세 시민들의 신분적, 사회적 성격을 논하기 위해서는 중세 시민들의 기본적인 성격, 길드나 평의회, 코뮌과 같은 중세 도시를 구성하는 주요 요인들이 전반적으로 고려되어야 한다. 이제 다음 장부터 중세 도시와 코뮌을 고찰하게 될 것인데, 이로부터 맑스의 언급들과 달리 중세 코뮌은 자개자연의 원리에 의해 성립된 사회정치적 구성체이고, 파리 코뮌은 중세 코뮌의 역사적 계승이라는 것을 확인하게 될 것이다.

4. 중세 코뮌의 형성과 조직

1) 중세 도시의 형성 과정

중세 시대 도시를 지칭하는 일반적인 두 단어가 키비타스^{civitas}와 부르구스^{burgus}이다. 키비타스는 고대 제국 시대에 로마가 서유럽에 건설했던 도시들로서 4세기 이후 로마가 몰락한 이후 쇠퇴의 길을 걷는다. 그렇다고 모두 다 소멸한 것은 아니고, 주교들이 거주하고 있던 키비타스들은 살아남았다. 키비타스들은 이슬람교도나 노르만족들의 침입으로부터 인근 지역 주민의 피신처 역할을 해주었다. 9세기에 들어 왕권의 약화와 함께 영방 제후들이 할거하게 되면서, 각 제후들은 인접 제후들에 대한 방어가 절실해지게 되어 도처에 요새들이 축조된다. 이 요새들이 부르구스로 불린다. 부르구스에는 성주와 기사들로 구성된 군사들이 주둔했다. 키비타스나 부르구스는 아직 아무런 도시적 성격도 가지고 있지 않았다. 그러던 것이 11세기에 들어서면서 상업이 부활하게 되고, 새로이 등장한 상인들이 부르구스 성곽 외부에 거주하게 되면서, 도시의 형태를 갖추게 되었다. 이탈리아 북부와 서유럽 대서양 연안의 플랑드르(저지대) 지역에서 상업 — 특히 지중해를 통한 해상무역 — 이 성장하기 시작하여 이를 기회로 하여 도시들이 건설되었다. 이탈리아 북부를 대표하는 도시는 베네치아, 제노바, 피사, 피렌체, 플랑드르 연안을 대표하는 도시는 브뤼헤Bruges, 강Gand, 릴Lille 등이다. 이탈리아에서 해상무역이 시작될 수 있었던 것은 동로마 비잔틴 제국과의 교역의 덕택이었고, 플랑드르에서 앞서 상업이 발전될 수 있었던 것은 북유럽 스칸디나비아와 남유럽을 잇는 중간 요충지이자 잉글랜드의 양모를 가공 수출하는 모직 산업 발전의 덕분이었다. 해상무역에서 시작하여 유럽 내의 교역은 유럽 전체를 연결하는 내륙 교역으로 확장되어 내륙 곳곳에도 부르구스가 건설되었다.

상업이 발전했다는 것은 상업에 종사하는 사람들, 즉 상인이 출현했다는 것을 의미한다. 특히 상업의 형태가 해상과 육로를 통한 원격 무역이었기 때문에 상인들은 야탈과 같은 위험을 막기 위해 대상을 이루어 이동하였고, 교역로의 적당한 위치에 그들의 거주지를 건설하였다. 이 거주지는 교통이 편리한 동시에 그들의 돈과 상품을 안전하게 보관할 수 있는 그런 장소였다. "그래서 그들은 이런 조건들을 가장 잘 충족시키는 장소인 키비타스나 부르구스로 간 것이다."[16] 키비타스와 부르구스에는 상인들이 살 공간이 없었기 때문에, 그들은 성벽 바깥에 '성외 부르구스faubourg' 를 건설했다. 비록 '성외'라는 접두사가 붙었지만, 이 성외 부르구스가 시민들이 모여 사는 일반적인 도시적 성격을 갖는 부르구스인 것이다. 상인 거주지인 성외 부르구스는 끊임없이 새로운 주민들이 이주해 들어오고, 인구가 증가하면서 점점 더 넓은 지역으로 팽창하여 나갔다. 그리고 이 부르구스에 거주하는 주민들이 '부르주아'라고 불리게 된다. 여기에서 '부르주아'는 말 그대로 도시에 사는 사람, 도시민을 의미했고, 유산자 계급으로의 의미 변화는 이후에 이루어진 것이다. 도시민이라는 의미는 키비타스의 파생어인 시티즌cives, citizen으로 넘겨진다.

해상무역에 종사했던 상인들이 처음 출현한 도시는 베네치아였다. 중세 도시의 조상이라 할 베네치아는 그 이력이 매우 특이하다. 베네치아는 갈대만 무성한 늪지대의 섬들이었다. 훈족의 침략과

• • •

16. 앙리 피렌느, 『중세 유럽의 도시』, 강일휴 옮김, 신서원, 1997, 116쪽.

약탈이 자행되던 와중인 421년에 아퀼레이아의 로마인들이 이 늪지대로 피신을 하였다. 늪지대라 공격을 피하기에는 좋았지만, 반대로 문제는 농사를 지을 수 없는 척박한 땅이었다. 베네치아인들은 생존을 위해 다른 길을 찾을 수밖에 없었다. 바로 상업이 전화위복이 되었다. 베네치아인들은 소금을 연안 다른 지역들에 가지고 가서 필요한 물건들과 교환하였다. 나아가 아드리아해 건너편에 있는 비잔틴 제국과의 교역을 통해 막대한 돈을 벌어들였다. 해상무역은 원거리에서 가져온 물건을 비싸게 팔 수 있었기 때문에 막대한 이득을 올릴 수 있어 베네치아는 중세 이탈리아와 유럽에서 가장 부유한 도시로 성장하게 되었다. 사람이 살기 힘든 연안 늪지에 건설하였더니, 훗날 세계적으로 유일무이한 "수상도시"가 되리라고 누가 상상이나 할 수 있었을 것이며, 셰익스피어가 "베니스의 상인"이라 했던 것은 우연이 아니었다. 부유함과 자기 성취감으로 자부심이 넘쳐난 베네치아인은 온갖 정성을 들여 야콥 부르크하르트의 "세계의 보석상자"란 찬사에 어울리는 도시를 건설하였다. 베네치아에서 시작된 해상무역은 지중해 연안의 다른 지역에도 영향을 주어 11세기에 들어서 해양 도시들이 성장하게 된다. 우선 피사와 제노바 등 이탈리아의 도시들로 해상무역이 확대되고 이어서 이탈리아를 넘어 마르세이유와 바르셀로나 등 유럽의 다른 나라의 도시들로까지 확대된다.

다른 한편 플랑드르 연안에서도 10세기에 들어 상업이 성장하기 시작한다. 이 지역은 로마 시대 때부터 모직물을 제조하였다. 바이킹으로 유명한 노르만족은 잉글랜드와 노르망디 지역 등을 얻은 다음 10세기부터 침략을 그만두고 해상무역으로 방향을 선회하였다. 플랑드르는 노르만족들의 북유럽 해상무역의 서부 연안 요충지가 되었다. 잉글랜드와 인접해 있었던 것도 중요한 지정학적 강점이었다. 플랑드르의 모직물이 북유럽 해상무역의 주요 상품이 되었다. 플랑드르 지역 중에서 브뤼헤가 무역 중심지로 떠오르고, 이어서 강과 릴 등으로 확장된다. 해상무역의 성장은 내륙 무역으로 확장되어 유럽 내륙 교통 요충지 곳곳에서도 부르구스들이 생겨난다. 그 가운데 하나가 이탈리아 중북부 내륙 지역의 피렌체이다. 무역을 통해 꾸준히 성장해온 대상인들의 주도하에 피렌체 시민은 11세기에 들어 교회, 황제, 봉건 귀족들의 간섭을 물리치고 점차 정치적 영향력을 확대해간다. 콘타도(인근 농촌)를 지배하고 있던 봉건 귀족을 굴복시켜 강제로 도시로 이주케 하면서 콘타도에 대한 실질적인 지배권을 확보한다. 12세기 말에는 피사와 동맹을 맺어 해상으로 진출하는 기회를 마련한다. 13세기에 들어서서 피렌체 경제에는 비약적인 변화가 일어난다. 하나는 금융업의 유럽 차원에서의 주도적 확장이다. 피렌체는 교황청의 재정을 관리하는 주거래 은행의 권리를 떠맡았을 뿐만 아니라, 영국, 프랑스 등 여러 나라의 국왕들이나 제후들과 거래하는 전 유럽적인 거대 은행이 되었다. 두 번째로 상업의 차원을 넘어 제조업(수공업)으로 확장해 나간다. 피렌체는 영국으로부터 양모를 수입하여 가공하는 모직 산업을 발전시켜 나간다. 아르노강 주변은 양모를 가공하는 각종 가공 공정들을 담당하는 공장들이 들어서면서 공업지구가 형성된다.

상업에서 금융과 공업에로의 확장은 베네치아에서부터 시작하여 중세 도시의 일반적인 경향이었다. 다만 피렌체가 가장 성공적인 도시였다. 피렌체는 베네치아, 피사, 제노바 등 다른 도시들보다 시작은 늦었지만, 끝에는 가장 창대한 중세 도시로 우뚝 서게 된다. 피렌체의 군주로 등극한 메디치 가문의 이름과 함께 피렌체는 15세기에 유럽 전역에 가장 강력한 영향력을 행사하는 도시가 된다. 그런데 피렌체란 도시의 역사적 명성은 "르네상스의 도시"라는 데에 있다. 메디치 가문의 막대한 재정적 지원과 투자를 통하여 피렌체에는 문화와 예술의 꽃이 피게 되었다. 중세 도시로서 가장 성공한 도시이자 르네상스 시대를 연 도시로서 피렌체는 이 시대의 상징적 도시가 된다. 고대 그리스의 엠블럼이 아테네이듯이 중세 도시의 엠블럼은 피렌체라 할 것이다. 중세가 고대를 거인이라 추켜세웠지만, 피렌체야말로 아테네보다 더 큰 거인이다. 더욱이 중세 도시는 현대 사회의 역사적 원천으로서 그 사회적 유전자가 현대 사회와 동일하다. 중세 도시는 상업과 수공업을 토대로 하여 형성된 경제 사회이며, 중세 코뮌이야말로 현대적 민주주의의 시초이다. 이에 반해 아테네는 서구 민주주의의 역사적 원천으로 예찬되고 있지만, 현대 사회와 본질적으로 다른 사회이다. 아테네는 경제와 정치의 관계 속에서 정치가 우위에 있는 정치 사회였으며, 경제(오이코스)는 사적인 가계의 영역에 머물러 있었다. 보편적 시민들이 아니라, 노예제에 기반을 둔 특수한 '시민들'만의 아테네 '민주주의'가 과연 민주주의라 할 수 있는지도 의문스럽다. 아테네가 아니라 피렌체가 현대 사회의 친부인 것이다.

2) 길드

이미 상식화되어 있듯이 중세 도시의 기본적이자 핵심적인
조직 내지 단체가 길드guild(동업조합)[17]이다. 11세기에 중세 도시가
형성되기 시작하면서 도시 내부적으로 새로운 도시 조직으로서
길드가 만들어졌다. 길드는 11세기 전반기에 플랑드르 북부의
중세 도시들(틸과 생토메르)에서 처음 출현했다. 중세 도시 형성의
주역이었던 원양 무역 상인들에 의해 처음으로 사업상의 각종
위험들로부터 안전을 확보하기 위해 상호부조 단체인 길드가
결성되었다. 길드의 어원인 고대 북유럽어 길디Gildi는 '연회', '축
제'를 의미한다. 상인들이 서로 간의 친목과 결속을 다지기 위해
정기적으로 성대한 축제를 열었는데, 이 축제로부터 길드가 시작
되었다. 특히 길드는 같은 업종에 속하는 업자들 사이에 결성되었
는데, 이는 동종 업종 내에서의 경쟁을 막고, 상품의 생산과 판매를
공동으로 관리하기 위해서였다. 이를 위해 길드 구성원들은 규약
을 만들고, 이를 지킬 것을 서약하였다. 길드는 개별적으로 가입과
탈퇴가 자유로운 자율적 조직이었다. 그러나 길드는 자신의 권리
를 보호할 수 있는 안전장치와 같은 것이었기 때문에 조합원

• • •

17. 길드는 춘프트(Zunft), 아르테(Arte), 메티에(Métier) 등 나라마다 고유 명칭이
    있었다. 영어 명칭인 길드도 원래는 고대 북유럽어 길디(Gildi)에서 유래한
    것이다. 그리고 한자 동맹의 '한자(Hansa)'도 길드와 같은 뜻이다.

개인의 입장에서 탈퇴는 생각할 필요조차 없는 것이었다. 길드는 생업상 발생할 수 있는 곤란이나 위험들로부터 서로 돕는 상호부조의 조직이었고, 상공인으로서 자신의 권리를 수호할 수 있는 공동 조직이었다. 따라서 길드는 결속과 유대에 지대한 의미를 부여하였고, 플랑드르 도시 에르Aire의 1188년 특허장에 "각자가 형제처럼 서로를 돕는다"[18]라고 명시되어 있듯이, 우애amicitia 혹은 형제애fraternitas[19]를 길드의 근본 이념으로 삼았다.

길드의 일차적인 과업은 조합원들의 권리와 안전을 지키는 데에 있었지만, 길드는 도시의 유지에 필요한 여러 일들도 떠맡았다. 가장 오래된 생토메르 상인 길드의 규약을 보면(1100년경), "도시 내 질서 유지, 친목을 위한 연회 개최, 시내에서의 폭력 금지, 시내의 길과 시문 등의 정비 비용 제출 규정 등 도시의 공동체 형성을 촉진하는 여러 가지 규정이 포함"[20]되어 있다. 이를 보면 길드는 도시의 기초적인 행정과 정치에 해당하는 일들을 수행했던 것으로 보인다. 그리고 도시 재정의 상당한 부분도 길드가 제공하였다. 길드가 떠맡았던 이 도시 정치의 측면은 이후 시민들 중심의 새로운 도시정부 조직으로 형성된 평의회로 이전된다. 앙리 피렌이 피력하고 있듯이, "길드가 도시 자치의 선도자"였

• • •

18. 앙리 피렌느, 『중세 유럽의 도시』, 1997, 172쪽.
19. 한국어로 박애로 번역되어 있는 프랑스 혁명의 세 번째 이념인 fraternité는 길드의 fraternitas와 같은 단어이다. 바로 이 길드의 형제애가 프랑스 혁명의 세 번째 이념의 기원인 것처럼 보인다.
20. 가와하라 아쓰시·호리코시 고이치, 『중세 유럽의 생활』, 남지연 옮김, 이케이 커뮤케이션즈, 2017, 106쪽.

다. "길드의 수장들이 모든 도시에서 도시 행정관의 기능을 '사실상' 담당했다."[21] 따라서 코뮌 이전에 이미 길드부터가 "자유로운 개인들의 자유로운 연합"에 의해 조직된 것이다. 길드와 코뮌의 기본 원리인 자개자연은 현대 사회철학이 추구하는 이상적 공동체의 원리인 개인과 사회의 조화, 개별과 보편의 통일에 대해 결정적으로 중요한 시사점을 담고 있다.

한 도시에서 길드가 어떻게 구성되어 있고, 어떤 역할을 하고 있었는지는 피렌체에서 그 전형적인 사례를 볼 수 있다. '아르테Arte'라 불렸던 피렌체의 길드는 21개로 구성되어 있었다. 이 21개의 길드는 7개의 대길드와 14개의 소길드로 구분되었다. 대길드는 법률가·공증인 길드, 칼리말라(양모·수입 모직물) 상인 길드, 환전상 길드, 모직물 길드, 견직물 길드, 의사·향료상 길드, 모피상 길드가 속해 있었고, 소길드에는 대장장이·갑주 제작사, 피혁공, 제빵사, 푸줏간, 여관 등이 있었다.[22] 7개의 대길드 중에서도 칼리말라 아르테Arte di Calimala가 가장 컸는데, 영국과 플랑드르의 양모를 수입하여 모직물로 가공하는 아르테들 가운데서 가장 큰 아르테였다. 이 아르테에 속한 조합원들은 무역 상인이면서 모직물 가공공장을 갖고 있었다. 그리고 피렌체의 주도적인 은행가와 중개상도 이 칼리말라 아르테에 속했다.[23] 칼리말라를 포함하여 7개의 대길드는 원거리 무역, 모직물 공업, 금융업 등 당시에 가장 주력에

• • •

21. 앙리 피렌느, 『중세 유럽의 도시』, 1997, 156쪽.
22. 가와하라 아쓰시·호리코시 고이치, 『중세 유럽의 생활』, 2017, 160쪽.
23. 에디트 엔넨, 『도시로 본 중세유럽』, 안상준 옮김, 한울, 1997, 204쪽.

속하는 분야의 길드들이었다. 7개의 대길드는 정치적으로도 강력한 영향력을 행사하였다. 1138년에 대길드가 주도적 역할을 하여 피렌체에 "평의회consulatus"[24]를 구성하는데, 이 평의회가 도시의 최고 통치기구로서 코뮌을 이끌어 나갔다.[25]

3) 코뮌과 평의회

길드의 결성과 나란히 중세 도시의 발전에 있어서 주요 흐름을 형성했던 것이 시민들이 도시를 스스로 통치하는 자치와, 이에 기반하여 자신들이 주체가 되는 자유로운 공동체를 모색한 '코뮌 운동'이다. 코뮌 운동은 북이탈리아에서 시작하여, 뒤를 이어 북프랑스와 플랑드르에서도 일어난다. 북이탈리아 롬바르디아 지방의 수장 도시였던 밀라노에서 1057년 대주교에 반대하는 반란이 일어났다.[26] 이 반란이 문헌상으로 확인된 최초의 코뮌 운동이다. 당시에 유럽은 교황과 황제의 권력 싸움 속에서 주교들의 서임권을 둘러싼 투쟁에 휩싸여 있었는데, 시민들은 이 위기 상황을

● ● ●

24. 중세도시사 문헌들에서는 consul이 참사회나 '집정관'으로 번역되고 있는데, 이 글에서는 요즈음의 추세에 맞추어 평의회나 '평의원'으로 번역하였다. 평의회는 이미 로마 시대에서부터 있었다. 그러나 중세 코뮌의 평의회는 로마와 유사한 것이 아니라, 완전히 새로운 것이었다. (Hyde, 63) 중세 평의회에 대한 본격적인 연구가 아직 없다. 로마에서부터 중세 코뮌을 거쳐 20세기 소련과 서구 유럽의 평의회 코뮤니즘에 이르기까지 평의회에 대한 체계적인 연구가 필요하다.
25. 에디트 엔넨, 『도시로 본 중세유럽』, 1997, 203쪽.
26. 앙리 피렌느, 『중세 유럽의 도시』, 1997, 146쪽.

자신들의 권리를 확보하는 데에 활용하였다. 밀라노 시민들은 주교로부터 '평의원consul'을 임명하는 동의를 얻어내었다. 이는 밀라노시를 통치하는 행정관을 시민들 스스로 선출한 것이었다. 밀라노에서는 아직 평의원이란 표현만 나오고, 코뮌이란 표현은 1068년 루카Lucques의 "코뮌 법정curtis communalis"에서 처음 발견된다.

이렇게 11세기 중반에 북이탈리아에서 처음 시작된 코뮌 운동은 북프랑스와 플랑드르로 전파되었다. 특히 북프랑스에서 코뮌 운동은 혁명적인 성격을 띠었다. 1070년 프랑스의 르망Les Mans시는 "코뮤니오communio라고 불리는 결사체가 결성되었다"[27]라고 선언하였다. 다음으로 1077년 캉브레 시에서 시민들이 봉기하여 성문을 점거하고 '코뮌'을 선언하였다(피렌, 148). 이 코뮌 운동은 북프랑스 도시 대부분으로 확산되어 생-캉탱, 보베, 느와용, 랑, 아미앵 등에서 코뮌이 설립되었다. 북프랑스 다음으로 코뮌이 확산된 지역은 "라인강 유역의 주교 도시들, 특히 보름스(1073), 쾰른(1074), 마인츠(1077)"이고, 그다음 지역은 플랑드르와 잉글랜드의 도시들이다. 플랑드르의 도시들, 브뤼헤, 겐트, 생토메르는 1127~1128년에 코뮌 운동이 전개되고, 잉글랜드는 훨씬 뒤인 1190년경에야 비로소 런던을 정점으로 코뮌이 관철되었다.[28] 코뮌 운동은 1050년경부터 적어도 1250년까지 거의 200년 정도의 시간적 범위에 걸쳐 진행된 장기적인 역사적 운동이었으며, 유럽 중세

• • •

27. 에디트 엔넨, 『도시로 본 중세유럽』, 1997, 158쪽.
28. 크누트 슐츠, 『중세 유럽의 코뮌 운동과 시민의 형성』, 박홍식 옮김, 도서출판길, 2013, 24~27쪽.

에 근본적인 사회적 변화를 가져온 역사적 사건이었다.

　코뮌 운동의 목적은 봉건 영주의 간섭과 지배에서 벗어나 도시를 시민들이 스스로 통치하려는 데에 있었다. 그런데 현재까지 서구의 중세 도시 연구에서는 자치권의 획득이 주로 봉건 영주의 간섭에서 벗어난다는 측면에서만 이루어져 왔는데,[29] 이로부터 더 나아가, 자치권을 얻어낸 시민들이 어떤 형태의 정치 조직을 구성했는지에 주목해 볼 필요가 있다. 봉건 영주를 대신하여 도시의 상부 계층이 새로운 지배자로 군림하게 된 것인가, 아니면 시민들이 민주적인 정치 조직을 만들어내려 했던 것인가? 1127년 생토메르에 부여된 특허장은 "도시를 모든 주민에게 적용되는 특별법과 시 평의회 법정 및 완전한 도시 자치를 갖춘 하나의 특별한 법적 영토로 인정하고 있다."[30] 이 특허장에 "평의회 법정"이라는 표현이 명시되어 있는데, 이는 생토메르에 이미 평의회가 자치적인 도시 정치 조직으로 시민들에 의해 만들어져 있었다는 것을 의미한다. 시민들은 평의원을 대표로 선출하여 이들이 도시를 통치하게 하였다. 봉건 영주의 지배하에서 도시 관리들이 영주에 의해 임명되어왔던 것을 뒤로 하고, 마침내 도시를 통치하는 평의원이 시민들에 의해 직접 선출되게 된 것이다. 중세 코뮌의 평의회는 시민들에 의해 선출된 민주적인 자치 정부라 할 수 있다. 그리고 평의회의 의원들은 종신직이 아니었고, 임기가 있었

• • •

29. 강일휴, 「중세도시사 연구의 시각과 쟁점」, 도시사연구회 엮음, 『공간 속의 시간』, 심산, 2007, 72~76쪽.

30. 앙리 피렌느, 『중세 유럽의 도시』, 1997, 158쪽.

다. 제노바에서는 1099년 '콤파냐Compagna'로 불렸던 코뮌이 조직되었는데, 평의회가 3년 임기의 평의원 6명으로 구성되었다.[31]

그런데 평의원이 아무나 될 수 있는 것은 아니었다. 앞서 길드 부분에서 언급되었듯이, 피렌체에서는 대길드에 속하는 "대시민popolo grosso"만이 평의원이 될 수 있었다. 중세 도시는 4개의 사회계층 구조로 이루어져 있었다. 가장 상층에는 귀족이나 주교가 있었고, 그다음으로는 대길드의 장인들과 같이 막대한 부를 쌓은 부호들이 상층에 위치하였다. 이 부호들은 "포폴로 그로소popolo grosso라 불렸다. 그 밑에는 하급 기술자를 포함해 단순 노동자들로 구성된 "포폴로 미누토popolo minuto"가 자리하고 있었다. 그리고 맨 하층에는 빈민과 노예들이 있었다.[32] 여기서 귀족이나 주교는 봉건적 세력이었고, 나머지 3계층이 시민에 속하는 계층들이었다. 그중에서 시민들 가운데 상층부에 위치한 대시민들만이 평의원이 될 수 있었고, 이는 다른 계층들은 평의회에 직접적으로 참여할 수 없었다는 것을 의미하는데, 시민들 내의 다양한 계층들에 의해 구성되지 않았다. 이 점은 민주주의적 대표성의 관점에서 문제가 제기될 수 있는 점이다. 엔넨이 지적하고 있듯이, 1100년경 상인들, 즉 대시민들은 "부유하고 현명하고 권세 있는 유력자optimi, prudentiores, meliores"[33]였다. 그렇다고 해서 이들이 지배계급이었다는

• • •

31. 에디트 엔넨 『도시로 본 중세유럽』, 1997, 170쪽.
32. 양정무, 『미술이야기 5 — 이탈리아 르네상스 문명과 미술』, 사회평론, 2016, 34~35쪽.
33. 에디트 엔넨, 『도시로 본 중세유럽』, 1997, 152쪽.

것은 아니고, 이들이 시민들 전체를 주도하는 사람들, 그람시적 의미에서 헤게모니 세력이었다. 이들이 코뮌 운동을 앞에 서서 이끌었고, 다른 시민 계층들은 이들의 지도하에 코뮌 운동에 참여하였다.

코뮌과 평의회를 여전히 봉건주의의 틀 안에서 보려고 하는 이론들도 적지 않지만, 그리고 이에 대한 연구들이 더 상세하게 진행될 필요가 있지만, 현재까지의 연구들만으로도 중세의 코뮌은 중세적인 질서를 벗어나는 우리가 '현대적'이라고 부르는 새로운 도시와 사회 질서의 출현으로 보는 것은 상당히 강한 설득력을 갖는다. 서구 도시 역사의 대부라 할 루이스 멈포드의 다음과 같은 언급이 이를 잘 보여주고 있다.

중세 도시는 전시대의 어느 도시문화도 이루지 못한 것을 성취하였다. 역사상 처음으로 도시 주민의 대다수가 자유민이 되었으니, 유대인과 같은 특별한 집단을 제외하면, 도시 거주자는 곧 시민과 동의어가 되었다. 외부적 통제는 각각의 조합과 협동체의 구성원들 간에 실행된 자율규제와 자율준법을 포함한 내부적 통제로 바뀌었다. 지배dominium와 공동체communitas가 서로 용해되었다. (…) 이것은 위대한 성취였다.[34]

평의회와 코뮌에 대한 논의는 없지만, 멈포드는 중세 도시가

•••
34. 루이스 멈포드, 『역사속의 도시』, 김영기 옮김, 명보문화사, 1990, 336쪽.

현대 사회의 역사적 출현이었음을 통찰하고 있었다. 그리고 그에게 중세 도시는 "역사상 처음으로" 만인이 자유로운 세상이 열리는 "위대한 성취"였다.

5. 중세 도시의 사회철학적 해석

1) 중세 도시는 현대 사회의 역사적 원형

고대 로마의 노예들은 스파르타쿠스를 따라 새로운 자유의 땅을 찾아 떠났다. 그러나 그 자유의 땅은 없었다. 그런데 중세의 노예들에게는 그 자유의 땅이 있었다. 바로 중세 도시였다. "도시의 공기는 자유를 숨 쉬게 해준다." 12세기 초 로리스 헌장 18조는 "그의 도망에 대해서 아무도 이의를 제기하지 않고 1년 이상 도시에서 거주한 자는 앞으로도 계속 자유롭고 누구의 방해도 받지 않은 채 도시에 머물 수 있다."[35]라고 명시하였고 이후 다른 모든 도시들의 도시법들에도 명문화되었다. 도주한 농노들을 둘러싸고 영주와 도시 간에 법정 소송, 심지어는 전쟁이 벌어지기까지 했다. 이 농노해방은 이런 고통스러운 갈등 과정을 겪은 뒤에 영주로부터 얻어낸 것이었다. 중세 도시는 그 안에 사는 모든 사람에게 자유를 보장하는 자유의 도시였다. 농촌에서 도망 온

• • •

35. 에디트 엔넨, 『도시로 본 중세유럽』, 1997, 154쪽.

농노들이 신분적 예속에서 해방되어 자유인이 된 것이다. 이 새로운 자유의 땅이었던 중세 도시는 인류 역사상 아직 없었던 완전히 새로운 신세계가 열린 것이다. 그리고 그 주인공은 농노의 예속적 신분에서 벗어나 자유를 획득한 도시의 시민들, 부르주아들이었다. 5천 년 전 인류의 역사가 시작된 이래로 인간 사회가 소수의 특권적 지배계급과 인구의 다수를 차지하는 피지배계급 — 주인과 노예의 관계 — 으로 나뉘어 있었다면, 이 중세 도시는 이와는 다른 모든 사람이 자유로운 사회가 출현한 것이다. 만인이 자유인, 자유로운 시민이 되고, 이들이 스스로 정부(국가)를 만들어 스스로를 통치하는 민주주의 사회가 역사상 처음으로 출현하였다. 주지하다시피 헤겔은 "주인과 노예의 변증법"을 통해서 주인과 노예 사이의 지배 관계로부터 인간들의 상호 인정으로의 이행을 이전 사회로부터 현대 사회의 근본적 차별성으로 설파하였다. 그런데 이 현대 사회로의 이행의 시작점이 헤겔에게서는 아직 분명하지 않았다. 그 시작점이 바로 중세 도시였던 것이다. 모든 사람이 자유롭고 평등한 세상이 — 이것을 우리는 당연한 것으로 여기고 있지만 — 출현한 것이고, 길어야 겨우 천 년도 안 되었다. 인류 역사를 5천 년이라 할 때, 짧은 시간에 불과하다. 4천 년간의 기나긴 노예의 역사를 뒤로하고, 모든 사람이 자유로운 역사적 시대가 열린 것이다. 그래서 중세 도시는 멈포드의 묘사처럼, "위대한 성취"였다.

여기에서 다음과 같은 더 근본적인 물음이 제기된다. 무려 4천 년간이나 다수의 인간이 노예 상태 속에서 살아왔는데, 어떻게 중세 도시에 이르러 모든 사람이 자유로운 새로운 시대가 열리게 되었는가? 무엇이 만인의 자유를 가능케 하였는가? 이 물음에 대한 답은 아담 스미스가 그 실마리를 제시하고 있다. 아담 스미스는 인류의 경제적, 사회적 발전을 수렵, 목축, 농업, 상업의 역사적 4단계로 구별하였다. 스미스는 가장 높은 단계인 상업적 단계는 직접적인 경제적 수행자들의 자유와 권리를 증대시켰다고 보았다. 봉건적 농촌에서 농민이 영주에 의해 수탈되었다면, 상업적 도시에서는 영주의 속박에서 벗어나 "근로의 성과를 누릴 수 있도록 보장되어 있었다."[36] 도시에서는 상인들이 벌어들인 돈이 그의 소유가 되었다.[37] 이를 통해 물질적 부를 축적하려는 욕망이 분출되었고, "이탈리아의 여러 도시는 유럽에서 처음으로 상업에 의해 상당한 부에 도달하였다."[38]

앞에서 보았듯이, 중세 도시는 원격 해상무역을 위시하여 상업이 발전하면서 형성된 상업 도시였다. 이 상업을 토대로 하여 중세 도시는 자유로운 시민의 도시가 될 수 있었다. 그런데 중세 도시만이 아니라 상업의 발전도 역사적으로 "위대한 성취"라 할 수 있다. 5천 년 전 메소포타미아에서 처음으로 문명이 발생했던 것은 농업이 산업적 기반이었다. 이후 중세 장원경제에 이르기까지 4천 년이란 긴 시간 동안 경제적 생산력은 농업에 기반을

• • •

36. 아담 스미스, 『국부론』, 유인호 옮김, 동서문화사, 2017, 413쪽.
37. 현대적 소유 개념의 기초인 존 로크의 "노동에 의한 소유"의 역사적 맹아라 할 수 있다.
38. 아담 스미스, 『국부론』, 2017, 414쪽.

둔 것이었다. 그러던 것이 12세기에 이르러 지배적인 경제적 생산력이 농업으로부터 상업으로의 대전환이 일어난 것이다. 18세기의 산업혁명보다 먼저 이 상업으로의 대전환부터 산업혁명이라 지칭하여야 마땅한 것이었다. 이 상업혁명이 중세 도시의 출현이란 도시 혁명을 가져왔고, 인간의 보편적 자유의 시대가 열리게 되었기 때문이다. 18세기의 산업혁명은 기계의 도입을 통해 공업이 경제적 생산력의 토대가 되는 시대를 열었다. 이후에는 공업이 경제를 비약적으로 성장시키는 지배적인 경제적 생산력이 되었지만, 그 이전에는 수공업의 형태에 머물러 있던 공업은 부의 창출의 원천이 되지 못하였다. 막대한 부의 실현은 상업이 가져다주었고, 도시의 부호들은 예외 없이 '대상인들'이었고, 수공업자들은 계층적으로 포폴로 미누토에 속했다. 12세기의 상업혁명이야말로 농업에서 상업으로의, 전통적인 사회로부터 현대적인 사회로의 역사적 전환을 추동한 대사건이라 할 수 있고, 그런 점에서 18세기의 산업혁명보다 더 역사적인 의의가 크다.

2) 개인의 출현 — 인간의 존재 방식의 혁명

혁명은 정치와 경제에서만 일어나는 것이 아니다. 인간 자신의 존재 방식에서도 혁명이 일어난다. 상인으로부터 비롯된 부르주아의 출현은 예속된 농노로부터 자유로운 시민의 등장이란 인간 해방을 가져왔다. 그런데 이 중세 도시에서 인간의 신분적 전환은 더 심층적으로 인간에 대한 존재론적인 수준으로까지 들어가야 한다. 이 글 서론에서 이미 암시했듯이, 중세 시민의 출현은 역사적으로 이전과는 전혀 다른 인간의 출현이다. 중세 시민은 "'새로운 시대'에 완전히 '새로운 인류'가 등장한"[39] 것이고, '신인간homines novi'[40]이다. 그리고 이 신인간이 바로 현대인이고, 현대인은 모든 예속에서 해방된 자유인이다.

신인간이라 할 때, 어떤 점에서 인간이 새로워졌다는 것일까? 우선 일차적으로 인간이 자유인이 되었다는 것이다. 그런데 이보다 더 근본적인 변화라 할 수 있는데, 인간이 처음으로 개인이 되었다는 것이다. 현대인인 우리에게 인간이 개인이라는 것은 아주 당연한 것이지만, 인간이 개인으로 존재하게 된 것은 중세 도시에서부터이다.[41] 인간은 중세 도시 이전에는 동서양 어디를 막론하고 아직 개인이 아니었다. 중세 농촌의 농노들은 공동체 속에서 독립성을 갖지 못한 한 부분에 불과하였고, 공동체 내에서 자신에게 부여된 일을 맡아 해야 했을 뿐이고, 다른 선택의 여지나 자유의지와 같은 것은 있을 수 없었다. 이에 비해 이 농노가 농촌에서 도망쳐 도시에 왔을 때, 그는 혈혈단신이었고, 이제 낯선 도시 세계에서 모든 것을 혼자서 헤쳐나가야 했다. 그는 도시 속에서

• • •

39. 양정무, 『미술이야기 6 ― 초기 자본주의와 르네상스의 확산』, 사회평론, (2020), 41쪽.
40. 에디트 엔넨, 『도시로 본 중세유럽』, 1997, 171쪽.
41. 서구의 역사에서 개인의 출현은 15세기 르네상스 시대로 잡는 것이 통례였다. 그런데 최근 들어 더 거슬러 올라가 12세기 중세 도시에서 출현하였다는 주장들이 대두되고 있다. (Morris, 5) 12세기는 "개인이 자유로워지고 해방된 시대이다." (Ullmann, 6)

단독자가 되었다. 이 단독자로서의 개인이 시민의 일차적 존재 방식이다. 이 개인 앞에는 모든 것이 열려 있다. 개인은 자신의 꿈의 실현에 대한 희망에 차 있다. 그러나 다른 한편으로는 이 꿈이 실현될 수 있을지의 불확실성, 즉 두려움에 사로잡혀 있다. 이 희망과 두려움이 개인으로서 현대인의 존재 방식의 긍정성과 부정성이다. 개인으로서 한 인간이 자신이 성취하고 싶은 것을 실현하고자 하는 열망이 이후 르네상스 시대에 개인의 전인적 자아실현으로 개념화되어 현대 사회 속에서 인간의 이상으로 설정되었다. 이런 자아실현의 이념은 르네상스보다 전에 이미 중세 도시민들의 인생 경로로 추구되었다. 장인 밑에 들어가 도제가 되어 일을 배우고, 직인이 되어 능력과 경력을 쌓고 마침내 장인의 지위에 올라서는 실현의 과정이었다.[42]

이런 신분 상승의 인생 경로를 보여주는 흥미로운 기록이 있다. 농촌을 떠난 농노들은 일자리를 찾아 이 도시 저 도시 유랑 생활을 한다. 그런 유랑인의 한 사람인 핀체일의 성 고드릭St. Godric de Finchale은 행상이 되어 이곳저곳을 돌아다니다가 만나게 된 일단의 대상에 합류한다. 그는 동료들과 조합을 결성하고, 잉글랜드와 플랑드르 해안에서 해상무역에도 참여할 정도로 성장한다. 이 조합은 크게 번창하여 고드릭은 마침내 대상인이 되어 막대한

• • •

42. 인간이 개인이 되었다는 것은 자신의 인생을 전적으로 자신의 책임져야 한다는 것을 의미한다. 일이 잘 풀리면 '성공한 인생'을 맞이할 수 있으나, 그렇지 않으면 반대로 생존 자체가 위협에 처할 수 있다. 조르조 아감벤의 표현대로 "호모 사케르(벌거벗은 생명)"로 내버려질 수 있다. 이 생존 자체의 위협이 오늘날 눈앞에 벌어지고 있다.

재산을 벌어들이게 되었다. 그런데 세속적으로 모든 것을 성취한 뒤에 그는 신의 은총을 받아 종교에 귀의하여 수도사가 되었다.[43] 이런 농노에서 자유인이 된 시민이 신분 상승하는 최고의 사례가 바로 메디치가라 할 수 있다. 메디치라는 이름을 보면 메디치가의 조상은 의약품을 판매하는 상인이었을 것이다. 이런 상인이 상업과 금융업을 통해 피렌체와 유럽 최고의 부호가 되고, 나아가 군주와 교황의 가문으로까지 상승한 것이다. 평민이 왕이 된 것이다.

이렇게 사업에 성공한 대시민들이 앞에서 언급했던 "부유하고 현명하고 권세 있는 유력자"가 되었는데, 이들은 경제와 정치에서의 세속적인 성취에 만족하지 않고, 정신적인 내면세계의 수양에 정진한다. 이 노력이 인문학과 예술의 발전으로 이어지고, 라틴과 그리스 고전을 만나면서 르네상스를 꽃피우게 되었다. 메디치가는 학자와 예술가들을 재정적으로 후원한 것만이 아니라, 그 스스로 인문학에 대단히 조예가 깊었다. 당대 플라톤 철학의 대가인 마르실리오 피치노가 "플라톤 철학에 관한 한 스스로 코시모의 정신적 아들"[44]이라고 치켜세울 정도였다.

이후 서구 사회는 개인이 기본적으로 자신의 삶을 추구하는 사회로 발전해왔다. 따라서 서구의 현대 사회철학에서도 사회를 이론적으로 해명하는 데에 있어서 당연히 개인이 출발점이 되어

• • •

43. 앙리 피렌느, 『중세 유럽의 도시』, 1997, 101f.
44. 야코프 부르크하르트, 『이탈리아 르네상스의 문화』, 이기숙 옮김, 한길사, 2003, 292쪽.

왔다. 현대 사회철학의 최초의 사상가인 토마스 홉스는 개인의 자기보존을 출발점으로 하여 강력한 국가의 필요성으로 귀결되는 그의 사회이론을 전개시키고 있다. 이후 존 로크, 스피노자, 몽테스키외, 루소 등도 자신들의 사회이론에서 개인을 출발점으로 삼고 있다. 라이프니츠에게 있어서는 개인이 모나드라는 개념으로 표현되고 있고, 칸트와 헤겔의 독일 관념론에서는 자기 의식으로 제시되고 있다. 지금까지 대체적으로 간과되어왔지만, 칼 맑스도 역사적 유물론을 개인에서부터 시작하고 있다. "모든 인간 역사의 첫 번째 전제는 당연히 살아있는 인간 개인의 현존이다."[45] 그리고 코뮤니즘의 사회 정치적 원리도 자유로운 개인들이 만들어내는 자유로운 연합으로 제시되고 있다. 나아가 그는 코뮤니즘적 인간형을 그의 전 저작에 걸쳐서 "개인의 전면적 실현"[46]으로 제시하고 있다. 『경제철학 초고』의 중심 개념인 유적 존재Gattungswesen도 개인의 전면적 실현, 즉 전인을 의미한다. 이렇게 칼 맑스에게 있어서도 개인의 자기실현이 이론의 근저에 놓여 있다.

지금까지 서양 철학은 일반적으로 고중세 철학으로부터 근현대 철학으로의 역사적 발전을 신 중심적인 초월적 세계관으로부터 인간과 이성 중심적인 현세적 세계관으로의 전환으로 특징지어 왔다. 그런데 이러한 구분에 지금까지 시야에 들어오지 못한 한 가지를 더 부가해야 한다. 바로 보편에서 개별로의 전환이다. 중세 도시에서 개인이 출현하였고, 이후 개인을 기본 세포로 하여

• • •

45. 칼 맑스·프리드리히 엥겔스, 『독일 이데올로기』 1권, (2019), 49쪽.
46. 같은 책, 574쪽.

근현대 사회가 발전해왔는데, 이는 서양 형이상학의 중심 개념의 하나인 개별과 보편의 관계에도 변화를 가져왔다. 고중세 시대에는 보편이 개별에 대해 우위에 있었다. 플라톤은 선의 이데아가 참된 실재이고 개별자는 이 이데아의 모방에 불과한 것으로 설파하였다. 고중세 기독교는 개별자인 인간들은 보편자인 신의 뜻을 따르는 것이 마땅하다는 보편주의에 입각해 있었다. 중세 후기에 들어서서 보편과 개별 사이의 관계에 변화가 나타나기 시작하였다. 그 결정적인 사건이 바로 보편 논쟁이다. 유명론자인 둔스 스코투스는 현존하는 것은 개별적인 것이고, 오직 개별들만이 존재하고, 보편은 실재하는 것이 아니라, 명목일 뿐이라고 주장하였다.[47] 이 유명론은 보편에 대한 개별의 우위로의 존재론적 전환을 세상에 알리는 결정적인 사건이었고, 천동설에서 지동설로의 코페르니쿠스적 전환에 비견되는 것이다.

3) 중세 코뮌과 코뮤니즘

칼 맑스가 파리 코뮌은 중세 코뮌과 다르다고 하였지만 그가 코뮤니즘의 사회적 구성의 원리로 제시한 "자유로운 개인들의 자유로운 연합"은 중세 코뮌에서 비롯되었다. 그렇지만 중세 코뮌이 코뮤니즘의 역사적 기원이라 붙인 이 논문의 제목은 반은 맞고 반은 틀리다. 중세 코뮌은 칼 맑스가 구상했던 코뮤니즘

• • •

47. Rüdiger Safranski (2021), Einzeln sein: Eine philosophische Herausforderung, München, Carl Hanser Verlag, p. 21.

만의 원천이 아니라, 더 폭넓게 현대 사회의 역사적 기원이다. 이 중세 코뮨은 중세라는 시대적 수사가 앞에 붙어 있지만, 중세적이지 않다. 그것은 중세 안에서 태동한 탈중세적인 경향이자 현대의 여명이다. 막스 베버나 여러 도시 역사학자들이 이미 중세 도시를 현대 사회의 역사적 기원으로 보고 있는데, 좀 더 정확히 말하면, 이들은 현대 사회를 자본주의로만 이해하고 있기 때문에, 중세 도시를 현대 자본주의 내지 부르주아 사회의 기원으로만 간주한다. 그러나 중세 코뮨은 자본주의나 코뮤니즘의 어느 한쪽만의 역사적 기원인 것이 아니라, 그러한 구분이 발생하기 이전의 현대 사회의 역사적 원형이다.

중세 코뮨은 자유로운 개인들이 자신들의 자유를 적극적으로 실현하기 위해 다른 사람들과 자유로이 연합하는 데에서 출현하였다. 이후 현대 사회의 역사적 발전 과정 속에서 이 자개자연의 원리는 여러 사회 이론에 의해 현대 사회의 기본 이념으로 추구되어왔다. 홉스나 헤겔처럼 민주주의에 반대하는 철학자들이 아니라, 민주주의를 지향하는 철학자들은 자개자연을 자신의 이론 속에서 구체화하려고 하였다. 존 로크에 의해 정식화된 정치적 자유주의도 자개자연을 담아내려는 것이었다. 그런데 자본주의의 발전은 노동자들이라는 사회적 다수의 개인들의 자유가 침해되는 결과를 초래했고, 자유주의가 자본주의의 이데올로기로 전락하게 되고, 자유주의는 개인의 자유를 표방하면서, 실제로는 다수의 자유를 침해하는 이데올로기로 비판된다. 그리고 자유주의에 의해 손상된 자개자연의 원리를 다시 되살리려는 것이 칼 맑스의 코뮤니즘이다.

그러나 20세기 서구에서의 코뮤니즘은 자개자연의 원리에 의해 건설되지 못하였다. 자유로운 개인이 코뮤니즘의 기초라는 것이 간과되었다. 소비에트와 당의 선택의 기로에서 소련은 자개자연의 원리에 부합되는 소비에트가 무력화되고, 당 독재가 전면화되었다. 노동자는 주체가 아니라, 당의 명령에 따르는 객체가 되었다. 한마디로 말해 자유로운 개인이 존재하지 않았다. 소련의 '사회주의' 경제는 노동자들이 형식적으로는 주인으로 되어 있으나, 실제적으로는 주인이 되지 못하였다. 형식적으로는 모든 인민이 주인으로 선언되었으나, 실제적으로는 아무도 주인이 아니었다. 말 그대로 '무주공산', 주인이 없는 공산주의였던 것이다. 생산수단의 사회화와 국유화를 '과학적 사회주의'로 보고, 협동조합 등 다른 방식들은 '공상적 사회주의'로 폄하했던 구분이 근본적으로 재고되어야 한다. 자유로운 개인들의 연합이란 원칙에 입각해서 볼 때, 거시적이고 미시적인 차원에 걸쳐 다양한 형태의 코뮌 모델이 가능한 것이다. 코뮤니즘은 주어져 있는 사회 현실 속에서 더 많은 개인들이 더 많은 자유를 실현할 수 있도록 추구하는 운동 속에 존재한다.

그렇다고 해서 20세기 서구 유럽에 자개자연의 원리에 부합되는 코뮤니즘이 없었던 것이 아니다. 20세기 후반기에 동유럽에서 스탈린주의와 소련식 국가주의 시스템을 비판하는 사회주의 개혁의 여러 시도들이 있었다. "프라하의 봄"으로 알려져 있는 체코의 "인간의 얼굴을 한 사회주의"와 유고슬라비아의 "자주관리 사회주의"였다. 체코의 개혁 사회주의는 주권을 당으로부터 인민에게 넘기는 민주적 사회주의를 추구하였고, 유고의 자주관리 사회주의는 공장을 국가와 당의 지시에서 벗어나 노동자들이 직접 경영한다는 원칙을 표방하였다. 유고의 자주관리 사회주의는 서구 유럽에도 크게 영향을 미쳐 "평의회 코뮤니즘" 운동으로 전개되었다.

최근 들어 볼로냐 협동조합이 세계적으로 관심의 대상이 되고 있는데, 자유로운 개인들의 연합이란 코뮨의 원리에 부합되는 모델이라는 점에서 주목할 만한 가치가 있다. 이탈리아 북동부 지역을 1970년대 이후 "제3 이탈리아"라고 부르게 되었는데, 이 지역은 포드주의의 한계의 극복하는 새로운 포스트포드주의 생산 방식으로 높이 평가되고 있다. 이 지역의 새로운 산업화를 어떤 사회학자는 "현재의 공장 체계보다 더 유토피아적인 어떤 것이 마침내 실현되었다"[48]라고 평가할 정도이며, 지역 주민과 기업과 지방정부 사이의 호혜적 협력, 즉 지역적 유대가 잘 이루어져 있다고 한다. 특히 제3 이탈리아 지역의 한 주인 에밀리아–로마냐의 주도인 볼로냐는 협동조합 도시로서 "세계 협동조합의 수도"라는 별명을 얻고 있다. 건설, 유통 등 주요 산업이 대기업이 아니라 협동조합의 형태로 조직되어 있을 뿐만 아니라, 협동조합 하면 경제적 효율성이 떨어지는 영세 산업이란 이미지를 넘어 경제적 효율성이 높을 뿐만 아니라, 그 성과가 지역 조합원들에게 돌아가

• • •
48. 크리샨 쿠마르, 『탈산업사회에서 포스트모던 사회로 — 현대 사회의 새로운 이론들』, 2012, 123쪽.

는 대규모의 신산업의 면모를 보이고 있다. 에밀리아—로마냐
주는 이탈리아에서 시칠리아 다음으로 가난한 주에서 두 번째로
부유한 주로 변신하였다. 이 제3 이탈리아가 세계 다른 지역에도
적용될 수 있는 일반성이 있는지, 이탈리아에서만 가능한 특수한
모델인지에서부터 많은 논의가 필요로 하지만, 자유로운 개인들
에 의해 결성되는 자유로운 공동체라는 코뮌의 원리에 의거하고
있다는 점에서 대안적 관점에서 새로이 주목해 볼 필요가 있다.[49]

6. 중세 코뮌 — 도시사에서 가장 결정적인 도시혁명

"12세기에 무슨 일이 일어났는가?" 앙리 르페브르가 『공간의
생산』의 중세 도시에 대해 논하는 부분에서 던지고 있는 물음이다.
이 물음은 뭔가 굉장한 일이 벌어졌다는 생각이 들 때 던지게
되는 물음이다. 르페브르는 12세기에 "현대 시대를 열게 될 '요소
들'이 서서히 마련되기 시작했다"는 역사가들의 의견을 인용하면
서, 이를 "굉장한 '서스펜스!'"라고 묘사하고 있다. 그는 12세기
중세 도시들의 부상을 "사회의 전반적인 상태를 전복하는 도시혁
명"으로 평가하고 있다. 이 도시 혁명을 통해 중세 도시 공간은
"지하 '세계'의 불길한 유토피아에 대항해서 행운을 가져다주는
환하게 빛나는 유토피아"를 창출한다. "새로운 공간은 빛으로

• • •
49. 이성백, 「공동체사회론의 철학적 재성찰」, 류보선 외, 『서울의 인문학 —
　　도시를 읽는 12가지 시선』, 2016, 창비.

환하게 빛남으로써, 높이 솟아오름으로써, 예전 공간으로부터 해방된다."[50] 이렇게 르페브르는 중세와 현대를 어둠의 세계와 빛의 세계로 대비시키면서, 중세 도시에서부터 시작된 현대 세계를 이전 시대와 완전히 다른 새로운 세상이 열린 것으로 보고 있는 것이다.

"12세기에 무슨 일이 일어났는가?"라는 르페브르의 물음은 필자의 물음이기도 하다. 파리 코뮌의 역사적 기원이 중세 코뮌이 아닐까라는 것을 확인해 보려고 시작된 연구는 들어가면 갈수록 더 근본적인 문제들로 확대되고, 지금까지 서구의 역사 속에서 별로 조명을 받지 못했던 중세 코뮌이 보면 볼수록 굉장한 역사적 대사건이라는 생각이, 그리고 나아가 중세 코뮌이 현대 사회에 대한 연구도 더 심층적으로 재성찰하게 만든다는 생각이 점점 더 강하게 들었기 때문이다. 이 논문은 중세 코뮌에 대한 아직 시론적인 수준의 연구에 불과하지만, 이미 여러 문제에 있어서 서구 학계의 기존의 정설화된 해석에서 벗어나는 다른 관점들을 쟁점들로 제시하였다. 이미 이에 대해서는 위에서 언급하였기 때문에 여기에서 다시 요약하지 않을 것이다. 다만 한 가지만 다시 언급하자면, 아테네가 민주주의의 역사적 원천이라는 것은 현대 서구에게는 너무나 당연한 것이었다. 그런데 아테네가 아니라 피렌체가 현대 서구의 친부라는 주장은 이런 서구의 역사적 확신에 이의를 제기하고 있는 것이다. 중세 코뮌에 대한 연구가

• • •
50. 앙리 르페브르, 『공간의 생산』, 양영란 옮김, 에코리브르, 2011, 376~378쪽.

이렇게 여러 측면에 걸쳐서 서구 사회에 대한 지금까지의 해석과는 다른 관점들을 제시하는 것처럼 보이기 때문에, 과연 필자가 중세 도시에 대해 본 것이 맞는 것인지 아닌지라는 물음을 떨칠 수가 없었다. 그래서 필자는 서구의 학자들 가운데 중세 도시에 대해 언급한 학자들이 없는지 찾아보았다. 그런데 놀랍게도 서구 현대 사회에 대한 이론적 고찰에 있어서 중세 도시를 처음 언급한 학자는 아담 스미스였다.[51] 스미스와 도시 연구의 대가들인 루이스 멈포드와 앙리 르페브르도 중세 도시를 12세기의 위대한 도시혁명으로 평가하고 있다. 이들의 평가는 앞으로 중세 도시의 본격적인 연구에 큰 힘을 실어준다고 할 수 있다.

포스트모던 지리학을 대표하는 에드워드 소자는 그의 주저 『포스트메트로폴리스』에서 도시의 역사를 도시의 획기적인 전환에 주목하여 4단계의 도시혁명으로 구분하면서 그전까지의 도시사의 단계를 수정하고 있다. 루이스 멈포드의 『역사 속의 도시』에서는 메소포타미아의 우르가 역사상 최초의 도시로 제시되고 있다. 그런데 영국의 고고학자인 제임스 멜라트는 1950년대 말부터 터키 아나톨리아 고원에 위치한 차탈 휘위크를 발굴하는 프로

• • •

51. 이는 스미스 이전에는 현대 서구가 자신의 전신인 중세 도시에 대해서는 아무것도 몰랐다는 것을 의미한다. 로크와 루소의 사회이론에는 멀리 떨어져 있는 아메리카 원주민에 대한 언급은 나오지만, 정작 중세 도시에 대한 언급은 없다. 만일 이들에게 중세 도시가 알려져 있었더라면, 사회계약론은 자연 상태란 가설을 넘어서서 현실에 근접한 사회이론이 될 수 있었을 것이다. 길드 결성과 코뮌 선언에 있어서의 서약 행위는 사회계약론의 원형이라 할 수 있다.

젝트를 진행하였고, 도시학계에 논쟁이 벌어졌다. 소자는 이 결과를 수용하여 최초의 도시를 우르에서 거의 오천 년이나 더 앞선 차탈 휘위크로 소급해간다. 그래서 차탈 휘위크가 1차 도시혁명이 되고, 우르는 2차 도시혁명이 된다. 그런데 다음으로 소자는 시간을 훌쩍 뛰어넘어 산업혁명 이후 본격화된 현대 산업 메트로폴리스를 3차 도시혁명으로 놓고, 1960년대 벌어진 위기 속에서의 도시의 변화들을 4차 도시혁명으로 구분하고 있다. 소자의 관심이 고대 도시 쪽에 있었기 때문에, 중세 도시에 대해서는 아무런 고찰이 없다. 르페브르의 표현대로 12세기가 도시혁명이라면, 이제 소자의 도시의 역사 구분에 중세 도시를 도시혁명의 세 번째 단계로 끼워 넣어야 한다.

1960년대 서구에서 이른바 도시혁명으로 묘사되는 대대적인 사회적 변화들이 전개되고, 이는 도시 연구의 르네상스를 가져왔다. 그런 흐름 속에서 도시의 역사적 연구도 활기를 띠고 있다. 중세 도시에 대한 연구도 어느 정도 흐름을 타고 있지만, 앞으로 본격적으로 탐험이 이루어져야 할 신대륙과 같다. 중세 도시에 대한 연구가 제대로 이루어지기 위해서는 역사학적 연구에 정치, 경제, 사회학, 철학이 가세하는 학제 간 융합연구가 필요한 것으로 보인다.

이미라

서울대학교를 졸업하고, 생계형 직장생활을 하다가, 사회 민주주의 체제에서 한번 살아보고 싶어서 북유럽의 한 국가에 잠시 머물다가, 50대 중반의 나이에 서울시립대 대학원 철학과에 입학하여 발리바르의 이데올로기 개념으로 석사학위를 받고 동 대학원에서 박사 수료 후, 현재 연희궁 지4호에서 건강하게 먹고 걸으면서 랑시에르의 정치철학을 연구 주제로 학위 논문 집필 중이다.

박영균

정치 사회철학을 전공했으며 현재 건국대 대학원 통일인문학과 교수로 재직 중이다. 이성백 선생님과는 귀국해서 소비에트철학을 발표한 한국철학사상 연구회에서 만났으며 맑스주의를 중심으로 현대 정치철학과 도시 공간학 등을 화두 삼아 평생의 스승이자 학문적 벗으로 삶을 나누어왔다.

신재성

서울시립대에서 철학과 박사과정을 수료했다. 논문으로는 「헤겔의 시민사회·국가론의 재고찰」, 「스피노자의 정치이론: 시민사회와 국가의 관계를 중심으로」 등이 있고, 옮긴 책으로는 『탈산업사회에서 포스트모던사회로』(공역), 『헤겔의 신화와 전설』, 『경험의 노래들』 등이 있다. 현재는 대안학교 '더불어가는배움터길'에서 길잡이 교사로 재직 중이다.

서영표

서울대학교 국사학과를 졸업하고 영국 University of Essex에서 사회학 석·박사 학위를 받았다. 『런던 코뮌』, 『불만의 도시와 쾌락하는 몸』을 펴냈고, 『민중: 영국노동계급의 사회사 1910-2010』을 번역했다. 환경사회학, 도시사회학, 사회학이론을 공부하고 가르치고 있다. 박사학위 논문의 주제였던 영국 신좌파운동에도 계속 관심을 갖고 있다. 『진보평론』과 『문화과학』의 편집진에 참여했다. 2012년부터 제주대학교 사회학과에 재직하고 있다.

윤수종

서울대학교 사회학과에서 농업생산조직 연구로 박사학위를 받았다. 지은 책으로 『자유의 공간을 찾아서』, 『욕망과 혁명』, 『자율운동과 주거공동체』, 『농촌사회제도연구』, 『농업생산조직사례연구』, 『해남수세투쟁』, 『함평고구마피해보상투쟁』 등이 있으며, 엮은 책으로는 『다르게 사는 사람들』, 『우리 시대의 소수자운동』, 『소수자운동의 새로운 전개』, 『소수자들의 삶과 문학』, 『소수자들의 삶과 기록』 등이 있다. 옮긴 책으로는 네그리(『제국』), 가타리(『분자혁명』), 라이히(『오르가즘의 기능』) 등 자율사상에 관련한 저자들의 책 30여 권이 있다. 서울사회과학연구소 활동에 이어 『진보평론』 편집에 오랫동안 관여해 왔고 현재 전남대학교 사회학과에 재직 중이다.

박종성

서울시립대 철학과에서 맑스의 상품 장 분석으로 석사학위를 받고 건국대학교에서 슈티르너의 유일자 개념으로 박사학위를 받았다. 지은 책으로 『철학자의 서재』1, 2(공저), 『B철학』 등이 있으며, 옮긴 책으로는 『이데올로기와 문화정체성』(공역), 『유일자와 그의 소유』(출판 예정)이 있다. 한국철학사상연구회 회원이고 현재 건국대학교 초빙교수로 재직 중이다.

정병기

베를린자유대학교 정치학과에서 이탈리아 정당 정치로 박사학위를 받았다. 지은 책으로 『포퓰리즘』, 『정당 체제와 선거 연합: 유럽과 한국』, 『천만 관객의 영화 천만 표의 정치』등이 있으며, 유럽정치연구회 회장, 서울대학교 강의교수 및 연구교수 등을 역임했다. 현재 영남대학교 정치외교학과에 재직 중이다.

오창룡

서울대 미학과를 졸업하고 동 대학원 정치학과에서 박사학위를 받았다. 공저로『프랑스 지방자치와 도시문화』,『오늘날의 유럽』,『불평등과 재분배의 정치학』,『현대포퓰리즘』 등이 있으며, 논문으로「제왕적 우파 권력은 덧없이 사라지는가?」,「포퓰리즘은 위기의 정치를 구하는가?」,「프랑스의 아나코 포퓰리즘」 등이 있다. 고려대 EU센터 및 고려대 노르딕-베네룩스 센터에서 연구교수로 재직했다.

한상원

서울시립대 철학과에서 맑스의 물신주의 개념으로 석사학위를 받고 베를린 홈볼트 대학교에서 아도르노 정치철학 연구로 박사학위를 받았다. 지은 책으로『앙겔루스 노부스의 시선: 아우구스티누스, 맑스, 벤야민. 역사철학과 세속화에 관한 성찰』이 있으며, 옮긴 책으로는『공동체의 이론들』,『아도르노, 사유의 모티브들』,『역사와 자유의식: 헤겔과 맑스의 자유의 변증법』 등이 있다. 한국철학사상연구회 사업부장, 참여사회연구소 운영위원, 맑스코뮤날레 집행위원 등을 역임하고 있다. 현재 충북대학교 철학과에 재직 중이다.

이성백

서울대학교 철학과를 졸업하고 독일 베를린 대학교에서 철학 박사학위를 받았다. 1996년부터 서울시립대학교 철학과 교수로 재직 중이다. 전국교수노조 정책기획실장, 진보평론 편집위원장, 서울시립대 도시인문학연구소 소장, 맑스코뮤날레 집행위원장 등을 역임했다. 주요 저서로『글로벌폴리스의 양가성과 도시인문학의 모색』(공저),『현대철학과 사회이론의 공간적 선회』(공저),『서울의 인문학』(공저) 등이 있으며, 역서로『탈산업사회에서 포스트모던사회로』,『현대사회의 새로운 이론들』(공역) 등이 있다.

코뮌의 미래

초판 1쇄 발행 | 2022년 11월 25일

엮은이 이성백 교수 정년기념논총 간행위원회 | 펴낸이 조기조

펴낸곳 도서출판 b | 등록 2003년 2월 24일 제2006-000054호
주소 08772 서울특별시 관악구 난곡로 288 남진빌딩 302호 | 전화 02-6293-7070(대)
팩시밀리 02-6293-8080 | 홈페이지 b-book.co.kr | 이메일 bbooks@naver.com

ISBN 979-11-89898-84-7　93100
값 26,000원